Elisabeth Maria Mayer

Mit der Kräuterfee durchs Jahr

Elisabeth Maria Mayer

Mit der Kräuterfee durchs Jahr

Wildkräuter, Früchte, Blüten und Pilze für Genuss, Gesundheit und Kosmetik

Leopold Stocker Verlag
Graz – Stuttgart

Umschlaggestaltung: DSR | Werbeagentur Rypka GmbH, 8143 Dobl/Graz, www.rypka.at
Titelbild: Heidi Fröhlich; Pflanzenfoto auf dem Cover: Zitronenverbene, S. 90
Bildnachweis: siehe S. 191

Bibliografische Information der Deutschen Nationalbibliothek
Die Deutsche Nationalbibliothek verzeichnet diese Publikation in der Deutschen National-
bibliografie; detaillierte bibliografische Daten sind im Internet über http://dnb.d-nb.de abrufbar.

Der Inhalt dieses Buches wurde von der Autorin und vom Verlag nach bestem Wissen überprüft;
eine Garantie kann jedoch nicht übernommen werden. Die juristische Haftung ist daher ausge-
schlossen.

Hinweis:
Dieses Buch wurde auf chlorfrei gebleichtem Papier gedruckt. Die zum Schutz vor Verschmutzung
verwendete Einschweißfolie ist aus Polyethylen chlor- und schwefelfrei hergestellt. Diese umwelt-
freundliche Folie verhält sich grundwasserneutral, ist voll recyclingfähig und verbrennt in Müll-
verbrennungsanlagen völlig ungiftig.

Auf Wunsch senden wir Ihnen gerne kostenlos unser Verlagsverzeichnis zu:
Leopold Stocker Verlag GmbH
Hofgasse 5/Postfach 438
A-8011 Graz
Tel.: +43 (0)316/82 16 36
Fax: +43 (0)316/83 56 12
E-Mail: stocker-verlag@stocker-verlag.com
www.stocker-verlag.com

Infos zur Autorin unter www.kraeuter-fee.at

ISBN 978-3-7020-1610-4

Layout und Repro: DSR | Werbeagentur Rypka GmbH, 8143 Dobl/Graz, www.rypka.at
Druck: Finidr, s.r.o., Ceský Těšín

Inhalt

INHALT

INHALT

Herbst

INHALT

BEGRIFFSBESTIMMUNGEN & ABKÜRZUNGEN

Aranzini	Orangeat	Palatschinken	Pfannkuchen
Biskotten	Löffelbiskuits	Perlgraupen	Rollgerste
Dörrzwetschken	Backpflaumen	Polenta	Maisgrießsterz
Eidotter	Eigelb	Rahm	Sahne
Eierschwammerl	Pfifferlinge	Rohr	Backofen
Eierspeise	Rührei	Rote Rüben	Rote Bete
Eiklar	Eiweiß	Rotkraut	Rotkohl
Einbrenn	Mehlschwitze	Sauerrahm	saure Sahne
Flotte Lotte	Passiergerät	Schlagobers	Sahne
Frittaten	Pfannkuchenstreifen als Suppeneinlage	Schöpfer	Kelle
		Schwammerl	Pilze
Germ	Hefe	Semmel	Brötchen
griffiges Mehl	etwas grober vermahlenes Mehl, für Knödel- oder Spätzleteige	Semmelbrösel	Paniermehl
		Staubzucker	Puderzucker
		Vogerlsalat	Feldsalat
Karfiol	Blumenkohl	Topfen	Quark
Kren	Meerrettich	Weißkraut	Weißkohl
Lauch	Porree	Zuckerl	Bonbons
Lochschöpfer	Schaumlöffel	Zwetschken	Zwetschgen
Maizena	Maisstärke		
Marillen	Aprikosen	EL	Esslöffel
Marmelade	Konfitüre, Fruchtaufstrich	Msp.	Messerspitze
Nudelwalker	Teigrolle	TL	Teelöffel
Melanzani	Auberginen	Pkg.	Packung
Obstler	Obstschnaps (Apfel)	Stk.	Stück

Vorwort

Die in diesem Buch verwendeten Pflanzen werden nicht so genau beschrieben wie in meinen vorliegenden Büchern, sondern mehr hinsichtlich ihrer Verwendbarkeit, Kombinierbarkeit, Heilkraft und Rezepturen behandelt. Ich verweise bezüglich Bestimmung und Erkennen dieser Pflanzen daher ausdrücklich auf meine schon vorliegenden Bücher bzw. gute Bestimmungsbücher für Pflanzen und Pilze.

Und immer wieder zitiere ich gerne Paracelsus, wenn man von der Giftigkeit eines Lebens- oder Heilmittels spricht: „Alle Dinge sind Gift und nichts ist ohne Gift. Allein die Dosis macht, dass ein Ding Gift ist." Nachtschattengewächse etwa, wie Kartoffel und Tomate, aber auch Hülsenfrüchte, wie Bohnen, um nur einige zu nennen, enthalten Giftstoffe, die durch Kochen zersetzt werden. So ist es nicht nur richtig, dass die „Dosis" das Gift macht, sondern auch das Wissen um Gebrauch und Zubereitung. Alle in diesem Buch erwähnten Pflanzen und Pflanzenteile sind in den ausgewiesenen Mengen bedenkenlos konsumierbar und auf alle Fälle gesundheitsfördernd und stimmungshebend. So erlaube ich mir, das Zitat des berühmten Arztes etwas auszuweiten: „Alle Dinge sind Gift und nichts ist ohne Gift. Allein die Dosis macht, dass ein Ding Gift ist. Vor allem die Dosis, aber auch das Wissen um die Zubereitungsart und Anwendungsweise und besonders die Liebe dazu machen, dass ein ‚Pflanzending' wohlbekömmlich, genussreich und heilend ist."

Elisabeth Maria Mayer,
Herbst 2016

Vorfrühling

MEIN VORFRÜHLINGSSTREIFZUG

„Der Vorfrühling beginnt meist Ende Februar oder Anfang März. Er wird angezeigt durch die erste Blüte von Haselnuss, Schneeglöckchen, Schwarz-Erle und Salweide, die Vollblüte des Winter-Jasmins, in den Alpen den Austrieb des Bergahorns. Sobald die überschüssige Winterfeuchtigkeit von den Böden verschwunden ist, beginnt die landwirtschaftliche Tätigkeit, die mit der Aussaat des Sommergetreides endet."

So lautet die phänologische Definition einer Jahreszeit, die sich nicht leicht zu erkennen gibt, denn ein Hin und Her zwischen Schnee und Regen, Wärme und Kälte prägen sie. Und doch gibt es viele kleine Zeichen, die darauf hindeuten, dass sich die Welt verändert und wieder grün wird … Schneeglöckchen, Winterlinge, Krokusse, Huflattiche, Veilchen, Lungenkraut

und Schlüsselblumen … welch eine bunte Freude!

Am allerliebsten mag ich sie aus dem Schnee spitzelnd, immer wieder zugedeckt von weißen, schnell vergänglichen Flockendecken, so verheißungsvoll bunt und voller Lebenskraft. Dann wissen alle bei uns im Haus: Jetzt ist es auch Zeit, nach den allerersten der grünen Freunde Ausschau zu halten, die teils schon unter der Schneedecke ausgetrieben haben oder in den schneefreien Lücken des Winters schon vorgewachsen sind: Scharbockskraut und Bärlauch, Giersch, Gundelrebe und Vogelmiere gehören dazu und natürlich die ersten essbaren Blüten vom Gänseblümchen. Die Brennnessel blitzt hinterm Holzzaun mit ihren rötlich-grünen Trieben schon aus dem braunen Herbstlaub

heraus, ist aber noch zu klein, um geerntet zu werden. An kahlen Baumstämmen finden sich nun leicht essbare Baumpilze, wenn Sie diese Stellen einmal entdeckt haben, können Sie sie einige Jahre lang beernten. Aber auch der Gemüsegarten birgt noch so manchen Schatz: Die Rüben von Nachtkerze, Löwenzahn, Klette, auch Topinambur und Schwarzwurzel. Und im frostfrei beheizten Glashaus blühen schon die mediterranen Kräuter: Der kräftig duftende Rosmarin mit seinen kleinen lilablauen Blütchen ist immer der Erste! Wie verführerisch ist es, hier im Warmen ein wenig Zeit zu verbringen und den würzigen Kräuterduft zu genießen, während die Augen im satten Grün der Belaubung nach den ersten Knospen von Jasmin und Zitrone suchen.

JETZT ANGESAGT

Grünkraft und Wurzelnutzung mit Vegetationsbeginn

Nach der Zeit der süßen Kekse und Weihnachtsfestessen kann man als Kräuterfee ganz entspannt und um einige Kilos schwerer dem Frühjahr entgegensehen. Denn die grünen Helfer aus dem Pflanzenreich kommen genau zu einem Zeitpunkt aus der Erde, der noch genügend Spielraum bis zur Bikinifigur lässt. Vorausgesetzt, sie werden fleißig gepflückt und ge-

nossen. Sobald der Schnee weggetaut ist, sprießen Scharbockskraut, Giersch, Brennnesseln, Gänseblümchen, Spitzwegerich, Bärlauch, klein und zart, aber voller wertvoller Vitalstoffe und Inhaltsstoffe, die unser Körper für den Saisonstart dringend braucht.

Im Vergleich zu Kultur- und Küchenkräutern sind Wildkräuter unverfälscht, ursprünglich und kraftvoll, sie gedeihen ohne Zutun und Einfluss des Menschen in der freien Natur und bie-

ten ein breiteres Spektrum an Inhaltsstoffen und eine höhere Konzentration an Vitalstoffen und sekundären Pflanzenstoffen. „Aufkieseln" ist so ein nettes Wörtchen, das genau die Wirkung der Frühlingswildkräuter, besonders der Brennnessel, beschreibt. Damit gemeint ist das **Anreichern des Körpers mit Mineralstoffen und Vitaminen**, im Falle der Brennnessel eben besonders Eisen, Calcium und Kieselsäure. Bitterstoffe, wie im Löwenzahnblatt, regen schon beim Kauen den Fluss der

Verdauungssäfte an, aktivieren Leber, Nieren und Lymphe, Stoffwechselendprodukte werden besser ausgeschieden. Daher sollte der Organismus bei diesen Prozessen mit viel Flüssigkeit – v. a. Wasser und leichten Kräutertees – unterstützt werden. Über die Bitterstoffe erhöhen wir in den Zellen außerdem die Insulinempfindlichkeit, wodurch der Blutzucker gesenkt wird. Der Körper braucht weniger Insulin und Fett kann besser abgebaut werden. Das ist zum Abnehmen besonders wichtig, denn solange der Insulinstoffwechsel aktiv ist, kommt keine Fettverbrennung zustande.

Und dabei ist das Essen von Wildkräutern äußerst genussvoll und sättigend! Für mich stellen Wildkräutergerichte mit rohen Pflanzen gerade im Frühling einen wertvollen Teil der Ernährung dar, der genau der Zeitqualität entspricht, wie schon unsere Vorfahren wussten. Bildhaft gesprochen, geht es in dieser Jahreszeit um das Erwachen aus der Winterruhe, das Einklinken in das große Entfalten und Aufleben der Natur. Und gerade mit den Pflanzen, die eben aus der Winterruhe aufgewacht sind, geben wir unserem Körper den entsprechenden Impuls: Stoffwechsel hochfahren – aktiv sein – aufleben! Am besten täglich!

Kräuter- und Blütengenuss als Frühjahrskur

Die folgenden Rezepte des Vorfrühlings und Frühlings ergeben einen stimmungsvollen Ernährungsplan für etwa 2 Wochen, wenn Sie jeweils eines der Rezepte zu Mittag und eines zu Abend konsumieren, zum Frühstück gibt es immer zwei Scheiben Vollkornbrot pro Person mit Butter und reichlich Wildkräutermix oder Wildkräuteraufstrich auf Topfenbasis. Wenn Sie in der schönen Frühlingszeit mit diesem Ernährungsplan auch noch abnehmen möchten, vermeiden Sie in dieser Zeit Zwischenmahlzeiten, Süßigkeiten und Wurstwaren. Auf pflanzliche Öle sollten Sie hingegen keinesfalls verzichten, ebenso wenig auf Nüsse, da sie gesunde Fette bereitstellen und auch der Vitaminaufnahme aus den Wildkräutern dienen. Wildkräutertatar, Süppchen und Smoothies, Salate, Eintöpfe und so manch andere Leckerei, ja so schmeckt der Frühling!

Ein paar Sätze zu grünen Smoothies

Smoothies sind sehr in Mode. Und sicherlich für manchen eine sehr leichte und abwechslungsreiche Möglichkeit, Gemüse und Obst in verhältnismäßig großen Mengen zu sich zu nehmen. Es ist jedoch auch bekannt, dass das Kauen und Einspeicheln schon den ersten Schritt zur guten Verdaulichkeit darstellt und das fällt beim Smoothietrinken schon mal weg. Außerdem stelle ich infrage, ob so traditionsreiche Pflanzen wie Brennnessel, Schafgarbe und andere Wildkräuter, als grüner Einheitsbrei konsumiert, die gleiche (Heil-)Wirkung entfalten wie einige Blättchen, die naturbelassen und unzerkleinert konsumiert oder nach traditionellen Methoden zubereitet werden. Schon unsere Vorfahren wussten, dass die starken Heilpflanzen nur mit goldener Sichel geerntet werden, warum also alle Traditionen vergessen und

Heilpflanzen mit Metallmessern zur Unkenntlichkeit zerhacken?

Ich habe für mich einen Mittelweg gefunden: Gemüse und Obst werden auch mal als Smoothie zubereitet, die Kräuter maximal fein gehackt und eingestreut – so muss auch noch etwas gekaut werden – und Blüten werden unversehrt als essbare Dekoration auf dem Smoothie drapiert. So entstehen bunte, optisch ansprechende Kreationen, die ich Ihnen als Wildkräuter-Smoothies vorstellen möchte. Und vergessen Sie nicht: Ein Smoothie ersetzt eine komplette Mahlzeit!

MEINE VORFRÜHLINGSPFLANZEN

Gänseblümchen
Bellis perennis

Wie soll ich nur beginnen, die Zauberhaftigkeit eines Blümchens zu beschreiben, das allen ein Begriff ist, dessen Zauber aber nur die wenigsten erfassen? Vielleicht damit, dass die meisten Kinder sich von ihm magisch angezogen fühlen, schon die Kleinsten rupfen, kaum dass sie ihre Fingerchen bewegen können, die kleinen Blütchen aus und stecken sie in den Mund. Auch der Volksmund sagt, dass man die ersten drei Gänseblümchen, die man im Frühling sieht, essen soll, dann bleibt man das ganze Jahr über von Fieber verschont.

Die „ausdauernde Schöne", wie sein lateinischer Name wörtlich übersetzt lautet, **blüht fast rund ums Jahr** auch in der klirrendsten Kälte an schneefreien Plätzen. Schon 1539 berichtet Hieronymus Bock in seinem „Kreütterbuch" von verschiedensten Gänseblümchensorten, die in den Gärten herangezogen wurden, „damit die junger Döchter ihr Kurzweil haben zu den Kräntzen". Und bis heute gibt es kaum ein Mädchen, das nicht weiß, wie ein Gänseblümchenkranz geflochten wird, und nicht seine Freude daran hat. Das Gänseblümchen ist auch ein verbreitetes volkstümliches **Liebesorakel**. Da sitzt man dann mit einer Blüte, zupft ein Blütenblättchen nach dem anderen aus und spricht dazu: „Er liebt mich, er liebt mich nicht." Bis man es beim letzten Blütenblatt erfährt. Eine griechische Nymphe soll sich dereinst in ihrer Not, als ein lüsterner Gott ihr nachstellte, in das erste Gänseblümchen auf der Welt verwandelt haben. Im christlichen Glauben ist es Maria geweiht und steht für Reinheit, kindliche Unschuld und Beständigkeit.

Und ja, natürlich ist das Gänseblümchen auch eine **traditionsreiche Heilpflanze und ein Wildkraut.** Zugegeben, es gibt weit ergiebigere Pflanzen, die sich zum Herstellen von hausgemachten Kapern eignen, aber ab und an einige Blütchen in Getränk oder Speise sind jedenfalls ein heilender Impuls.

Als Heilpflanze wirkt es außerordentlich heilend auf Haut und Schleimhäute, besonders auf die Gebärmutterschleimhaut. Zubereitet wird Tee zum Baden oder Blütenwasser zum Trinken.

Huflattich
Tussilago farfara

Als einer der ersten Frühlingsboten lässt der Huflattich (Bild rechts) aus seinem tiefwachsenden, mehrköpfigen Wurzelstock zuerst goldgelbe Blüten wachsen und erst nach der Blütezeit die Blätter. Bei schlechtem Wetter oder in der Nacht neigen sich die Blüten tief nach unten. Es ist eine ganz besondere Zeremonie im Frühling, die honigduftenden, gelben Blüten zu ernten, sind sie doch kostbar, weil so früh im Jahr und wichtige Insektennahrung … gut, dass die Pflanzengeister meine Vorbehalte zu zerstreuen vermögen durch die unendlich scheinende Vielzahl an Blüten, die beim Teich in meinem Garten wachsen … Also sammle ich ein, zwei Handvoll Blüten an möglichst langen Stielen, allzu viel brauche ich ohnehin nicht von dieser selten angewandten Pflanze, und lege sie zum Trocknen auf ein Tuch zum Herd. Später im Jahr kommen dann noch Blätter dazu, die ich in der Sonne trockne.

Die **entzündungshemmende Kraft** der Huflattichblätter hat schon manchem Wanderer geholfen, wenn er

Husten. Auch für Umschläge bei Venenentzündungen und Hautausschlägen kann er verwendet werden. Blatt und Blüte enthalten v. a. Schleimstoffe, Gerb- und Bitterstoffe, ätherische Öle, Inulin und Schwefel. Während die Schleimstoffe einhüllend wirken, besitzen Gerbstoffe antiseptische und zusammenziehende, Schwefel antiseptische und klärende Wirkung, in der Kräuterkosmetik verwende ich ihn v. a. bei unreiner, fettiger, entzündlicher und großporiger Haut als Gesichtswasser, Dampfbad und Tinktur.

Primel und Schlüsselblume
Primula vulgaris und *P. veris*

„Hymelslozzel", meinte Hildegard von Bingen, haben alle Kraft von der Sonne. Sie empfahl sie bei Melancholie, Wahnvorstellungen und Kopfschmerzen. Der Volksmund schrieb dem kleinen Frühlingsblüher auch eine Wirkung gegen die „Gichtgeister" zu und nannte ihn deshalb **Gichtblume**. Eine ganze Reihe von Heilstoffen, in erster Linie ein schleimverflüssigendes und schleimlösendes Saponin (hauptsächlich in der Wurzel enthalten, aber auch in allen grünen Teilen), machen die Schlüsselblume zu einer so wertvollen Heilpflanze. Schon aus diesem Grund sind die Blüten stets mit dem Kelch zu sammeln, der zudem Vitamin C enthält. In der Blüte ist wiederum hauptsächlich ätherisches Öl vorhanden. Die Wurzel der Schlüsselblume wurde in großen Teilen Mitteleuropas so stark beerntet, dass sie unter Naturschutz gestellt werden musste.

Auch wegen ihrer **schleimlösenden, auswurffördernden Eigenschaften** wird die Schlüsselblume gerne zu Hustentee gemischt. Aber Vorsicht! Nicht alle Menschen vertragen Schlüsselblumen, vereinzelt können sie Magenbeschwerden oder Übelkeit verursachen. Achtsame Menschen, die auf die Erhaltung der Blütenenergien Wert legen, nehmen von der Schlüsselblume nur die gelbe Blüte, indem sie sie vorsichtig aus dem grünen Kelch zupfen.

bei wund gelaufenen Füßen frisch gezupfte Huflattichblätter mit der filzigen Seite zur Haut in die Schuhe gelegt hat, das hemmt die Entzündung und ermöglicht einen schmerzfreien Heimweg. Als Einreibung für Füße und Beine nach dem unten angeführten Rezept (siehe S. 26) verarbeitet und eingesetzt, ist Huflattich sehr zu empfehlen!

Es mag an dieser Stelle interessant sein, dass die frischen Blätter des Huflattichs in der Volksheilkunde lange Zeit ein bewährtes **Mittel gegen Venenentzündung** waren. Aus den frisch zerstoßenen Blättern bereitet man mit frischem Schlagobers eine salbenartige Paste und bestreicht damit die schmerzenden Stellen. In der Kräuterheilkunde findet Tee aus Huflattichblüten und -blättern v. a. Verwendung als **Hustentee** bei festsitzendem, trockenem

---

• Tipp der Kräuterfee — Schlüsselblumenwein •

Schlüsselblumenwein (*Vin de Coucou*) ist ein ganz besonderes Rezept, das sehr hilfreich bei Herzbeschwerden eingesetzt wurde und das man sich im Frühjahr selbst bereiten kann.

Dazu eine 2-l-Flasche mit frischen Schlüsselblumenblüten (ganze Blütendolden) locker bis zum Hals füllen und naturreinen Weißwein darübergießen. Die Blüten müssen bedeckt sein. Die Flasche, leicht verkorkt, 14 Tage in der Sonne stehen lassen. Nach dieser „Reifezeit" hat der Wein eine schöne gelbe Farbe, die Blüten nun abseihen, den Wein umfüllen und 6 Monate kühl reifen lassen. Bei Herzbeschwerden fallweise 1 EL von dem Wein einnehmen, Herzkranke können bis 3 TL am Tag nehmen.

Veilchen und Hornveilchen
Viola odorata und *V. cornuta*

Veilchen (Bild unten) waren in der Antike heilige Blumen und zählen zu den ältesten Heilpflanzen, v. a. Blüten, Blätter und Wurzeln sind heilkräftig. Sie werden als Boten des Frühlings betrachtet (wachsen vorwiegend im März und April) und sehen aus wie kleine violette Augen. Ihre natürliche Schönheit hat dazu geführt, dass man sie heute in vielen Gärten auch als Züchtungen findet. Auch Stiefmütterchen, im Speziellen die kleinen **Hornveilchen**, sind allerliebst, sehr dekorativ als essbare Dekoration und stimmen fröhlich, wenn man ihnen ins „Blütengesicht schaut". Der deutsche Name deutet auf die Positionierung einer Stiefmutter in der Familie hin: Sie nimmt die beiden obersten Blütenblätter (Stühle) für sich in Anspruch,

• Tipp der *Kräuterfee* — Veilchensalbe •
30 ml frisch gepresste Veilchenblätter und -blüten,
10 ml Olivenöl, 30 g Ziegenfett

Die Zutaten in einem Wasserbad miteinander vermischen und langsam zum Sieden bringen. Beim Sieden entsteht eine wässrige Schicht, die fortlaufend abgeschöpft wird. Den Rest, die Creme, abkühlen lassen.
Für die Wirksamkeit der Veilchensalbe ist es von größter Bedeutung, dass Bockstalg, echter Veilchen-Presssaft und Olivenöl in ausreichender Menge und im richtigen Verhältnis enthalten sind. Zusätzlich unterstützt die Beigabe von echtem ätherischen Rosenöl ihre Wirksamkeit.

überlässt den eigenen Töchtern die beiden mittleren Blütenblätter und die Schwiegertöchter müssen sich mit dem einen verbleibenden letzten (fünften) Blütenblatt (Stuhl) begnügen.

Das Wohlriechende Veilchen gilt als Symbol für Zuversicht und Beständigkeit, überdauert es doch immer wieder einbrechende Schneefälle und Kälte geduckt im noch braunen Frühlingsgras. Es besitzt sehr wirksame Inhaltsstoffe. Die ätherischen Öle wirken als **Radikalfänger**, d. h., sie können freie Radikale neutralisieren, die ständig in unserem Körper produziert werden. Auslöser für freie Radikale sind z. B. Luftverschmutzung, Stress, Konservierungsstoffe, übermäßige Sonneneinstrahlung und falsche Ernährung, aber auch beim normalen Zellstoffwechsel entstehen sie. Freie Radikale verursachen bzw. beschleunigen Alterserscheinungen und viele degenerative Erkrankungen. Auch das Hornveilchen ist ein wirkungsvolles Heilkraut, das sich hervorragend für die **Haut-**

pflege und zur Heilung von Ekzemen eignet, indem es äußerlich angewandt wird. In der Kosmetikindustrie findet es Verwendung in hochwertigen Cremen. Innerlich als Tee genommen, hilft es bei Atemwegs- und Harnwegserkrankungen und fördert die Stoffwechselvorgänge der Haut.

Veilchensalbe enthält alle wirksamen Inhaltsstoffe sowie **ätherische Öle**, erfüllt somit eine Schutzfunktion und hilft der Haut, ihre körpereigene Abwehrkraft zu bewahren. Zudem haben die ätherischen Öle des Veilchens antivirale, antiseptische, antimikrobielle und antimykotische Wirkung. Eine ähnliche Wirkung ist auch von der im Veilchen enthaltenen Salicylsäure bekannt, die in der Schulmedizin im Anfangsstadium von Hauterkrankungen zum Einsatz kommt. Für viele Hildegard-Freunde ist die Veilchensalbe nicht nur ein hervorragendes Heilmittel bei Hautkrebs, Geschwüren oder Kopfschmerzen, sondern wird zudem gerne zur (vorbeugenden)

Hautpflege eingesetzt. „Wer Kopfweh hat, der salbe mit dieser Salbe die Stirn in der Quere, und es wird ihm besser gehen. Aber auch wer irgendwelche Geschwüre in seinem Körper hat, der verwende diese Salbe. Und wo der Krebs und andere Würmer einem Menschen das Fleisch zerfressen, soll darüber gesalbt werden, und die Würmer werden sterben, wenn sie davon gekostet haben."

Gundelrebe
Glechoma hederacea

Die Gundelrebe ist eine uralte germanische Heilpflanze, die erst spät den Weg von Norden aus über die Alpen antrat und deshalb den Heilkundigen des Altertums nicht bekannt war. Im Mittelalter liest man über die Gundelrebe in den Werken von Hildegard von Bingen, Hieronymus Bock und Brunfels. Sie hat in der mitteleuropäischen Heilkunde einen festen Platz und auch was ihre Zauberkraft betrifft, kann sie auf eine lange Geschichte zurückblicken. In der Volksheilkunde war Gundelrebe folglich **eine der gebräuchlichsten Heilpflanzen**. Um sie entstand ein Füllhorn von phantasievollen Sagen und Legenden. So soll derjenige, der Walpurgis einen Kranz aus Gundelrebe aufsetzt und zur Kirche geht, alle Hexen erkennen. Aber auch Feen, Elfen und Zwerge, überhaupt alle ätherischen Wesen soll ein Kranz aus Gundelrebe sichtbar machen.

Ihr Name kommt vielleicht vom gotischen Wort *gund*, was *Eiter, Ge-*

schwür bedeutet. Bedenkt man, dass die Gundelrebe v. a. als Heilpflanze gegen Geschwüre und Vereiterungen eingesetzt wurde, scheint diese Erklärung passend. Im Volksmund hat sie viele Namen, am besten gefällt mir „Steinumschlinger", soll sie doch Nieren-, Blasen- und Gallensteine ausleiten können …

Auch der **Kranz und das Amulett aus Gundelrebe** – überhaupt aus allen Pflanzen mit ätherischen Ölen – ist heilkräftig. Meiner Meinung nach wird die olfaktorische Heilkomponente viel zu wenig beachtet. Ich persönlich habe beste Erfahrungen mit duftenden Kräuterkissen gemacht. Auch bei vielen Naturvölkern werden Heilkräuteramulette getragen und überall ist man von der Wirkung überzeugt. Wolf-Dieter Storl schreibt, dass jeder Organismus von einem

Strahlenkranz umgeben ist (der durch Hochfrequenzfotografie sichtbar wird). Dieses Feld könnte, so Storl, dem menschlichen Immunsystem heilende Informationen zukommen lassen. Interessant finde ich auch die Überlieferung, dass die Gundelrebe die Ausleitung von Schwermetallen fördert, so wurde konzentrierter Tee von Malern und Büchsenmachern getrunken, um Bleivergiftungen vorzubeugen.

Gundelrebe wird während der Blütezeit von April bis Juni gesammelt. Man sammelt das ganze Kraut, das man in Wäldern, Gebüschen, Hecken, auf feuchten Wiesen, in Gräben und an schattigen Waldrändern findet. Viele sagen, die Gundelrebe schmecke bitter, ich kann das gar nicht bekräftigen. Sie hat einen so charakteristisch-balsamischen, eher animalischen Geschmack, dass ich ihn schwer woan-

---

• Tipp der *Kräuterfee* — Gundelrebentee •

Für Heilzwecke wird traditionell Gundelrebentee bereitet. Dabei ist es wichtig, den Tee in einem gut verschließbaren Gefäß zuzubereiten, denn die ätherischen Öle der Gundelrebe sind schwer wasserlöslich und verflüchtigen sich schon bei Zimmertemperatur.

1 TL Gundelrebenkraut, frisch oder getrocknet, auf 1 Tasse heißes Wasser

Gundelrebentee wirkt überall dort ausgezeichnet, wo es um die Auflösung und Ausleitung von Verschleimungen geht oder wo entzündungshemmende Wirkung gefragt ist. 2 Tassen täglich sind ausreichend. Laut Überlieferung kochten unsere Vorfahren die Gundelrebe in Schafs- oder Ziegenmilch, da die flüchtigen heilenden ätherischen Öle fettlöslich sind und sich so ans Fett der Milch binden. Ein Milchauszug aus der Gundelrebe, mit Honig getrunken, hilft, um sich vor Erkältungsviren zu schützen.

ders einordnen kann als bei der Gundelrebe selbst. Aber eines ist sicher: An ihr scheiden sich die Geschmäcker: Der eine ist begeistert so wie ich, der andere angewidert, wenn er sie nur riecht. Heilkräftig und verehrenswert ist sie allemal.

Rosmarin
Rosmarinus officinalis

Im Rosmarin (Bild unten) begegnet uns ein sehr heiterer Geselle aus dem Reich der mediterranen Heilkräuter. Er wächst als immergrüner Halbstrauch und gibt sich mit äußerst

kargem Untergrund zufrieden, bei den Temperaturen hingegen ist er heikel: Er mag keine Minusgrade und muss daher in unseren Breiten Winterschutz bekommen.

Rosmarin verrät schon durch seinen balsamischen Duft und sein Aussehen sehr viel über seine Wirkung: Seine **belebenden**, **zusammenziehenden**, **durchblutungsfördernden**, **anregenden**, **kreislaufstärkenden** und dabei sehr **klärenden Inhaltsstoffe** wirken allein schon durch ihren Wohlgeruch. Auch beeinflusst er die Bronchien sehr günstig. Vor allem aber wirkt der sonnenliebende Lippenblütler äußerst belebend aufs Gemüt und die Physis. Ein einfacher Tee aus Nadeln und Triebspitzen zubereitet, in kaltem Wasser angesetzt und kurz aufgekocht, überrascht durch seine erhebende Wirkung. Ideal, um nach überstandener Grippe wieder auf die Beine zu kommen.

Rosmarin ist eines der wenigen Kräuter, das ausgleichend auf den Blutdruck wirkt und Herz und Kreislauf stärkt. Rosmarintee stärkt zudem das Verdauungssystem, er kann zu diesem Zweck auch als Gewürz eingesetzt werden. Zur Nervenstärkung reicht allein schon der herbe Rosmarinduft. Ein so intensiv aromatisches, vielfältig einsetzbares und dabei in jeder Weise genussverheißendes Pflänzchen ist nicht umsonst ein willkommenes Küchenkraut. Die schönsten Exemplare von meterhohen Rosmarinsträuchern im Topf habe ich auf alten Bauern-

höfen gesehen, wo die Stöcke von Generation zu Generation weitergegeben wurden.

Vogelmiere
Stellaria media

Die Vogelmiere begleitet als Archäophyt den Menschen seit der Steinzeit. Als Archäophyten bezeichnet man Pflanzenarten, die vor 1492, als Christoph Kolumbus Amerika erreichte, durch direkten oder indirekten menschlichen Einfluss in ein neues Gebiet eingeführt wurden und sich dort selbstständig ohne fremde Hilfe fortgepflanzt haben. (Im Gegensatz dazu bezeichnet man Pflanzen, die nach 1492 eingeführt wurden, als Neophyten.) Archäophyten gelten zwar nicht als einheimisch (indigen), werden aber insbesondere im Naturschutz im Gegensatz zu Neophyten als heimisch betrachtet. Die Vogelmiere ist also sozusagen immer an den Fußsohlen der Menschen und Tiere in Europa herumgeschleppt worden und war so ihr ständiger nährender Begleiter, heute ist sie in den gemäßigten Breiten der ganzen Erde verbreitet. Besonders zur Zeit des beginnenden Ackerbaues war sie ein wichtiger Nahrungsbestandteil. Der Name *Stellaria* ist vom lateinischen Stern abgeleitet und beschreibt die Form der Blüten, welche meist einem 10-zackigen Stern ähneln.

Vogelmiere enthält viele – laut Pfarrer Künzle sogar alle – lebenswichtigen Vitamine und Spurenelemente, die der Mensch braucht, und wirkt enorm kräftigend für Rekonvaleszente und Schwache. Sie hebt sich nicht nur durch ihre Inhaltsstoffe, sondern auch durch ihren außergewöhnlich milden, nussig-gemüsigen Geschmack hervor, der frei von Bitter- und Gerbstoffen ist. Das gesamte Kraut wird am besten frisch gegessen oder wie Blattgemüse verarbeitet.

Giersch
Aegopodium podagraria

Wer den Giersch im eigenen Garten hat, kann sich entweder darüber freuen oder darüber ärgern. Freuen deshalb, weil der Giersch gesund ist und gut schmeckt, ärgern vielleicht deshalb, weil er wächst und wächst und wächst – man kriegt ihn eigentlich kaum mehr weg. Eine Herausforderung für jeden Gärtner, sein liebendes Herz zu öffnen und dankbar zu sein für dieses wunderbare Kraut!

Der Giersch ist als ausgesprochenes **Vitamin-C-Kraut** bekannt – in ihm ist bis zu 15-mal mehr Vitamin C enthalten als z. B. in Kopfsalat oder auch viermal so viel Vitamin C wie in einer Zitrone. Zudem ist er voller Mineralstoffe, beispielsweise sind bis zu 13-

mal so viele Mineralstoffe im Giersch wie im Grünkohl, der ja auch schon als ausgesprochener Mineralienspender einen Namen hat. Giersch ist besonders reich an Kalium, Magnesium, Calcium, Mangan, Zink, Kupfer, Vitamin A, Eiweiß – und außerdem enthält er noch viele andere gesundheitsdienliche, sogenannte sekundäre, Pflanzenstoffe.

Der wissenschaftliche Name des Gierschs lautet *Aegopodium podagraria* und zeigt damit seine frühere Hauptanwendung gegen „odagra" an. Heutzutage würde man Fußgicht dazu sagen. Er entwässert auf milde Weise, ohne dass der Elektrolythaushalt des menschlichen Organismus bedroht wird, ist sanft krampflösend, entsäuert den Körper und hilft gegen Entzündungen. Dabei ist der Giersch immer sanft und nicht stark oder reizend. Er hat durch seinen hohen Kaliumgehalt eine fördernde Wirkung auf viele Stoffwechselprozesse. Außerdem hat er den Ruf, schädliche Stoffe aus dem Körper des Menschen auszuschwemmen, selbst wenn diese sich über Jahre im Binde- und Fettgewebe sowie in den inneren Organen festgesetzt haben.

Judasohr
Auricularia sambucina

Das Judasohr, auch Chinesische Morchel, sieht nicht aus wie ein gewöhnlicher Pilz mit Hut und Stiel, sondern ist ein gallertig-schwabbeliges Gewächs, das die **muschelförmige Form** eines menschlichen Ohres hat. Seine Farbe wechselt von bräunlich-grau bis grauschwarz. Im ausgereiften Zustand ist das Judasohr 5–10 cm breit und tatsächlich wie ein Ohr geformt, das von Adern durchzogen ist, junge Pilze sprießen wie nach oben offene Muscheln aus altem Holunderholz. Ein Stiel ist nicht erkennbar. Wer den Pilz pflückt und anfasst, merkt, dass er weich-gallertig, im feuchten Zustand glitschig ist. Das Judasohr ist ein Ganzjahrespilz, der besonders im Winter zu glücklichen Pilzfunden beitragen kann, wenn die meisten Pilzsucher gar nicht erst auf die Suche gehen, da sie diese Zeit für unfruchtbar halten.

> • **Wichtiges von der** *Kräuterfee* •
>
> Ernten Sie Judasohren nur vom Holunderholz, niemals von giftigen Gehölzen wie Eibe (*Taxus baccata*) oder Spindelstrauch (*Euonymus europaeus*) da sie das Gift der Wirtspflanzen aufnehmen und dann selber giftig sind!

> • **Wichtiges von der** *Kräuterfee* •
>
> Verwechselbar ist Giersch als Doldenblütler leider mit so manchem Mitglied seiner Familie, daher bitte nur sammeln, wenn Sie ihn sicher erkennen. Eine nette Grundregel sei an dieser Stelle trotzdem zitiert: „Drei, drei, drei – bist beim Giersch dabei!" Der Blattstiel ist dreikantig, das Blatt ist dreigeteilt und auch die Einzelblätter sind dreigeteilt.

Der besonders in Ostasien beliebte und dort auch kultivierte Speisepilz ist getrocknet bei uns in Asiengeschäften und auf gut sortierten Märkten erhältlich. Es gibt in der chinesischen Küche wohl kaum ein Gericht, in welchem das Judasohr fehlt: Sowohl Suppen, Salaten, Reisgerichten als auch Fleisch-, Fisch- und Gemüsesaucen wird er beigegeben. In der heimischen Pilzküche kann das Judasohr ähnlich verwendet werden. Es eignet sich sehr gut zum Trocknen und gewinnt dabei an Aroma.

Das Judasohr wurde im Altertum und Mittelalter zu Heilzwecken bei Augen- und Halskrankheiten verwendet, vermutlich auch deshalb, weil alle Teile des Holunderstrauches zu Heilzwecken gebraucht wurden und der Pilz häufig am Holunderholz wächst.

Samtfußrübling
Flammulina velutipes

Samtfußrüblinge (Bild S. 32), auch Winterrüblinge, wachsen von November bis März in dichten Büscheln an Baumstümpfen von Weide, Esche und gelegentlich Fichte und zählen zu den häufigsten, besten und meistgesuchten **Winterpilzen**. Sie haben relativ kleine, gelblich-braune Hüte von 2–5 cm Durchmesser, wobei der Hutrand deutlich heller ist. Junge Exemplare haben einen kugeligen Hut mit eingerolltem Hutrand und kleinem Buckel in der Mitte, wobei dieser später flach wird. Die Hüte sind so dünn, dass sie am Rand durchscheinend und gerieft sind. Bei Regen werden sie sehr glitschig. An der Unterseite des Hutes findet man dicke, unregelmäßig lange Lamellen mit recht großen Abständen zuei-

• **Wichtiges von der** *Kräuterfee* •

Verwechselbar wäre der Samtfußrübling mit dem Grünblättrigen Schwefelkopf, der schwere Verdauungsstörungen hervorruft. Wie sein Name schon beschreibt, ist sein Hut erst kugelig, dann ausgebreitet und am Rand schwefelgelb gefärbt. Auch das Fleisch ist schwefelgelb! Der Hut ist am Rand nicht durchscheinend und nicht gerieft, an seiner Unterseite sind die Lamellen erst gelb, dann hellgrün. Der wesentlichste Unterschied ist der Stiel: Dieser ist beim Grünblättrigen Schwefelkopf unbehaart und von gelber, an der Basis braun-rötlicher Farbe. Wer ihn kostet, wird ihn sofort wegen seines ekelhaft bitteren Geschmackes ausspucken! Auch mit dem Nadelholz-Häubling könnte eine Verwechslung passieren, dieser ist jedoch viel kleiner und hat ebenfalls einen nackten Stiel. Er ist sehr giftig und wächst von August bis Oktober.

nander. Ihre Farbe ist erst weiß, mit zunehmendem Alter gelblich-braun. Die Lamellen sind am dünnen, mit dunklen Härchen überzogenen Stiel angewachsen, laufen aber nicht daran herab. Der Stiel ist im jungen Zustand voll, dann wird er hohl.

Vom Samtfußrübling werden ausschließlich die Hüte verwendet, die Stiele sind zäh und sollten entfernt werden. Besonders geeignet ist er für Suppen (Kartoffelsuppe), aber auch mit Rührei ist er nicht zu verachten! Er taugt nicht zum Trocknen, da er zäh wird, aber zum Tiefkühlen in Kunststoffdosen verpackt. Dieser Pilz eignet sich wunderbar zur Kultur im eigenen Garten, da er leicht auf abgestorbenen Baumstämmen zu züchten ist.

Bärlauchzwiebeln
Allium ursinum

Im zeitigen Frühjahr ist die spannendste Bärlauchzeit: An manchen sonnenexponierten Stellen sind schon die jungen, taufrischen Blättchen herausgeschossen und erntebereit. An anderen, schattigeren, sonnenabgewandten Hängen hingegen können wir den Bärlauch noch im Winterzustand aus der Erde graben und finden pralle, längliche Zwiebelchen, die nur so strotzen vor Lebenskraft. Bärlauch ist wohl die bekannteste und kulinarisch meist eingesetzte Frühjahrspflanze. Allerdings werden meist ausschließlich die Blätter verwendet, das weiße, nach Lauch duftende Blütenmeer wie auch die Zwiebeln bleiben zumeist unbeachtet.

Als typisches Lauchgewächs enthält Bärlauch in allen Pflanzenteilen **ätherisches**, **schwefelhaltiges Öl**, das anregend, entgiftend und blutreinigend wirkt. Daher wird er als typische **Blutreinigungs-** und **Entgiftungspflanze** im Frühjahr verwendet. Eine besondere Eigenschaft der Pflanze ist es, im Körper gespeicherte Schwermetalle wie Quecksilber wieder auszuleiten. Dabei wird während einer vierwöchigen Kur täglich Bärlauch in verträglichen Mengen gegessen, dabei ist es sehr wichtig dem Körper viel Flüssigkeit zuzuführen. Eine kleine Handvoll Bärlauchzwiebeln ergibt, in gutes Öl gelegt, ein hervorragendes und sehr gesundes, weil blut- und darmreinigendes Würzöl (siehe S. 32). Weitere Rezepte mit Bärlauchblättern finden Sie im Kapitel Frühling ab S. 50.

Löwenzahnwurzeln und –blätter
Taraxacum officinale

Was in Asien lange Tradition in der Küche hat und überall kultiviert

wird, muss in Europa eigenständig gegraben werden, da es nirgends zu kaufen ist: Die Wurzel des Löwenzahns, die als Pfahlwurzel bis zu 1 m tief in die Erde reichen kann. Diese Wurzel hat es in sich: Sie weist große Mengen an verschiedenen Vitaminen, Kohlenhydraten und Kalium auf, dazu besonders im Herbst viel Inulin, ein für Diabetiker bestens verträgliches Kohlenhydrat. Geerntet werden Löwenzahnwurzeln immer dann, wenn sie wenige Blätter ernähren müssen, also im zeitigen Frühjahr und im Spätherbst. Sie können gut getrocknet, aber auch frisch als Tinktur angesetzt werden. Eine Löwenzahnwurzelteekur ist sehr belebend, regt Leber und Milz an und hilft auch bei deren Beschwerden, mildert Altersbeschwerden, Gicht und Rheuma (Rezept siehe S. 33).

Das Löwenzahnblatt (Bild links) ist bei uns sehr bekannt und wird in der traditionellen Volksküche um die Osterzeit gerne verwendet. Es enthält einen reichen Fundus an Vitalstoffen, Vitaminen und Bitterstoffen und wirkt somit als wahres Wunderkraut für den Körper in der Frühlingszeit.

Nachtkerzenrüben
Oenothera biennis

„Nachtschönheit" nennt man diese Pflanze auch und einen passenderen Namen gibt es wohl nicht: Wenn die Nachtkerze in der Zeit der Abenddämmerung ihre wie von innen leuchtenden, gelben Blüten mit verblüffender Geschwindigkeit

öffnet und ihren betörenden Duft verströmt, lockt sie Falter und andere Nachtgeschöpfe an, die Sie sicher noch nie gesehen haben! Aber so weit ist es noch lange nicht. Im Wissen um das, was hier noch an Naturschauspiel passieren wird, beobachten wir die Blattrosetten, die sich im Garten an- und umsiedeln, wie es jenen unsichtbaren Naturkräften, die alles Grün hervorbringen, so gefällt, und haben jetzt im Vorfrühling schon einen ziemlich genauen Gartenplan im Kopf. Aus dem soll ersichtlich sein, welche Rosetten unbedingt von der Ernte verschont bleiben müssen, damit sie sich im kommenden Gartenjahr entfalten können.

Aber wenigstens einige – wenige – finden sich immer an falscher Stelle und die werden, wie die Blattschöpfe und Wurzeln des Löwenzahns, schon jetzt für die Küche geerntet. Die im rohen Zustand sehr **scharfe, krenartige Wurzel** verfärbt sich, wenn sie gekocht wird, rosa und schmeckt dann ähnlich wie eine Mischung aus Schwarzwurzel und Kohlrabi, wobei sie sehr nähr- und vitaminreich ist.

Als besonders heilkräftig eingestuft wird das Öl aus den Samen (enthält besonders viele ungesättigte Fettsäuren), wobei ich persönlich auch die Blütenenergie und Wurzelkraft der Nachtkerze sehr schätze. Auch die nordamerikanischen Indianervölker schätzen alle Teile der Pflanze und deren **blutreinigende, beruhigende** und **stoffwechselanregende Wirkung**.

Topinambur
Helianthus tuberosus

Wussten Sie, dass die Topinambur zur Gattung der Sonnenblumen gehört? Wer die leuchtend gelben Blüten (Bild S. 128) betrachtet, kann es zumindest erahnen. Im Gegensatz zur Sonnenblume hat sie keine Samen, sondern Brutknöllchen. Ihre ausgewachsenen Knollen werden im Winter und Frühjahr geerntet, unter der braunen oder rötlichen Schale findet sich helles Fruchtfleisch, das süßlich-nussig und nach Sonnenblumenkernen schmeckt. Sie enthalten reichlich Mineralstoffe und Vitamine und natürliches Inulin. Topinambur ist nicht lagerfähig, die Knollen sollten immer frisch ausgegraben werden.

Klettenwurzeln
Arctium lappa

Die Große Klette ist eine sehr erhabene Erscheinung im Pflanzenreich, mit 2 m Gesamthöhe und Blättern, die größer als die des Rhabarbers sind, ist es schon sehr verwunderlich, dass die ganze Gestalt vom Frühjahr bis zum Herbst entsteht und sich im Winter komplett in die dicke Wurzel zurückzieht. Sie hat einen zweijährigen Zyklus, d. h., im ersten Jahr entstehen blütenlose große Pflanzen, im zweiten Standjahr entspringt dem Blattschopf ein Riesenstängel mit kugeligen, distelartigen rosa Blütenköpfchen von etwa 3 cm Durchmesser. Wer sich ein gutes Gedächtnis für Kinderstreiche bewahrt hat, wird sich erinnern, wie beliebt die Stachelkugeln als Betteinlage waren oder wie fest sie sich in Jacken oder Haare verhakt haben …

Teile der Großen Klette sind essbar, ich möchte mich jedoch hier auf die Wurzelnutzung beschränken. Die Nutzung der Wurzel als Heilmittel ist großteils in Vergessenheit geraten, was jedoch nichts über ihre Wirksamkeit aussagt. Ich denke, dass es eher daran liegt, dass die Pflanze schlecht im großen Stil kultiviert werden kann und damit für die Kosmetikindustrie uninteressant ist. Alkoholische und ölige Auszüge der Klettenwurzel können als **Haar- und Hautpflegemittel** (siehe S. 34) eingesetzt werden. Ich persönlich verwende den Ölauszug der Klette sehr gerne zur Herstellung des wertvollsten Haarpflegemittels, das ich kenne. In der Kräuterkosmetik wird der ölige, wässrige und alkoholische Auszug aus der Wurzel bei unreiner Haut und Akne verwendet.

> **• Tipp der *Kräuterfee* — Klettenwurzeltee •**
>
> Klettenwurzeltee wirkt wohltuend bei Magen-, Gallen-, Leber- und Darmbeschwerden. Auch zum Gurgeln bei Entzündungen im Mund- und Rachenraum ist Klettenwurzeltee sehr hilfreich.
>
> 1 TL Klettenwurzel auf 1 l Wasser ist ausreichend! Bei Gallenleiden 2–3 Tassen pro Tag trinken.
>
> Die zweijährigen Wurzeln im Frühjahr oder Herbst ausgraben, anschließend waschen, fein schneiden und trocknen. Klettenwurzeln zur Teebereitung immer in kaltem Wasser ansetzen, über Nacht stehen lassen und vor dem Trinken auf Körpertemperatur erwärmen.

MEINE LIEBLINGSREZEPTE

Gänseblümchen

Süppchen mit Wildkräuterfrittaten und gesunden Blümchen

ergibt 4 Portionen

ca. 300 ml Gemüsebrühe

Wildkräuterfrittaten
2 Handvoll gemischte Wildkräuter
(mit viel Giersch und Vogelmiere)
300 g Dinkelvollkornmehl
2 Eier
250 ml Milch
Salz
Olivenöl
7 Gänseblümchen je Person

Kräuter fein hacken, aus Mehl, Eiern, Milch und Salz einen Palatschinkenteig bereiten. Kräuter einrühren und dünne Palatschinken im heißen Öl backen, zum Auskühlen beiseitestellen. In der Zwischenzeit die Suppe erwärmen, die Palatschinken in feine Streifen schneiden und im Suppenteller drapieren. Die heiße Suppe darübergießen und Gänseblümchen einstreuen.

Viererlei Kräuterbutter mit Frühlingsblumen – Frühlingskräuterbutter

ergibt 8 Portionen

250 g weiche Butter
Salz, Pfeffer
½ TL Chiliflocken
1 Handvoll gemischte Frühlingskräuter mit Vogelmiere
1 Spritzer Zitronensaft
2 Handvoll Gänseblümchen

Butter in eine Schüssel geben, schaumig rühren, mit Salz, Pfeffer und Chili würzen, fein gehackte Kräuter und Zitronensaft unterrühren und aus der Buttermischung auf Backpapier eine Rolle formen, darauf die Gänseblümchen verteilen.

Das Papier um die Rolle schließen und fest zusammendrücken. Nun einkühlen und in Scheiben geschnitten servieren!

Huflattich

Viererlei Kräuterbutter mit Frühlingsblumen – Tomatenbutter mit gelben Blüten

ergibt 8 Portionen

250 g weiche Butter
Salz, Pfeffer
2 Handvoll Basilikumblätter,
davon 1 Handvoll fein gehackt,
1 Handvoll ganz lassen
2 EL Tomatenmark
5 getrocknete Tomaten
2 Handvoll Huflattichblüten

Butter in einer Schüssel schaumig rühren, mit Salz und Pfeffer würzen, fein gehacktes Basilikum und Toma-

• Wichtiges von der *Kräuterfee* •

Bei den folgenden Rezepten können Sie, wenn „gemischte Wildkräuter" angegeben sind, ganz nach Lust und Laune zusammenstellen, was Ihnen über den Weg wächst. Einzig ist darauf zu achten, dass als Salatzutat mehr bitterstoffhaltige Kräuter dabei sein können (z. B. Löwenzahn, Knoblauchrauke, Rucola etc.), bei gekochten Speisen eher weniger. Versuchen Sie auch unbedingt die viererlei Kräuterbutter mit Frühlingsblumen, Sie finden die vier Rezepte bei den folgenden vier Blüten.

tenmark unterrühren und die getrockneten Tomaten beigeben.

Aus der Buttermischung auf einem Backpapier eine Rolle formen, die Huflattichblüten in die Butteroberfläche drücken und die Zwischenräume mit Basilikumblättchen ausfüllen.

Das Papier um die Rolle schließen und die Rolle fest zusammendrücken. Nun einkühlen und in Scheiben geschnitten servieren!

Huflattich-Fußgeist

30 ml Huflattichtinktur
10 ml Melissentinktur
10 ml Ringelblumentinktur
½ TL ätherisches Zitronenmelissenöl
30 ml Hamameliswasser

Die Tinkturen (dazu jeweils 1 Handvoll der Blüten getrennt in Schnaps einlegen und in der Sonne einige Monate reifen lassen) zunächst in eine Flasche geben, das Melissenöl darin auflösen und zum Schluss Hamameliswasser dazugießen, kräftig schütteln.

Tipp der *Kräuterfee*

Dieser herrlich erfrischende Fußgeist ist belebend und wohltuend für Menschen, die viel stehen oder sitzen müssen. Bei Venenschmerzen durch zu langes Sitzen, angeschwollenen, müden Beinen und Füßen durch zu langes Stehen wirkt die Abreibung mit Huflattich-Fußgeist ganz ausgezeichnet, insbesondere nach einem warmen Fußbad.

Primel und Schlüsselblume
Salat mit Ei, frischen Wildkräutern und Blüten

1 Kopfsalat
3 hart gekochte Eier • 3 Tomaten
1 EL Apfelessig • 3 EL Olivenöl
Salz, Pfeffer • 1 TL Senf
3 Handvoll Wildkräuter
1 Handvoll schwarze Oliven
1 Handvoll Frühlingsblüten

Salat zerpflücken und waschen, Eier vierteln, Tomaten achteln und alles in eine große Salatschüssel geben. Essig, Öl, Salz, Pfeffer und Senf verquirlen und das Dressing über den Salat gießen. Die fein gehackten Wildkräuter und die Oliven darüberstreuen und vorsichtig unterheben, zum Schluss die Frühlingsblüten über den servierfertigen Salat streuen.

Viererlei Kräuterbutter mit Frühlingsblumen – Bärlauchbutter mit gelben Blüten
ergibt 8 Portionen

250 g weiche Butter
Salz, Pfeffer
2 Handvoll Bärlauchblätter, fein gehackt
2 Handvoll Primeln/Schlüsselblumen

Butter in einer Schüssel schaumig rühren, mit Salz und Pfeffer würzen, den zuvor mit dem Stabmixer pürierten Bärlauch unterrühren und aus der Buttermischung auf einem mit den Blüten bestreuten Backpapier eine grüne Rolle formen.

Das Papier um die Rolle schließen, die Butterrolle fest und gleichmäßig zusammendrücken. Nun einkühlen und in Scheiben geschnitten servieren!

Veilchen und Hornveilchen
Wildkräutersuppe mit blauen Blümchen
ergibt 4 Portionen

1 Zwiebel
2 EL Olivenöl
3–4 weichkochende Kartoffeln
1 Handvoll Bärlauch • 2 Handvoll
gemischte Frühlingswildkräuter
Salz, Pfeffer • Muskatnuss
Veilchen-/Hornveilchenblüten

Zwiebel würfeln, im heißen Öl glasig werden lassen, die gewürfelten Kartoffeln beifügen und mit Wasser aufgießen. Kartoffeln bissfest garen, dann die fein geschnittenen Kräuter dazugeben, die Suppe mit dem Stabmixer pürieren und abschmecken.

Die frühlingsgrüne Suppe in Suppentellern anrichten und mit einem Sträußchen aus blauen Veilchen und Hornveilchen verzieren und servieren.

Viererlei Kräuterbutter mit Frühlingsblumen – Zitronen-Pfeffer-Butter
ergibt 8 Portionen

250 g weiche Butter
Salz, Pfeffer
abgeriebene Schale von 1 Zitrone
Saft von ½ Zitrone
je 2 Handvoll Giersch- und
Gundelrebenblätter, fein gehackt
1 EL bunte Pfefferkörner
2 Handvoll violette Veilchen
und Hornveilchen

Butter in einer Schüssel schaumig rühren, mit Salz, Pfeffer, Zitronenschale

und -saft würzen, die fein gehackten Kräuter und die im Mörser grob zerstoßenen Pfefferkörner unterrühren und aus der Buttermischung auf einem mit den Blüten bestreuten Backpapier eine Rolle formen.

Das Papier um die Rolle schließen und fest und gleichmäßig zusammendrücken. Nun einkühlen und in Scheiben geschnitten servieren!

Gundelrebe
Wildkräutersalat mit Feta
ergibt 4 Portionen

1 Friséesalat
100 g Feta
3 Cocktailtomaten
1 EL Balsamicoessig • 6 EL Olivenöl
2 Handvoll Wildkräuter mit Gundelrebe, gerne auch Thymian, Rosmarin und Basilikum
Salz, Pfeffer

Den Salat waschen, in mundgerechte Stücke zerreißen. Den Feta würfeln, die Tomaten halbieren und alles in eine Schüssel geben. Essig und Öl darübergießen, durchmischen und grob gehackte Kräuter einstreuen, salzen und pfeffern, alles nochmal unterheben und diesen herrlichen Salat mit einem Lächeln servieren (Bild rechts)!

Gundelrebentinktur
(als Zutat für die Hand- und Fußcreme im Kapitel Winter, S. 168)

5 g frische Gundelrebe
100 ml medizinischer Alkohol

Die frisch gezupfte Gundelrebe in ein dunkles Glas geben und mit dem medizinischen Alkohol übergießen. Die gut verschlossene Flasche in die Sonne oder an einen warmen Platz im Haus stellen und ab und zu gut durchschütteln. Nach 4 Wochen die Tinktur abseihen, dabei die Kräuter gut auspressen. Sie sollte anschließend in einer dunklen Flasche aufbewahrt werden.

Tipp der *Kräuterfee*
Diese Tinktur ist sehr nervenstärkend und anregend für die Lymphe und kann auch als Kompresse angewandt werden.

Schmerzlinderndes Gundelrebenbad

100 g getrocknete Gundelrebe
250 ml heiße Milch
ein Vollbad

Die getrocknete Gundelrebe mit der heißen Milch aufgießen, den Aufguss gut zudecken und 15 Min. ziehen lassen. Dann die Mischung ins fertig eingelassene Vollbad gießen und 20 Min. darin baden.

Tipp der *Kräuterfee*

In dieser Kombination entfaltet die Gundelrebe ihre schmerzlindernden, ausleitenden Eigenschaften gut.

Rosmarin
Kartoffeln mit Wildkräutertopfen
ergibt 4 Portionen

800 g Kartoffeln
200 g Topfen
200 g Naturjoghurt
Salz, Pfeffer
2 Handvoll gemischte Wildkräuter
1 Bund Rosmarin

Die Kartoffeln in der Schale kochen, schälen und auf Tellern anrichten. Topfen und Joghurt vermischen, mit Salz und Pfeffer würzen und die fein gehackten Kräuter unterheben. Fertig!

Frisch gebackene Brötchen mit Salbei und Rosmarin
ergibt 8–10 Brötchen

Diese Brötchen ziehen mich allein schon durch ihren Duft in Bann. Wenn Sie sie einmal nachgebacken haben, werden Sie verstehen, was ich meine!

500 g Weizenvollkornmehl
½ Würfel Germ (21 g)
je 1 EL Honig und Öl
2 Handvoll frisch gehackter Salbei und Rosmarin
12 g Salz
300 ml Wasser
Roggenmehl zum Bestäuben
Sesam, Salz oder Sonnenblumenkerne zum Bestreuen

Alle Zutaten in einer Schüssel langsam 5 Min. lang zu einem Teig vermengen, dann 5 Min. gut durchkneten. Den Teig zugedeckt 1 Std. ruhen lassen (im Warmen). Abermals 3 Min. kräftig kneten und zugedeckt erneut 1 Std. gehen lassen.

Den Teig in 8–10 gleich große Stücke teilen und diese 10 Min. ruhen lassen. Danach runde Knödel formen, diese auf ein mit Backpapier belegtes Blech setzen, relativ eng und unregelmäßig aneinander gelegt sieht es gut aus, wenn die Brötchen zusammengebacken sind.

Die Kugeln mit Roggenmehl bestäuben und zugedeckt nochmals 30 Min. gehen lassen, bis sich ihr Volumen deutlich vergrößert hat. Das Rohr auf 240 °C Ober-/Unterhitze vorheizen, die gegangenen Teigkugeln nochmals mit reichlich Mehl bestäuben oder mit kaltem Wasser bestreichen und die Körner daraufstreuen.

Die Brötchen auf der mittleren Schiene des Ofens backen, eine Espressotasse Wasser mit Schwung direkt auf den heißen Ofenboden gießen, um Wasserdampf zu erzeugen, nach 10 Min. Backzeit kurz das Rohr öffnen, um den Dampf entweichen zu lassen und die Backtemperatur anschließend auf 200 °C reduzieren, weitere 10 Min. goldbraun backen.

Vogelmiere
Hellgrünes Frühlingsbrot

Mit der pürierten Vogelmiere wird das Wildkräuterbrot (Bild rechts) schön hellgrün und ist nicht nur Augenweide, sondern auch Mineralstofflieferant für Ihren Frühstückstisch! Alternativ kann auch Basilikum oder Petersilie verwendet werden.

4 Handvoll Vogelmiere,
davon 2 fein gehackt
50 ml Milch
700 g Dinkelmehl
300 g Roggenmehl
½ Würfel Germ (21 g)
150 g Sauerteig
2 TL Honig
600 ml Wasser
20 g Salz
Roggenmehl zum Bestäuben

Die Hälfte der Vogelmiere in etwas Milch pürieren. Die Mehlsorten in eine Schüssel geben und die Germ darüberkrümeln, Sauerteig, Honig, Wasser, Kräutermilch und die restliche Milch hinzufügen, alles 5 Min. gut vermengen, anschließend 10 Min. gut kneten! Zuletzt die fein gehackte Vogelmiere und das Salz unterkneten, den Teig zu einer Kugel formen und zugedeckt 1 Std. an einem warmen, zugfreien Ort ruhen lassen.

Den Backofen auf 240 °C vorheizen, eine Kastenform von ca. 15 x 20 cm einfetten. Den Teig nochmals kurz und kräftig durchkneten, wieder eine Kugel formen, mit Roggenmehl bestäuben und nochmals 20 Min. gehen lassen.

Den Teig in die Kastenform füllen, die Oberseite mit einem scharfen Messer mehrmals 1 cm tief einschneiden und in den heißen Ofen stellen. Nun eine Espressotasse Wasser schwungvoll auf den Ofenboden gießen und schnell die Türe schließen (Wasserdampf erzeugt eine schöne Kruste). Nach 10 Min. Backzeit die Temperatur auf 200 °C reduzieren, dabei die Ofentüre kurz öffnen, damit der Wasserdampf entweichen kann und das Brot anschließend noch weitere 50 Min. knusprig braun backen.

Pikanter Frühstücksgründrink

4 EL Haferflocken
2 EL gehackte Gundelrebe
etwas Rosmarin und Scharbockskraut
1 Handvoll Vogelmiere, etwas Salz nach
Geschmack
die ersten Frühlingsblüten als essbare
Dekoration

Alle Zutaten außer den Blüten miteinander im Smoothiemixer etwa 4 Min. vermixen, das fertige Getränk in hübsche Gläser füllen und mit den Blüten verziert servieren.

Giersch

Grünkraft-Smoothie

½ Apfel • 1 Banane • ¼ Ananas
je 1 Handvoll Brennnessel, Giersch und
Vogerlsalat

Alle Zutaten außer den Brennnesseln im Smoothiemixer etwa 3 Min. vermixen, dann mit der fein gehackten Brennnessel vermischen und das fertige Getränk, in Trinkbecher gefüllt, mit Kräutern dekorieren und servieren.

Gierschtee

Für einen Gierschtee die jungen Blätter fein schneiden und 2 TL davon mit 1 Tasse siedendem Wasser aufgießen, zudecken und 10 Min. ziehen lassen. Trinken Sie pro Tag 2–3 Tassen von diesem Tee.

Frühlingskräuterlimonade

Allseits gut verträglich, mineralstoff- und vitaminreich sowie schmackhaft sind die Blätter in Form einer Frühlingskräuterlimonade (Bild rechts) zubereitet.

3 Bio-Zitronen
1 Stück frischer Ingwer, 2 cm lang
250 ml Leitungswasser
300 g brauner Zucker
je 10 g Gundelrebe und Giersch
2 l Mineralwasser

Die Zitronen heiß abwaschen, trocken reiben und von 1 Zitrone die Schale mit einem Sparschäler dünn abschälen.

Alle Zitronen halbieren und den Saft auspressen.

Den Ingwer schälen und in dünne Scheiben schneiden. Zitronenschale und -saft, Ingwerscheiben, Leitungswasser und Zucker dann etwa 10 bis 15 Min. bei mittlerer Hitze ohne Deckel zu einem Sirup einkochen lassen. Den heißen Zitronensirup durch ein

Sieb in eine Schüssel auf die Kräuter gießen und zugedeckt über Nacht durchziehen lassen.

Zum sofortigen Verbrauch den Sirup mit kaltem Mineralwasser auffüllen. Für den Vorrat den Sirup in eine saubere, fest verschließbare Flasche füllen und kühl aufbewahren.

Judasohr
Kartoffel-Pastinaken-Eintopf mit Judasohren
ergibt 4 Portionen

2 Handvoll Judasohren
800 g Kartoffeln
1 Zwiebel
½ Handvoll Bärlauch oder
1 Knoblauchzehe
1 Karotte
3 EL Olivenöl
1 Pastinake
100 g Erbsen
1 Handvoll gemischte Wildkräuter
Salz, Pfeffer

Pilze in etwas warmem Wasser einweichen. Kartoffeln waschen, schälen und würfeln, Zwiebel und Knoblauch/Bärlauch fein hacken, Karotte in Scheiben schneiden. Öl erhitzen und alles darin etwa 10 Min. garen.

Die geschälte Pastinake würfeln und mit den Pilzen beifügen (samt Einweichwasser), die Mischung noch weitere 5 Min. verköcheln, dann die Erbsen beifügen. Weitere 5 Min. köcheln lassen, die klein gehackten Kräuter hinzugeben, salzen und pfeffern.

Gemüsepfanne mit Judasohren
ergibt 4 Portionen

1 kleiner Chinakohl
1 große Zwiebel
3 Karotten
etwas Speiseöl
1 Handvoll Champignons
1 Handvoll Judasohren
1 Tasse Sojakeimlinge
Salz und Sojasauce zum Abschmecken

Zunächst den feinblättrig geschnittenen Chinakohl mit der blättrig geschnittenen Zwiebel und den gehobelten Karotten in einer tiefen Bratpfanne oder im Wok im heißen Öl etwa 5 Min. unter ständigem Wenden anbraten.

Die blättrig geschnittenen Champignons und die Judasohren beigeben und die Gemüse-Pilz-Mischung nochmals unter ständigem Wenden bei großer Flamme 5 Min. weiterdünsten. Die gewaschenen Sojakeimlinge beifügen, mit Salz und Sojasauce abschmecken und weiterbraten, bis die Sojakeime bissfest gar sind. Dazu am besten Reis servieren.

Samtfußrübling
Samtfußrüblingtaschen
ergibt 4 Portionen

1 mittlere Zwiebel, fein gehackt
400 g fein geschnittene Kappen des Samtfußrüblings
1 TL Salz
fein gehackter Estragon und Petersilie
40 g Butter
2 EL Semmelbrösel
Blätterteig, vom Bäcker oder selbst gemacht
1 Ei zum Bestreichen

Für die Pilzfüllung die Zwiebel mit Pilzen und Gewürzen in Butter anbraten und auf mittlerer Flamme etwa 15 Min. garen, anschließend die Brösel beifügen.

Aus dem Blätterteig 10 x 10 cm große Quadrate ausschneiden, mit etwa 1 großem EL der ausgekühlten Pilzfül-

lung befüllen. Nun die vier Ecken des Teigstückes so übereinanderlegen, dass sie einander gut überlappen, und an den Rändern zusammendrücken.

Die mit dem verquirlten Ei bestrichenen Taschen im vorgeheizten Backrohr auf einem gut eingefetteten Blech bei 180 °C hellbraun backen und warm zu Blattsalat servieren!

Pilztopf
ergibt 4 Portionen

250 g gemischte Wildpilze (Samtfußrübling, Champignons, Austernpilz, Hallimasch, Steinpilze u. a.)
1 kleine Zwiebel
25 g Frühstücksspeck
2 EL Butter
1 mehligkochende Kartoffel
1 EL getrocknetes Liebstöckel
1 l Gemüsebrühe oder Wasser
1 Becher Crème fraîche
2 Eidotter

1 Handvoll frischer Bärlauch oder
Schnittlauch
Salz, Pfeffer
4 Scheiben getoastetes Schwarzbrot

Die geputzten Pilze in mundgerechte
Stücke schneiden. In einem Topf die
gehackte Zwiebel und den würfelig
geschnittenen Frühstücksspeck in
Butter anrösten, dann die in kleine
Würfel geschnittene Kartoffel und das
Liebstöckel beifügen und mit Wasser
oder Gemüsebrühe aufgießen.

Die Pilze in die Suppe einlegen und
alles leise köcheln lassen, bis die Kar-
toffelstückchen fast zerkocht sind.

Den Topf vom Herd nehmen, Crè-
me fraîche, Eidotter und fein geschnittene Kräuter beifügen. Die Suppe
kräftig umrühren, salzen und pfeffern.

Die getoasteten Schwarzbrotschei-
ben in die Teller legen und mit der
Suppe übergießen. Den Kräuter-
feen-Pilztopf sofort servieren!

Bärlauchzwiebeln
Bärlauch-Gewürzöl
ergibt ca. 200 ml
1 Bund Bärlauch
1 Msp. abgeriebene Zitronenschale
150 ml gutes Sonnenblumenöl
½ Handvoll Bärlauchzwiebeln, gewaschen und trocken getupft

Für die Zubereitung des Öles ist es
ganz wichtig, dass die Bärlauchblätter
trocken sind, d. h., ich verwende frisch
gesammelte, saubere Blätter, die ich
nicht wasche.

Alle Zutaten außer den Bärlauchzwiebeln in den Smoothiemixer geben
und etwa 2 Min. mixen, das Öl dann
etwa 10 Min. stehen lassen und nochmals 1 Min. mixen. Das Öl durch ein
feines Sieb in eine saubere, trockene
Flasche gießen und die Bärlauchzwiebeln einlegen. Es hält sich bei kühler
Lagerung 2–3 Wochen.

Verwendungstipp der *Kräuterfee*
Dieses Öl ist ideal zum Würzen von
Salaten und Gemüsespeisen, zum Marinieren und auch pur als Frühjahrskur
geeignet. Nehmen Sie dazu jeden
Morgen auf nüchternen Magen 1 TL
davon ein.

Frühlingssalat mit Tomaten, Bärlauch und Ziegenfrischkäse
ergibt 4 Portionen
Salat
600 g verschiedene Tomatensorten
¼ Endiviensalat
1 Bund Bärlauch
3 EL Rotweinessig

½ TL scharfer Senf
6 EL Olivenöl
Salz, Pfeffer
½ Handvoll Bärlauchzwiebeln
1 Handvoll Walnüsse
3 EL Sonnenblumenkerne

Ziegenfrischkäse
250 g Ziegenfrischkäse
1 EL Honig
1 EL Bärlauchöl
Salz, Pfeffer

Tomaten in mundgerechte Stücke teilen, den gewaschenen Salat in Streifen,
die Bärlauchblätter ganz fein nudelig
schneiden und alles auf einem großen
Servierteller drapieren.

Essig, Senf, Olivenöl, Salz und
Pfeffer verquirlen und damit den Salat
marinieren, obenauf die gewaschenen,
halbierten Bärlauchzwiebeln, die Nüsse und Sonnenblumenkerne streuen.

Ziegenfrischkäse mit Honig und
Bärlauchöl verrühren, salzen und pfeffern und je einen Löffel Frischkäse auf
den Salat setzen.

Löwenzahnwurzeln und -blätter
Purpurroter Powermix
1 Handvoll Löwenzahnwurzeln
1 kleine, junge Rote Rübe
2 Karotten
1 Stückchen Sellerie
1 Stückchen Ingwer
1 EL Brennnesselsamen

Alle Zutaten gut miteinander vermixen und den fertigen Smoothie in ein
dekoratives Glas füllen.

Löwenzahnwurzeltee zur Blutreinigung

*1–2 TL getrocknete, grob
zerteilte Löwenzahnwurzeln
250 ml heißes Wasser*

Die Wurzeln mit dem heißen Wasser
übergießen, zudecken und 10 Min.
ziehen lassen, dann abseihen und als
Frühjahrskur täglich über 6 Wochen
trinken, dazu viel Wasser trinken.

Heilsalz aus Löwenzahnwurzel und Kräutern von der Wiese

Getrocknete Löwenzahnwurzeln,
Brennnesselsamen, die Blätter von
Spitzwegerich, Schafgarbe und Giersch
in der Küchenmaschine fein ver-
mahlen und mit gutem Meersalz im
Verhältnis 1 : 5 (1 Teil Salz und 5 Teile
Kräuter) vermengen.

Verwendungstipp der *Kräuterfee*

Verwenden Sie dieses Salz zum Würzen von Butterbroten, Salatsaucen und
Kräutersuppen besonders im Frühjahr.

Löwenzahnwurzeltinktur bei Leber- und Gallenbeschwerden

*1 Handvoll frische Löwenzahn-
wurzeln, gewaschen
500 ml guter Bauernschnaps (38 Vol.-%)*

Die Wurzeln etwas anquetschen, in
ein Glas mit Schraubverschluss füllen
und den Schnaps darübergießen. Das
Glas an einen warmen Ort im Haus
stellen und den Ansatz etwa 6 Wochen
ziehen lassen, dann wird er abgeseiht

und in kleine, dunkle Flaschen mit
Tropfer gefüllt und kühl gelagert.
Täglich 10 Tropfen in etwas Wasser
über 6 Wochen als Kur bei Leber- und
Gallenbeschwerden einnehmen.

Verwendungstipp der *Kräuterfee*

Die Tropfen wirken verdauungsfördernd, wenn sie nach dem Essen
eingenommen werden.

Nachtkerzenrüben
Aufstrich aus Nachtkerzenrüben

*250 g Topfen
4 EL fein gehackte Petersilie
2 Karotten
1 schöne, große Nachtkerzenwurzel
Salz
3 EL Olivenöl*

Topfen in eine Schüssel geben, fein
gehackte Petersilie und geschälte, fein
geriebene Karotten- und Nachtkerzen-
wurzeln beifügen, mit Salz und Öl abschmecken und alles gut durchrühren.
Diesen erstaunlich kren-scharfen
Aufstrich zu deftigem Schwarzbrot
servieren.

Topinambur
Topinambursüppchen

*500 g Topinambur
1 Zwiebel • 50 g Butter
¼ Sellerieknolle • 400 ml Milch
600 ml Gemüsebrühe
200 ml Obers
Salz, Pfeffer
1 Handvoll fein gehackter
Giersch oder gehackte Petersilie*

Die gewaschenen Topinamburknollen in Scheiben schneiden und die fein gehackte Zwiebel in der Butter anschwitzen, Topinambur und fein geschnittenen Sellerie beifügen, mit Milch und Gemüsebrühe aufgießen und die Mischung 15 Min. verköcheln.

Dann pürieren, mit Obers aufgießen, salzen und pfeffern. Zuletzt den fein gehackten Giersch in die Suppe einrühren und mit Kräutercroûtons servieren.

Herzhafte Topinamburquiche
ergibt 4–6 Portionen
Mürbteig
200 g Mehl • 100 g kalte Butter
Salz • 50 ml eiskaltes Wasser

Belag
500 g Topinambur • 150 g Lauch
2 EL Olivenöl • Salz • 3 Eier
80 ml Schlagobers • 200 ml Sauerrahm
je gehackter 2 EL Bärlauch, Giersch
und gemischte Wildkräuter
100 g geriebener Bergkäse

Für den Mürbteig Mehl, gewürfelte Butter und Salz fein verreiben, das Wasser einarbeiten und den Teig händisch gut verkneten. Den zur Kugel geformten Teig gut zudecken und 30 Min. kühl stellen. Dann den Teig ausrollen und eine Quicheform mit 24 cm Durchmesser damit auskleiden.

Für den Belag Topinambur und Lauch waschen und putzen, beides in feine Scheiben schneiden und im heißen Öl kurz anrösten, dabei ein wenig salzen. Eier, Obers, Sauerrahm und Wildkräu-ter mischen und salzen. Das Gemüse auf dem Teigboden verteilen, geriebenen Käse darüberstreuen und das Gemüse mit der Rahmmischung gleichmäßig übergießen. Die Quiche bei 170 °C Ober-/Unterhitze auf der zweiten Schiene etwa 45 Min. goldbraun backen und noch lauwarm servieren.

Klettenwurzeln
Stärkendes Haaröl aus Klette und Vogelmiere
60 g Klettenwurzeln
2 Handvoll Vogelmiere
400 ml Olivenöl

Die frisch gegrabenen Klettenwurzeln abtrocknen, die verbliebene Erde von der Rinde abbürsten und die Wurzeln in hauchdünne Scheiben schneiden, in eine Flasche mit breiter Öffnung füllen.

Vogelmierentriebe dazugeben. Öl in einem Topf erwärmen, bis es Bläschen macht, über die Pflanzenteile gießen, die Flasche gut verschließen und die Mischung etwa 4 Wochen an einem warmen Platz im Haus ziehen lassen.

Dann kann das Öl abgeseiht und verwendet werden. Entweder vor dem Haarewaschen auf Haare und Kopfhaut streichen und einmassieren, 1 Std. (noch besser über Nacht) einwirken lassen und danach die Haare wie gewohnt waschen. Oder daraus eine Haarpackung zubereiten.

Tipp der *Kräuterfee*

Es ist wichtig, darauf zu achten, dass alle Pflanzenteile im Öl liegen, weil sie sonst schimmeln!

Klettenwurzelöl
15 g Klettenwurzeln
10 g Brennnesselwurzeln
100 g Olivenöl

Die getrockneten Klettenwurzel- und Brennnesselwurzelteilchen in ein dunkles Apothekerglas mit breiter Öffnung geben und das Öl darüber-gießen, die gut verschlossene Flasche an einem warmen Ort 3 Wochen ziehen lassen und immer mal wieder durchschütteln.

Das Öl abseihen, den Rückstand gut ausdrücken und das Öl in einer dunklen Flasche kühl aufbewahren.

Verwendungstipp der *Kräuterfee*

Massieren Sie vor jeder Haarwäsche die Kopfhaut und die Haarspitzen mit dem Öl ein, setzen Sie eine Duschhaube auf und lassen Sie das Öl einziehen, so lange Sie Zeit haben. Es ist sehr gesund für die Kopfhaut, nährt das Haar und glättet spröde Haarspitzen.

Klettenwurzelpackung für angegriffenes Haar und juckende Kopfhaut
1 EL Klettenwurzelöl
1 Eidotter
Saft von ½ Zitrone

Mit dem Mixer tröpfchenweise das Klettenwurzelöl in den Eidotter einrühren, sodass eine glatte Mayonnaise entsteht, dann kommt Zitronensaft dazu. Die Packung nun auf das vorgewaschene, nasse Haar geben, sie bleibt dort am besten für einige Stunden. Die Mischung gut in die Kopfhaut einmassieren und eine Duschhaube aufsetzen, diese mit einem Handtuch umwickeln. Die Wärme darunter ist wichtig für die Wirksamkeit.

Nach der Einwirkzeit die Haare mit lauwarmem Wasser gründlich auswaschen und zum Schluss mit kühlem Essigwasser (Essig : Wasser = 1 : 10) spülen. Er verleiht dem Haar einen seidigen Glanz und ist gut für den pH-Wert der Kopfhaut. Sie werden staunen, wie schnell Ihr Haar mit dieser Haarpackung glänzend und gesund aussieht!

Klettenwurzelgesichtsmaske

1 EL Klettenwurzelöl
2 EL Heilerde (aus der Apotheke)
1 TL Kamillenblütenöl
heißes Wasser nach Bedarf
1 Tropfen ätherisches Rosenblütenöl

Zunächst auf kleiner Flamme Klettenwurzelöl erwärmen, Heilerde und Kamillenblütenöl einrühren, sodass ein zäher Brei entsteht. Nun ganz langsam so viel heißes Wasser unter Rühren hinzufügen, bis die Mischung gut streichfähig ist, dann Rosenblütenöl einrühren. Die warme Maske nun mit einem breiten Pinsel auf das gut gereinigte Gesicht, auf Oberkörper oder Rücken auftragen (Bild rechts). Die Maske 30 Min. wirken lassen, dann mit warmem Wasser abwaschen und gründlich nachspülen.

Tipp der *Kräuterfee*

Heilerde ist ein wunderbares Mittel bei unreiner Haut. Meiner Meinung nach wirkt sie aber auch sehr austrocknend, wenn sie nur mit Wasser angerührt wird. In Kombination mit dem heilenden Klettenwurzelöl ist der austrocknende Effekt nicht mehr spürbar, die Maske wirkt dabei trotzdem reinigend, heilend, entzündungshemmend und klärend auf das Hautbild und ist zudem sehr schnell und unkompliziert zubereitet.

Frühling

MEIN FRÜHLINGSSTREIFZUG

„Der Erstfrühling äußert sich durch die Blüte der Forsythie, der Blattentfaltung von Stachel- und Johannisbeere, später der Blüte von Kirsche, Pflaume und Birne, von Schlehdorn und Ahorn. Das Sommergetreide geht auf, das Grünland ergrünt. Blätter treiben, zunächst Rosskastanie und Birke, etwa eine Woche später auch Rotbuche, Linde und Ahorn. Die Bauern beginnen mit dem Setzen von Kartoffeln und der Aussaat der Zuckerrüben. Der Vollfrühling ist durch die Blüte von Kulturapfel und Flieder, später auch der Himbeere gekennzeichnet. Auf den Feldern laufen die Zuckerrüben und Kartoffeln auf, das bereits im Vorjahr aufgelaufene Wintergetreide schosst. "

Wie unglaublich karg und trocken diese wissenschaftliche Definition auch klingt, der Leser kann dennoch erahnen: Jetzt wird's schön saftig grün! Martin Walser hat diese Entwicklungsstufe des Frühlings schon empathischer mit „Wenn ich in einen Baum schaue, könnte ich aufschreien vor Liebe zum *Chlorophyll!*" beschrieben (aus der Novelle „Ein fliehendes Pferd").

Ich kann sie gar nicht aufzählen, alle die bunten Blütengesichter, die grünen Blättchen, die wie aus dem Nichts sich entfalten und die bisher karge Welt auf wundersame Weise in Üppigkeit verwandeln. Obstbäume als Blütenwolken, grüne Wiesen, die sich von einem Tag auf den anderen in gelbe Löwenzahnfelder verwandeln, der braune, kahle Wald, der nach einem Regenguss praktisch über Nacht ergrünt und mich mit dieser Wandlung immer wieder verwundert und bezaubert. Wie herrlich, wieder in dieser Üppigkeit dahinzuschwelgen! Und all die grünen Freunde wiederzufinden, die in dunkler, kahler, später weißer Winterruhe fast vergessen wurden. Jetzt ist der Tisch wieder reich gedeckt mit allem, was saftig, aromatisch, grün und voller Lebenskraft ist …

JETZT ANGESAGT

Grüne Üppigkeit, Reinigung innerlich (durch Nahrung) und äußerlich (durch Bäder und Peelings)

Viriditas ist der von Hildegard von Bingen gebildete Begriff für „Grünkraft". Als Abwandlung des lateinischen Adjektivs *viridis* – grün, was so viel wie die Farbe der Pflanzen, des Meeres, der Nymphen, der jungen und zarten Früchte, der Gemüsearten, der Atmosphäre und im übertragenen Sinn der Jugend, Kraft, Gesundheit und Robustheit bedeutet – weist der Begriff also auf die Farbe Grün in Verbindung mit der Lebenskraft hin. Damit beschreibt sie eine grundsätzliche Kraft, die Natur und Kosmos, also Menschen, Tiere, Mineralien und Pflanzen, beinhaltet. Diese Grünkraft findet man sowohl im Sinnbild des Blühens als auch im Säen, Keimen, Wachsen und Fruchttragen. Grünkraft kann man durch Monotonie und Anspannung im Alltag verlieren, man kann sie sich aber auch erarbeiten und bewahren durch Aufenthalt und Bewegung in der Natur.

Deshalb wird „Viriditas" auch häufig mit „Grünkraft", „Lebensgrüne" oder „lebendiges Grün" übersetzt. Die Grünkraft ist in Hildegards Augen eine geheimnisvolle göttliche Kraft, die lebensnotwendig und die Grundlage jeder Heilung ist. „Die Seele ist die grünende Kraft des Leibes; die Seele wirkt mittels des Leibes und der Leib mittels der Seele; das ist der ganze Bestand des Menschen." Viriditas ist die Voraussetzung allen Lebens, sie bringt das Leben zur Entfaltung. Diese Bedeutung des Begriffs Viriditas begeistert mich persönlich jedes Frühjahr aufs Neue und das, was jetzt im Frühjahr an Pflanzennutzung, Sammeltätigkeit und Bewegung in der Natur passiert, ist, so denke ich, genau das, was Hildegard vor mehr als 1.000 Jahren meinte.

Kräuter- und Blütengenuss in üppigen Mengen

Nachdem Blätter und Blüten nun in rauen Mengen verfügbar sind, kann ich nur empfehlen, diese auch zu nutzen und sie saisonal in den Speiseplan einzubauen. Wildkräuter passen hervorragend zum bevorstehenden Osterfest und dessen Symbolik der Fruchtbarkeit, der Gesundheit und des neu erwachenden Lebens. Sauerampfer, Schafgarbe, Wegeriche, Knoblauchrauke, Löwenzahn und viele andere sind schon so groß und doch noch zart genug, um Wohlschmeckendes daraus zuzubereiten. Traditionell beginnen jetzt auch meine Kräuterkurse, den Teilnehmerinnen macht es jetzt

• Tipp der *Kräuterfee* — **Lauwarmer Salat** •

Frühere Generationen sprachen den ersten Grünmahlzeiten im Jahr besondere Bedeutung und starke Heilkraft zu, bildeten sie doch die erste vitaminreiche Nahrung nach den kargen, entbehrungsreichen Wintermonaten. Eine besonders schmackhafte und hippe Art der Zubereitung dieser Wildkräuter ist meiner Meinung nach der lauwarme Salat. Dabei werden knackig gedünstetes oder angebratenes Gemüse und Wildkräuter nach Belieben mit Salaten, Pilzen und Blüten so kombiniert, dass essbare Blumensträuße entstehen.

wieder Spaß, an der Natur teilzuhaben und sich kulinarisch zu entfalten.

Wildkräuter, Naturpilze und frische Blüten liegen nicht im Supermarkt herum, sie müssen immer aufwändig gesammelt werden. Selbst Gartenbesitzer, die schon am geeigneten Standort sind, müssen sich selbst bücken, um in den Genuss dieser Naturgaben zu kommen. Doch für viele Nichtgartenbesitzer macht unsere „moderne" Zeit leider auch das Finden eines geeigneten Sammelstandortes nicht immer leicht: Die fünf Plagen des Wildkräutersammlers der heutigen Zeit heißen Spritz- und Düngemittel, Hunde, Abgase und natürlich die globale Umweltverschmutzung. Mit all dem müssen wir leben und das macht einen gehörigen Unterschied im Vergleich zu unseren diesbezüglich unbelasteten Vorfahren.

Duftendes für die Körperpflege – selbst gemacht!

In der Kulturgeschichte der Körperpflege hat das Sammeln von Heilpflanzen und deren Verarbeitung zu Kosmetika eine lange Tradition. Schon aus dem alten Ägypten und der Antike sind uns Rezepte überliefert. Milchbäder und Schönheitsmasken aus Fetten und Ölen, mit Duftstoffen versehen, wurden selbst hergestellt oder beim Kräuterkundigen gemischt. Das Wissen um die heilenden und pflegenden Kräfte der Pflanzen war in der Volksheilkunde über viele Jahrhunderte hinweg die einzige Quelle für Heilung und Schönheitspflege und es wurden zahlreiche Methoden entwickelt, um die Wirk- und Duftstoffe der Pflanzen zu gewinnen. Pflanzen wurden ausgepresst, um deren Saft zu gewinnen, Tees, Abkochungen, Tinkturen mit Alkohol, Extrakte und Essenzen wurden hergestellt. Duftstoffe wurden durch Einlegen in Öl oder Fette gewonnen, die Kunst des Destillierens war schon vor 1.000 Jahren bekannt. Duftstoffe und Gewürze gehörten zu den begehrtesten Tausch- und Handelswaren.

Die **wichtigste Grundlage** für Kräuterkosmetik sind **Heilkräuter** mit ihren hautpflegenden, hautverschönernden und heilenden Eigenschaften. Die **wichtigsten Inhaltsstoffe** von Heilpflanzen sind folgende:

- **Gerbstoffe** besitzen kontrahierende und antiseptische Eigenschaften, wirken porenverengend auf die Haut, sind aber auch entzündungshemmend und heilend. Eichenrinde beispielsweise enthält besonders viele Gerbstoffe.

- **Pflanzenschleime** hüllen Haut und Haar ein und wirken dadurch besänftigend, glättend und lindernd. Sie sind reichlich in Eibischwurzel, Käsepappel und Klettenwurzel zu finden.

- **Kieselsäure** festigt das Bindegewebe, bewirkt eine bessere Durchblutung und eine Klärung der Haut. Zinnkraut und Brennnesseln sind solche viel Kieselsäure enthaltende Wildkräuter.

- Auch andere Wirkstoffe, wie sekretionsfördernde Glykoside, antiseptisch wirkender Schwefel und reinigende Saponine, sind wichtige Inhaltsstoffe.

All diesen einzelnen Wirkungsfaktoren ist die Heilpflanze in ihrer Gesamtheit noch weit überlegen, denn sie enthält zahlreiche Begleitstoffe, die ihre Wirkungen in einem biologischen Gesamtkomplex entfalten. Dazu kommen auch noch die positiven Natureindrücke beim Sammeln der Pflanzen, das allen Sinnen schmeichelnde Selbstherstellen der Kräuterkosmetik und die Freude beim Verwenden der selbst gemachten Produkte.

Einen sehr wichtigen Stellenwert nehmen die in vielen Heilpflanzen enthaltenen **ätherischen Öle** ein. Sie entstanden eher durch Zufall … denn Ziel der Destillation in Apothekerlaboratorien waren nicht die ätherischen Parfumöle, sondern die aromatischen „gebrannten Wässer", daraus entstanden das „Ungarische Wasser", ein Destillat aus Rosmarin, der „Karmelitergeist" und das „Kölnisch Wasser", alle drei wurden lange Zeit ausschließlich als Heilwässer äußerlich und innerlich angewendet. Als „Abfallprodukt" blieben die ätherischen Öle übrig, die erst seit dem 18. Jh. zu Parfums verarbeitet wurden. Dies war das „Parfumzeitalter", es herrschte großer Bedarf, denn Waschen und Baden galt damals als äußerst ungesund und man verwendete Düfte, um die nicht immer angenehmen Körpergerüche zu überdecken. Heute ist es umgekehrt: Die bei der Destillation entstehenden ätherischen Öle stehen hoch im Kurs und werden für Duftlampen, zum Kochen und für Kräuterkosmetik verwendet.

Ätherische Öle sind winzige Öltröpfchen, die in den Öldrüsen der Pflanzen gebildet werden, und sie werden frei, wenn die Pflanze berührt, gedrückt oder gerieben wird. Sie stellen die Essenz, die Energie der Pflanze dar. Ätherisch kommt von *aither*, was bei den Griechen Himmelsluft oder Weite des Himmels bedeutete.

Oft wird übersehen, wie intensiv diese Pflanzenessenzen wirken. Durch ihre schnelle und starke Wirkung über den Geruchsinn und die Aufnahme über die Haut sind ätherische Öle **hochwirksame Heilmittel**. Daher gehören sie nicht in Kinderhände, auch schwangere und ältere Menschen sollten vorsichtig damit umgehen. Manche ätherischen Öle können wie alle wirksamen Stoffe für sensible Haut reizend wirken, daher sollten erstmals kleine Mengen am Unterarm ausprobiert werden. Werden sie fachgerecht verwendet, sind sie wertvollste Heil- und Pflegemittel.

Neben den Heilpflanzen werden aber auch noch **andere Zutaten zur Herstellung von Kräuterkosmetik** benötigt: **Fette und Öle** von Tieren und Pflanzen, **Bienenhonig** und **Alkohol**. Bienenhonig, unverfälscht und naturrein, spielt bei der Herstellung von Naturkosmetika eine wichtige Rolle. In warmer Flüssigkeit gelöst wirkt er besänftigend, mild desinfizierend und glättend auf die Haut. Als Haarpflegemittel wirkt er glättend und umhüllt schützend das Haar. Fette und Öle pflanzlichen und tierischen Ursprungs werden seit Jahrtausenden zur Körper- und Schönheitspflege verwendet, dazu zählen nicht nur Pflanzenöle und -wachse wie süßes Mandel-, Oliven-, Sesam-, Weizenkeim- oder Jojobaöl, sondern auch tierische Fette wie etwa Schweineschmalz, Rindertalg, aber auch Butter, Milch und Schlagobers als natürliche Emulgatoren. Das bekannteste altüberlieferte Schönheitsbad ist wohl jenes von Kleopatra – das Vollbad in Eselsmilch. Im Rezeptteil ab S. 48 finden Sie u. a. eine duftende Mischung aus Milchprodukten und ätherischen Ölen und den dazu passenden Kräutern für selbst kreierte Wellnessmomente.

MEINE FRÜHLINGSPFLANZEN

Lungenkraut
Pulmonaria officinalis

Das leuchtend blaue Lungenkraut gehört zur Familie der Raublattgewächse, in früheren Zeiten allerdings wurde es als blaue Schlüsselblume beschrieben, eine sehr charmante Betrachtungsweise, wie ich finde (siehe „Hortus Lusatiae" aus 1594). Aufgrund der Signaturlehre, die Formen und Muster von Pflanzen den menschlichen Organen zuordnet und hier heilend einsetzt, wird das Lungenkraut der Lunge und ihrer Gesunderhaltung zugeteilt, empfohlen sowohl von Hildegard von Bingen als auch von Paracelsus. Energetisch betrachtet richtet die Pflanze alles gerade, was schief steht, wenn je vier blaue und vier rosarote Einzelblüten gegessen werden. Zupfen Sie vorsichtig die Blüten aus ihrem Kelch, ohne die Pflanzentriebe abzubrechen!

Lindenblätter
Tilia cordata und *T. platyphyllos*

Die lieblich duftenden Blüten der Linde berauschen im Mai ganze Alleen in der Stadt und fast jeder erinnert sich an ihren Duft. Sie verleihen Getränken und Nachspeisen, z. B. Fruchtsalaten, eine angenehme Note. Lindenblütentee schmeckt köstlich und wirkt schmerzlindernd, als leichter Kräutertee zubereitet wirken die Blüten **beruhigend, krampflösend und schweißtreibend**. Verwendet man für den Tee aber zu viele Blüten oder lässt man ihn zu lange ziehen, verkehrt sich seine Wirkung ins Gegenteil und er wirkt eher anregend und kann sogar Schlafstörungen hervorrufen.

Ganz besonders interessant für die Ernährung sind an diesem Baum jedoch die Blätter. Junge Lindenblätter sind im Frühjahr, wenn sie sich gerade entfalten, durchscheinend, ausgesprochen zart und von mildem Geschmack. Sie enthalten viel Proteine, jede Menge Pflanzenschleime, Vitamin C und Mineralsalze. Sie haben **reizlindernde Wirkung**. Von Wurzeltrieben kann man bis spät in den Sommer hinein noch junge, zarte Blätter ernten. Lindenblätter eignen sich bestens für Salate, können aber auch gekocht verarbeitet werden. Insbesondere Suppen bekommen durch den Pflanzenschleim eine sämige Konsistenz. Und niemand hat mir bisher auf Anhieb geglaubt, dass ein Butterbrot, dick mit jungen Lindenblättern belegt und leicht gesalzen, zum Köstlichsten zählt, was man sich im Frühjahr so pflücken kann …

Die voll entfalteten Blätter sind eher zäh. Man kann sie aber trocknen, die Äderchen entfernen, die Blätter in der Kaffeemühle zu einem grünen Pulver mahlen und gesiebt mit Mehl vermischen. Aus dieser Mehlmischung lassen sich leckere Kuchen, schmackhafte und gleichzeitig nährstoffreiche Brote, Palatschinken und vieles andere mehr zubereiten. Das geflügelte, ölhaltige Samenkorn kann man einfach so knabbern. Im 18. Jh. stellte man aus den Samen einen ungewöhnlichen Schokoladeersatz her, der aber leicht verderblich war.

Es ist für Kräutersammler nicht so wichtig, die verschiedenen Lindenarten unterscheiden zu können, da sie alle auf die gleiche Art verwendbar sind. Die jungen unbehaarten Blätter der Winterlinde sind allerdings schmackhafter als die behaarten Blätter der Sommerlinde.

Schlehdornblüten
Prunus spinosa

Einer der markantesten Blütensträucher des zeitigen Frühjahrs ist sicherlich der Schlehdorn (Bild unten), der, noch ohne grünes Laub, wie eine weiße

Duft- und Blütenwolke am Waldrand steht. Im März, wenn noch wenige Pflanzen ihre Blüten entfaltet haben, dient er Bienen und Schmetterlingen als wertvolle Nahrungsquelle. Die wunderbar nach Bittermandel duftenden und schmeckenden Blüten sind zwar etwas aufwändig in der Ernte, aber umso spannender in der Aromaentfaltung als Likör oder Blütenzucker.

In der Pflanzenheilkunde werden von der Schlehe v. a. die weißen Blüten sowie die Früchte verwendet. Aus den Blüten des Schlehdorns kann ein Tee zubereitet werden, dem in der Pflanzenheilkunde eine **entzündungshemmende, abführende, blutreinigende und stoffwechselanregende Wirkung** zugeschrieben wird. Der

Volksmund sagt: „Iss die ersten drei Blüten eines Schlehdornzweigs und bleib' das ganze Jahr vor Fieber gefeit!" Dieser Volksweisheit zufolge stecken die Schlehdornblüten voller Inhaltsstoffe, die dem Körper nach der kalten Jahreszeit neue Kräfte verleihen. Verantwortlich dafür sind die in der Schlehenblüte enthaltenen Radikalfänger und Flavonoide. Zum Trocknen breiten Sie die zarten Blüten bei Zimmertemperatur auf einem Geschirrhandtuch aus. Fühlen Sie sich schlapp und ausgelaugt, kann Ihnen das Elixier aus Schlehdornblüten neue Kraft geben und Sie gleichzeitig vor Erkältungen schützen (Rezept S. 49).

Die Schlehe ist eine bedeutende Pflanze der Mythologie. Das Gewirr der schwarzen Schlehenäste symbolisiert die dunklen Wintermonate, die abgelöst werden von den Blüten der weißen Frühjahrsgöttin.

Klettenlabkraut
Galium aparine

Das Klettenlabkraut ist ein Bewohner der Waldränder, Hecken, trockenen Wiesen, Böschungen oder Abhänge. Es ist fast weltweit verbreitet und bevorzugt stickstoffreiche Unkrautfluren. Schon in der Antike galt es als das Kräutergeheimnis zum Schlankwerden! Als Tee oder als Suppe zubereitet und als Kur genossen soll es wahre Wunder wirken. Es wurde jedoch nicht nur als hervorragendes Mittel gegen Korpulenz angesehen, sondern auch zur Blutreinigung eingesetzt. Plinius der Ältere erwähnt das Kraut als Mittel gegen Schlangen- und Spinnenbisse, gegen Ohrenschmerzen sowie zur Blutstillung (Frischpflanzensaft).

Noch ist das Klettenlabkraut zart genug, dass man die Spitzen ernten kann. Die schmecken gut, nur muss

• Tipp der *Kräuterfee* — Klettenlabkrauttee •

Zum Abnehmen den mineralstoff- und kieselsäurereichen Klettenlabkrauttee (3 Mal täglich 1 Tasse) zwischen den Mahlzeiten trinken:
1 TL getrocknetes Klettenlabkraut oder 2 TL frisches Kraut bereitstellen, ca. 200 ml Wasser zum Kochen bringen und das Kraut damit übergießen, 15 Min. zugedeckt ziehen lassen, dann abseihen und genießen!

Klettenlabkrauttee zur äußeren Anwendung ist ein stärkerer Aufguss und eignet sich zum Tränken von Kompressen zum Auflegen auf Schürfwunden, Verbrennungen oder Hautentzündungen. Der Aufguss kann auch als Haarspülung bei Schuppen oder anderen Kopfhautleiden verwendet werden. Für den stärkeren Aufguss einfach 2 TL getrocknetes Klettenlabkraut oder 4 TL frisches Kraut mit ca. 200 ml kochendem Wasser übergießen, 15 Min. zugedeckt ziehen lassen, dann abseihen und zur äußerlichen Anwendung einsetzen.

man sie vorab gut zerkleinern und/oder köcheln, damit sie mit ihren Widerhaken nicht an der Zunge kleben bleiben. Verarbeiten Sie sie zu Suppen, Spinat und Salaten (siehe S. 49).

Bärlauchblätter
Allium ursinum

„Sonne vom Süden schien auf die Felsen und dem Grund entsprang grüner Lauch", Edda, aus „Der Seherin Gesicht". Wie man hier liest, war der Bärlauch unseren Vorfahren, und hier nicht nur den Kelten, sondern auch den Germanen heilig, wahrscheinlich deshalb, weil mit dessen Erscheinen die Kraft des Winters gebrochen ist. Wie der Bär, sein Namensgeber, aßen auch die Menschen von den grünen Blättern, die Vitamine und Vitalstoffe lieferten, um den Körper nach der entbehrungsreichen Winterzeit wieder aufzutanken.

Als Heilpflanze wird der Bärlauch wegen seiner desinfizierenden, antibakteriellen Wirkung im Verdauungstrakt geschätzt, ähnlich dem Knoblauch, jedoch enthält er noch Vitamine und Chlorophyll. Er ist die einzige heimische Pflanze, die es vermag, Schwermetalle, die im Körperfett gelagert sind, zu mobilisieren und auszuschwemmen. Die Blätter sind am besten frisch zu verwenden, wenn sie Saison haben, sie sind wenig tiefkühl- und gar nicht zum Trocknen geeignet, weil die leichtflüchtigen Senföle, die das Aroma ausmachen, schnell verfliegen.

Brennnessel
Urtica dioica

Die Brennnessel (Bild unten) ist eine wunderbare Heilpflanze, die vom zeitigen Frühjahr bis zum ersten starken Frost geerntet werden kann und die sicherlich auch deshalb eine ergründlich lange Geschichte ihrer Nutzung aufweisen kann. Ihr wurden stets außergewöhnliche Heil- und Zauberkräfte zugeschrieben, sie galt auch als Schutzpflanze, die z. B. die Kelten auf den Wällen rund um Siedlungen kultivierten. Auch bei den Brennnesseln ist es so, dass alle bei uns vorkommenden Arten die gleiche Heilkraft aufweisen und daher nicht unterschieden werden müssen. Verschiedenste Arten kommen in ganz Europa vor.

Sowohl Blatt als auch Wurzel wurden und werden verwendet. Wegen ihrer schier unendlich vielfältigen Inhaltsstoffe und der vielen Spurenelemente (Natrium, Kalium, Eisen, Magnesium, Calcium), Kieselsäure, außerdem der Enzyme und Hormone, der Gerbsäure, des Stärkemehls, der hochwertigsten Eiweiße sowie der Vitamine A und C in nicht unerheblichen Mengen sind sie **wertvollstes Nahrungsmittel und Heilmittel in einem**. Vor allem bei Eisenmangel, Abgeschlagenheit, Infektanfälligkeit und Kränkelei ist die Brennnessel als Blutreinigungsmittel und zum „Aufkieseln" sehr geschätzt. Zur reinigenden Frühjahrskur sollte sie daher innerlich und äußerlich angewendet werden!

Getrocknete Blättchen können, gut vermörsert oder im Mixer vermahlen, in der täglichen Küche vielseitig eingesetzt werden und sind auf diese Weise ein täglicher Nähr- und Vitalstofflieferant. Wussten Sie übrigens, dass die Brennnessel die Dopaminproduktion fördert (Dopamin ist sozusagen ein Lusthormon des Körpers, das dem Gehirn eine Belohnung verspricht) und bei der Entgiftung des Körpers hilft? Sie ist daher u. a. eine ideale Pflanze zur Raucherentwöhnung.

Beim Jäten im Gemüsegarten und Kräuterbeet kommen mir immer wieder Brennnesseln samt Wurzeln in die Hände, die ich natürlich gleich

weiterverarbeite. Die Wurzeln der Brennnessel haben einen hohen Gehalt an Steroiden, Lecithinen und Polysacchariden, sie gelten in Fachkreisen als pure Lebenskraftspender. Bei Männern, deren Prostata vergrößert ist, hilft ein Extrakt aus 1 EL Brennnesselwurzelpulver, mit kaltem Wasser

angesetzt und 10 Min. gekocht. Dieser wird kurmäßig über 6 Wochen täglich getrunken.

Spitzmorchel, Speisemorchel und Käppchenmorchel
Morchella conica, Morchella esculenta, Mitrophora semilibera

Morcheln (Bild rechts) sind unter den ersten Frühjahrspilzen, die an warmen Frühlingstagen aus der Erde sprießen. Der Unterschied zwischen den essbaren Morcheln liegt v. a. in ihrer Hutform. Während die Speisemorchel einen runden, gedrungeneren Hut besitzt, ist der Hut der Spitzmorchel länglich-zugespitzt. Die Oberfläche des Morchelhutes ist wabenförmig in Gruben zerteilt, deren dünne Wände brüchig sind. Die Speisemorchel wird bis zu 18 cm hoch, hat einen meist gelbbraunen bis gelblich-grauen Hut mit bis zu 8 cm Durchmesser, ihr weißer Stiel ist völlig mit dem Hut verwachsen und ebenfalls hohl. Die Spitzmorchel ist etwa 10 cm hoch und ihr länglicher, etwas dunklerer brauner Hut ist nur 2–3 cm breit. Die Wände zwischen den Waben am Hut laufen annähernd parallel von der Spitze zum Hutrand, während die

Querwände stark zurücktreten. Die Spitzmorchel ist ein sehr begehrter und mühsam zu suchender Speisepilz der heimischen Auwälder, der ab März am sandigen Boden von Auwäldern zu finden ist. Die Speisemorchel ist in Obstgärten unter Apfelbäumen und im Auwald unter Eschen zu finden.

Morcheln zählen zu den besten Speisepilzen und gelten schon seit Jahrhunderten als **Delikatesse**. Bei der Spitzmorchel lohnt es sich, seine kulinarische Lust zu zügeln und die gefundenen Exemplare nicht gleich zuzubereiten, sondern sie zu trocknen und gut verschlossen in Gläsern einige Wochen aufzubewahren. Denn erst dann kann der Pilz sein köstliches Aroma entfalten. Dasselbe gilt auch für die Speisemorchel und die Käppchenmorchel.

Schopftintling
Coprinus comatus

Schopftintlinge (Bild S. 53) werden im ausgewachsenen Zustand bis zu 25 cm hoch, haben einen langgezogenen, walzenförmigen Hut, der weit bis unter die Mitte des Stiels hinabreicht. Es ergibt sich ein weiß-gräulicher Anblick und auch die den gesamten Hut zierenden weißen Schuppen haben einen gräulich-braunen Anflug. Im jungen Zustand ist der Hutrand mit dem Stiel verwachsen und der Hut dicht mit Schuppen bedeckt, sodass der Pilz aussieht wie eine feste Walze mit Stiel. Beim Wachsen reißt der Hutrand und es bleibt ein Ring am Stiel zurück, der sich verschieben lässt. Erst wenn man den Hut auseinanderbricht, sieht man dessen Unterseite, die dicht von erst weißen, dann rosaroten und zum Schluss schwarzen, nicht am Stiel angewachsenen Lamellen besetzt ist. Der Hutrand wird mit zunehmendem Alter rissig, rollt sich nach außen hin auf und beginnt sich von unten her aufzulösen, indem er schwarz wird und wie schwarze Tinte „abtropft", bis der gesamte Pilz zerflossen ist und nur noch der Stiel steht. Diese Eigenschaft wurde früher genutzt, um ihn zur Tintenherstellung zu verwenden.

Der Schopftintling ist ein sehr später Herbstpilz, was nicht heißen soll, dass er in feuchten Frühlingen und Sommern nicht auch schon früher in Rasen und an Wegesrändern zu finden ist. Man findet sie meist in großen Gruppen im Gras an Wald- und Wegrändern, aber auch im gewöhnlichen Gartenrasen oder auf Äckern. Sie wachsen auch gerne in sogenannten Hexenringen. Dieses ringförmige Wuchsbild mit all den großen und kleinen Exemplaren des Pilztrupps im Gras ist hübsch anzusehen.

Schopftintlinge sind **hervorragende Speisepilze**, wenn nur junge, feste, frisch gepflückte Exemplare verwendet werden. Von allen Tintlingen ist der Schopftintling der schmackhafteste. Er zählt zu meinen absoluten Lieblingspilzen, da er sehr zartes Fleisch hat und fein schmeckt. Er verdirbt sehr schnell und sollte sofort nach der Ernte zubereitet werden. Die jungen, fest geschlossenen Hüte können in verquirltes Ei getaucht, in Semmelbröseln gewälzt und frittiert werden. Als Sauce für Nudel- und Reisgerichte, aber auch als Zutat für Eintöpfe, Suppen und Saucen sowie in Butter gedünstet und mit Wildkräutern bestreut sind sie ausgezeichnet. Zum Trocknen oder Einfrieren eignen sie sich nicht.

Märzschneckling
Hygrophorus marzuolus

Der junge Märzschneckling (Bild rechts) ist weiß, kugelig eingerollt und hat einen bauchigen Stiel, später einen welligen, grauschwarzen Hut mit 4–12 cm Durchmesser und dicken, gebogenen Lamellen an der Unterseite, die unterschiedlich kurz am Stiel hinablaufen. Sie sehen zwar dick aus, sind aber sehr brüchig und verfärben sich im Alter von Weiß zu schmutzigem Grau. Bleibt der Pilz von Erde, Moos oder Laub bedeckt, so ist der Hut weiß, erst wenn er Licht bekommt, färbt er sich grauschwarz. Der Stiel ist fest, faserig, fleischig gefüllt und bleibt mit 6 cm niedrig, aber dick (zwischen 2–4 cm Durchmesser). Die alten Pilzkappen drehen sich nach oben ein und sehen dann wellenartig buckelig aus. Die Haut lässt sich nur am Rand etwas abziehen.

Der Märzschneckling ist im Frühjahr nach der Schneeschmelze v. a. in den Nadelwäldern des Gebirges in der Nähe von Weißtannen (*Abies alba*) in kleinen Gruppen zu finden, manchmal wächst er sogar im Schnee. Wer auf seinen Standort bei Weißtannen achtet, kann ihn nicht mit Doppelgängern verwechseln! Seine Hauptsaison ist von März bis Mai, manchmal findet man auch schon im Jänner ein Exemplar. Er schützt sich vor Kälte, indem er unter

Moos, Laub oder Erde versteckt bleibt. Oft sind die Waldtiere wie Rehe, Hirsche, Eichhörnchen, Mäuse und Hasen schneller als der Pilzsammler und fressen zumindest Teile von ihm. Er ist ebenso schmackhaft wie selten. Er ist ein fester, knackiger Pilz, der sich auf das Vielfältigste frisch verwenden lässt. Besonders Suppen gelingen mit ihm aufs Delikateste!

Wipfel und Jungzapfen von Nadelbäumen
Larix ssp., *Abies* ssp., *Picea* ssp., *Pinus* ssp.

Grundsätzlich können Sie von allen ungiftigen Nadelbäumen, im Speziellen von heimischen Nadelhölzern wie Lärchen, Tannen, Fichten, Kiefern, Latschen und natürlich Zirben, Nadeln und junge Zapfen verwenden. Alle diese Bäume enthalten heilende Harze, deren balsamischer Duft, Kraft und majestätische Gestalt schon seit jeher Menschen dazu bewogen haben, die jungen Knospen, die immergrünen Nadeln und das wohlriechende Holz für Heilzwecke zu verwenden.

• Wichtiges von der *Kräuterfee* •
Achtung! Keinesfalls die giftige Eibe verwenden!

Besonders von der Tanne war Hildegard von Bingen angetan, sie schrieb in ihrer „Naturkunde": „Die Tanne ist mehr warm als kalt und enthält viele Kräfte. Sie ist ein Sinnbild der Stärke. Geister hassen Tannenholz und

• Tipp der *Kräuterfee* — Überlegt sammeln •
Bitte zu beachten, dass im Wald nur für den Eigenbedarf geerntet werden darf und v. a. auch nie zu viele junge Triebe von einem Baum gepflückt werden sollen, denn das kann den Baum ernsthaft schädigen! Es sollten von einem Ast höchstens 3–4 nachwachsende Triebe gepflückt werden.

vermeiden Orte, an denen sich solches befindet." Pfarrer Künzle empfahl, für Asthma- und Lungenkranke einen Korb voll frischer Tannenzweige ins Krankenzimmer zu stellen, damit sich das aromatische Öl verflüchtigt und die Luft reinigt. Und Pfarrer Kneipp empfahl Lehrern, Predigern und Sängern einen Tee aus grünen Tannenzapfen, um die Stimmbänder geschmeidig zu halten. Bei rheumatischen Beschwerden, Erkältungen und zur Nervenstärkung hilft ein Bad aus Tannen- oder Fichtennadeln.

Ein Klassiker der Volksmedizin sind auch die sirupartigen Zubereitungen aus Nadelbaumwipfeln, die bei

Atemwegskrankheiten Einsatz finden. Wipfel-Sirup, in seiner klassischen Version aus der Volksmedizin mit Zucker in einem Rex- oder Weckglas geschichtet, ist ein seit Generationen bewährtes Hausmittel bei Erkältungskrankheiten. Die Fichten- bzw. Tannenwipfel haben eine schleimlösende Wirkung und eignen sich deshalb ideal als Naturmedizin bei Husten. Zudem enthalten die jungen Triebe von Fichten und Tannen viel Vitamin C, wertvolle ätherische Öle, Harze und Tannine, was ihre antiseptische Wirkung erklärt. Deshalb wurden sie im Alpenraum auch getrocknet, um im Winter, als Tee zubereitet, das rare Vitamin zu liefern.

MEINE LIEBLINGSREZEPTE

Lungenkraut
Lungenkraut-Energiewasser

1 Handvoll frisch ausgezupfte Lungenkrautblüten über Nacht in einen Krug mit Leitungswasser einlegen und das energiegeladene Wasser über den nächsten Tag verteilt in kleinen Schlucken trinken.

Wer alles, was im Körper „ungleich" ist, „gleich" richten will, nimmt eine ungleiche Anzahl von rosa und hellblauen Blüten in Kombination.

Blaue Frühlingskräuterbutter zu Pellkartoffeln

Eine wohltuend basische Speise sind Pellkartoffeln, die mit hohem Kaliumgehalt die Entwässerung fördern, mit vielen verfügbaren Mineralstoffen gut nähren und mit Ballaststoffen die Verdauung aktivieren. Kartoffeln schmecken meiner Meinung nach perfekt mit etwas Butter, Salz und Kräutern.

Frühlingskräuter nach Verfügbarkeit (etwa Bärlauch, Scharbockskraut, Löwenzahn, Spitzwegerich, Giersch, Gundelrebe und Zitronenmelisse)
gute Süßrahmbutter
Salz, weißer Pfeffer
etwas Weinbrand und Zitronensaft
1 Handvoll Frühlingsblüten (etwa Lungenkraut, Gänseblümchen und Taubnesselblüten)

Frühlingskräuter fein hacken und in die weiche Butter mengen, würzen, Weinbrand und Zitronensaft einmixen. Die Butter in ein hübsches Gefäß füllen, mit den Blüten bestreuen und kühl stellen. Kartoffeln waschen und in der Schale kochen, mit Kräuterbutter und etwas Kräutersalz servieren.

Lindenblätter
Lindenblattsalat mit Bergkäse
ergibt 4 Portionen

½ Eisbergsalat
3 Handvoll junge Lindenblätter
100 g Bergkäse
3 Tomaten
3 EL Apfelessig
6 EL Olivenöl
Salz, Pfeffer
1 Handvoll gemischte Wildkräuter
Schnittlauch
1 Handvoll ausgelöste Walnüsse

Den gewaschenen Salat zerteilen und in einer Schüssel mit streifig geschnittenen Lindenblättern, gewürfeltem Bergkäse und geachtelten Tomaten mischen. Essig und Öl verquirlen, salzen, pfeffern und klein geschnittene Wildkräuter und Schnittlauch beigeben. Das Dressing unter den Salat heben und mit Nüssen bestreuen.

Smoothie „Grüner Kraftprotz"
½ Gurke
1 Kiwi
1 Stückchen Ingwer
½ Zitrone
¼ Apfel

250 ml Ananassaft
2 Handvoll Lindenblätter
frische Minze und Honig
nach Geschmack
Hornveilchenblüten oder Stiefmütterchen
als essbare Deko

Für den Smoothie einfach alle Zutaten
gut miteinander vermixen und genießen (Bild rechts).

Schlehdornblüten
Schlehenblütentee
Etwa 1 EL Schlehdornblüten mit
1 Tasse Wasser kurz aufkochen,
5 Min. ziehen lassen, den Tee abseihen und lauwarm trinken. Täglich
2–3 Tassen, ungesüßt.

Tipp der *Kräuterfee*
Der Tee hilft bei Verstopfung und zum
Entschlacken.

Schlehdornblüten-Frühlingselixier
Fühlen Sie sich schlapp und ausge-
laugt, kann Ihnen ein Elixier aus
Schlehdornblüten neue Kraft geben.

2 Handvoll getrocknete oder frische
Schlehenblüten
1 Flasche guter Weißwein
2 EL Honig

Die Schlehenblüten in eine Flasche
geben, mit Weißwein auffüllen, den
Honig beigeben, die Flasche gut verschließen und an einen warmen Ort
im Haus stellen, täglich leicht schütteln. Den Ansatz mindestens 3 Wo-

chen ziehen lassen. Ein Likörglas des
gehaltvollen Ansatzes täglich genügt.

Schlehenblütenlikör
4 Handvoll Schlehenblüten
je 2 Handvoll Traubenkirschen-,
Holunder- und Rosenblüten
1 l guter Obstschnaps
400 g chinesischer Rohrzucker
(gibt's im Asiashop und ist
unvergleichlich aromatisch)

Für den Likör die Blüten in den
Obstschnaps einlegen, den Rohrzucker beifügen und diesen Ansatz etwa
2 Monate an einem warmen Platz im
Haus ziehen lassen. Währenddessen
immer wieder schütteln, damit sich die
großen Zuckerbrocken auflösen.

Verwendungstipp der *Kräuterfee*
Dieser Likör begeistert mit einem
blumigen, leicht würzigen Bitterman-
delaroma und lässt sich außer als Ape-
ritif und Digestif sehr gut in Cremen,
Sorbets und als Würze einsetzen.

Klettenlabkraut
Grüner Perlgraupensalat
ergibt 4–6 Portionen
300 g Perlgraupen
2 rote Paprika
1 Salatgurke
3 kleine Handvoll Spitzen
vom Klettenlabkraut
5 EL Zitronensaft
6 EL Olivenöl • 2 EL Weißweinessig
Salz, Pfeffer, etwas Senf
1 Bund Petersilie

Graupen in 1 l Salzwasser garen
(Kochzeit richtet sich nach der Größe
der Graupen). Abseihen und sofort
mit reichlich kaltem Wasser spülen.
In dünner Lage auf einem Blech oder
Tablett ausbreiten, damit die Graupen
schnell abkühlen – so kleben sie nicht
zusammen.

Paprika halbieren, entkernen und
fein würfeln. Salatgurke schälen, Kerne entfernen und ebenfalls würfeln.
Klettenlabkraut fein hacken und mit
den erkalteten Graupen, Paprika- und
Gurkenwürfeln mischen.

Mit den restlichen Zutaten marinieren und mit der fein gehackten
Petersilie den Salat garnieren.

Gemüsegratin

ergibt 4–6 Portionen

4 Kartoffeln • 4 Zucchini
2 EL Rapsöl
2 Fleischtomaten
1 Handvoll Klettenlabkrauttriebe
Salz, Kräutersalz
1 Handvoll gemischte Wildkräuter
(z. B. Taubnessel (Bild unten)*)*
Thymian, Majoran und Petersilie
2 EL weißer Balsamicoessig
250 g TK-Spinat
3 getrocknete Tomaten
125 g Mozzarella

Pellkartoffeln kochen, schälen und würfeln. Während des Kartoffel-kochens die Zucchini in Scheiben schneiden und in Öl anbraten. Für die Tomatensauce Tomaten würfeln, Klettenlabkraut klein schneiden, die Mischung kurz im heißen Öl anbraten, mit Salz, gehackten Wildkräutern und Kräutern würzen, mit Essig ablöschen und einköcheln lassen.

Die Kartoffeln und die Hälfte der Zucchini in eine Auflaufform geben, die Hälfte des aufgetauten Spinats darauflegen, dann die Hälfte der Tomatensauce und der fein geschnit-tenen getrockneten Tomaten, darüber den restlichen Spinat und je eine Lage Zucchini und Tomaten. Obenauf Mozzarellascheiben legen und den Auflauf bei 200 °C etwa 25 Min. backen.

Pikanter Grünkraft-Smoothie

1 Handvoll Bärlauch
½ Handvoll Klettenlabkraut
250 ml Joghurt
etwas Gundelrebe
2 Löwenzahnwurzeln
Salz nach Geschmack

Alle Zutaten in den Smoothie-Mixer füllen und 3 Min. vermixen.

Bärlauchblätter
Eierspeise mit zweierlei Spargel und Bärlauch

ergibt 4 Portionen

600 g weißer und grüner Spargel
500 g Kartoffeln
1 Zwiebel
2 EL Butter
Salz, Pfeffer, Muskatnuss
6 Eier
300 ml Schlagobers
1 Büschel junger Bärlauch
gehackte Gewürzkräuter
(Petersilie und Schnittlauch)

Den weißen Spargel schälen und die unteren Enden abschneiden. Den grünen Spargel um knapp ⅓ kürzen. Die Spargel nun in 5 cm lange Stücke schneiden, bissfest kochen und kalt abschrecken.

Kartoffeln schälen und in sehr dünne Scheiben schneiden, Zwiebel kleinwürfelig schneiden und in einer großen Pfanne in heißer Butter glasig rösten, Kartoffeln zugeben, etwa 5 Min. braten, würzen, Spargelstück-chen beifügen und die Gemüsemi-schung noch weitere 3 Min. dünsten.

Eier und Schlagobers verquirlen, die sehr fein geschnittenen Bärlauchblätter unterheben, salzen und die Eiermilch über die Gemüsemischung in die Pfanne gießen. Zudecken, damit die Eiermilch stockt (etwa 5 Min.). Die Pfanne nun ins vorgeheizte Backrohr geben und die Eierspeise einige Minuten überbacken, bis sie eine goldbraune Kruste hat. Mit den Kräutern bestreuen und diese Götterspeise mit frischem Brot servieren!

Basischer Gemüsetee
500 g Kartoffeln mit Schale
200 g Weißkraut
½ Fenchel
100 g Knollensellerie mit Schale
1 Zwiebel mit Schale
2 Knoblauchzehen
2,5 l Wasser
Wildkräuter nach Lust und Laune, kein Salz!
je 4 Handvoll Bärlauch- und Gierschblätter
Kümmel, Koriander, Pfeffer, Lorbeer, Ingwer, Kardamom, Zimt

Das Gemüse in kleine Stücke oder feine Streifen schneiden und mindestens 1 Std. heiß ziehen lassen, aber nicht kochen. Die fein geschnittenen Kräuter und Gewürze beigeben und noch 30 Min. ziehen lassen. Das Gemüse abgießen und nur die Flüssigkeit verwenden, wie Tee über den Tag verteilt trinken.

Die Zubereitung kann mehrere Tage im Kühlschrank aufbewahrt werden.

Tipp der *Kräuterfee*
Basischer Gemüsetee entsäuert den Körper und wirkt noch schneller und stärker, wenn Sie dabei auf Fleisch und Milchprodukte verzichten und Kartoffelgerichte essen.

Brennnessel
Vegane Brennnesselkücherl
ergibt 4 Portionen
4 große Handvoll Brennnesselblätter
etwas Mineralwasser
etwa 8 EL Maismehl
Olivenöl zum Braten

Brennnesselblätter nudelig schneiden und mit dem in Wasser eingerührten Maismehl verkneten. Kleine Kücherl formen und im heißen Öl beidseitig goldbraun braten. Diese Kücherl (Bild oben) schmecken ganz überraschend

köstlich und setzen die Brennnessel als früheres Hauptnahrungsmittel so richtig ins Zentrum des Geschehens!

Kräuterfestiger für dunkles Haar
je 1 Handvoll Brennnesselblätter, Spitzwegerich, Thymian und Rosmarin
500 ml Wasser
1 TL Bienenhonig

Die Blätter in eine Schüssel geben, das heiße Wasser darübergießen und zugedeckt 15 Min. ziehen lassen. Dann den Tee abseihen, den Bienenhonig einrühren und in eine Sprühflasche füllen.

Nach jeder Haarwäsche das nasse Haar mit dem Festiger besprühen, wenn es glanzlos oder fettig ist. Der Bienenhonig wirkt übrigens sanft festigend und keineswegs klebrig!

Brennnesseltinktur

3 g frische Brennnesselblätter
100 g medizinischer Alkohol (70%ig)

Die Blätter in ein Glas mit Schraubverschluss geben und den Alkohol darübergießen. Die gut verschlossene Flasche in die Sonne oder an einen warmen Platz im Haus stellen und ab und zu gut durchschütteln. Nach 4 Wochen die Tinktur abseihen, dabei die Blätter gut auspressen.

Die fertige Tinktur (Bild unten) sollte bis zur Weiterverwendung in einer dunklen Flasche aufbewahrt werden.

Tipp der *Kräuterfee*

Ebenso verfahren Sie zu Herstellung einer Spitzwegerichtinktur (siehe S. 158).

Brennnessel-Spitzwegerich-Kopfwasser

40 g Brennnesseltinktur
20 g Spitzwegerichtinktur (S. 158)
60 g Hamameliswasser (gibt es in der Apotheke)
30 g Rosenblütenwasser
3 Tropfen Rosmarinöl

Alle Zutaten in eine dunkle Flasche mit Spritzverschluss geben und gut durchschütteln.

Verwendungstipp der *Kräuterfee*

Bei Schuppen, fetter und entzündeter Kopfhaut oder Haarausfall den Haarboden mehrmals täglich damit einreiben. Das Brennnessel-Kopfwasser wirkt durchblutungssteigernd, sanft desinfizierend und klärend.

Morcheln
Morchelravioli
ergibt 4 Portionen
Teig
500 g Mehl
4 große Eier
10 g Salz
2 EL Olivenöl

Fülle
250 g Bauerntopfen
etwas Schlagobers
4 getrocknete Morcheln
1 Sträußchen Petersilie oder Giersch und Schafgarbe
Salz nach Geschmack
etwas zerlassene Butter

Aus Mehl, Eiern, Salz, Öl und evtl. etwas Wasser einen festen Teig kneten, mit einem feuchten Tuch zugedeckt 2 Std. ruhen lassen. In der Zwischenzeit Topfen und Obers zu einer geschmeidigen Paste vermengen, die Morcheln hineinreiben, mit Petersilie und Salz abschmecken. Den Teig anschließend 1,5 mm dünn ausrollen, in kleine Teigstücke schneiden, mit der Morchelpaste füllen und zu Ravioli verschließen.

Die Ravioli in kochendes Salzwasser einlegen, aufkochen und etwa 10 Min. ziehen lassen. Dann abschütten und mit zerlassener Butter übergossen und mit etwas Morchelpulver bestreut serviert.

Morchelomelett
ergibt 4 Portionen
200 g grob gehackte Morcheln
1 kleine Zwiebel • 50 g Butter
etwas Petersilie oder Wildkräuter
Estragon, Salz • 6 Eier

Morcheln 5 Min. in etwas Wasser kochen, danach abseihen und zum Abkühlen beiseitestellen. Die fein gehackte Zwiebel in Butter anrösten, Morcheln und Kräuter beigeben, würzen. Die versprudelten Eier über die Mischung gießen und bis zum Stocken der Masse zudecken. Dann das Omelett wenden, auch die zweite Seite anbräunen und warm servieren.

Rezept-Tipp der *Kräuterfee*

Gut dazu passen Vollkornbrot und Blattsalat!

Schopftintling
Bunter Salat mit Pilzen
ergibt 4 Portionen

1 Kopfsalat
4 Tomaten
1 Bund Frühlingszwiebeln
100 g schwarze Oliven ohne Kern
1 Karotte
1 kleines Glas Kapern
8 EL Olivenöl
4 EL weißer Balsamessig
1 EL Senf
1 TL Honig
Salz, Pfeffer
1 Handvoll gemischte Wildkräuter
2 Handvoll frische Schopftintlinge oder
Champignons • Butter

Den Salat zerteilen, die Tomaten halbieren, das Innere mit einem Löffel herausnehmen und die „Hülle" in schmale Streifen schneiden. Frühlingszwiebeln in Streifen schneiden, Oliven halbieren, Karotte raspeln und alles mit den Kapern zum Salat geben.

Das Tomateninnere mit Öl, Essig, Senf, Honig, Salz und Pfeffer vermixen (Stabmixer) und die fein gehackten Kräuter unterheben. Den Salat mit dem Dressing beträufeln, kühl stellen. Die geputzten, halbierten Pilze in etwas Butter bissfest anrösten, salzen und in der Mitte des Salates anrichten!

Zwiebelsuppe mit Schopftintlingen
ergibt 4–6 Portionen

2 große Zwiebeln
½ Knoblauchzehe
3 EL Butter
500 g Schopftintlinge (Bild links oben)
1 Lorbeerblatt
3 Scheiben Schwarzbrot für
die Croûtons
Butter
Salz, Pfeffer
gehackte Petersilie nach Geschmack

Zwiebeln in Scheiben schneiden und mit der Knoblauchzehe in Butter anrösten, dann die nudelig geschnittenen Schopftintlinge und das Lorbeerblatt beifügen, alles gut durchrösten. Mit 1 l Wasser aufgießen und auf kleiner Flamme 30 Min. köcheln lassen.

Währenddessen die Brotscheiben in Würfel schneiden und in reichlich zerlassener Butter goldbraun rösten. Die Suppe salzen, pfeffern und in Portionstellern mit den Croûtons servieren, nach Belieben mit Petersilie bestreuen.

Schopftintlinge, natur
ergibt 4 Portionen

500 g frische, knackige Schopftintlinge
etwas Butter zum Anbraten
Salz, Pfeffer
Petersilie oder Estragon

Die geputzten (keinesfalls gewaschenen), in dicke Ringe geschnittenen Schopftintlinge in die zerlassene, heiße Butter einlegen und etwa 15 Min. unter Rühren und Wenden dünsten, bis sie weich sind. Dann mit Salz, Pfeffer und gehackten Kräutern würzen und die Schopftintlinge sofort anrichten.

Rezept-Tipp der *Kräuterfee*

Mit einigen Scheiben Brot serviert ergeben die „Schopftintlinge, natur" ein schnelles und gelungenes Essen nach dem Pilzesammeln!

Märzschneckling
Pilzsauce mit Wildkräutern
ergibt 4 Portionen

1 große Zwiebel, fein gehackt
50 g Butter
500 g Märzschnecklinge oder gemischt
mit Champignons vom Geschäft
2 Tomaten
2 Knoblauchzehen
250 ml Schlagobers
1 Handvoll Petersilie
Giersch oder Bärlauch
Salz, Pfeffer

Die Zwiebel in einer Gusseisenpfanne in zerlassener Butter goldgelb anschwitzen, blättrig geschnittene Pilze beifügen, auf mittlerer Flamme etwa

10 Min. dünsten. Tomatenwürfel, gehackte Knoblauchzehe und Obers beifügen und die Sauce offen sämig einkochen lassen. Mit Kräutern und Gewürzen abschmecken und zu Steak, Semmelknödeln oder Salzkartoffeln servieren.

Duxelles

100 g Märzschnecklinge
(auch mit Champignons gemischt)
50 g Schalotten
Speiseöl
Weißwein
1 EL Petersilie oder Giersch
Salz, weißer Pfeffer nach
Geschmack

Pilze und Schalotten fein hacken, die Schalotten im Öl anschwitzen, die Pilze beifügen und so lange rösten, bis die ganze Kochflüssigkeit verdampft ist. Anschließend mit etwas Weißwein ablöschen und mit fein gehackter Petersilie und Gewürzen abschmecken.

Rezept-Tipp der *Kräuterfee*

Diese Paste passt gut zu Fondue, kaltem Fleisch, Braten, aber auch einfach auf Toast oder Brötchen. Sie lässt sich sehr gut konservieren, indem man sie heiß in kleine Gläser füllt und die Oberfläche dick mit Öl bedeckt.

Wipfel und Jungzapfen von Nadelbäumen
Wipfelsirup in seiner klassischen Version

300 g frische, junge Fichten- oder Tannenwipfel (gerne auch gemischt)
600 g Rohrohrzucker oder Honig

Die Zutaten abwechselnd, beginnend mit Wipfeln, in ein großes, verschließbares Glas schichten. Wichtig dabei ist, dass die Wipfelschicht doppelt so dick wie die Zucker-(Honig-)Schicht sein soll und mit einer Zucker-(Honig-)

Schicht ganz oben im Glas geendet wird!

Hustensirup in der Kräuterfeen-Version

Ideal zum Kombinieren für einen „Hustensirup" aus Fichten-/Tannenwipfeln sind auch Thymian- und Spitzwegerichblätter.

Dazu schichten wie oben beschrieben und an einem warmen, sonnigen Platz 2–3 Wochen stehen lassen, den fertigen Sirup durch ein feines Sieb abfiltern und in kleine, sterile und möglichst dunkle Gläser füllen. Für eine lange Haltbarkeit (im Idealfall hält er bis zu 1 Jahr!) sollte der Sirup kühl aufbewahrt werden.

Verwendungstipp der *Kräuterfee*

Im Bedarfsfall bei Erkältung, Husten, Schnupfen, Heiserkeit 1–2 TL am Tag davon einnehmen.

Neben der Verwendung als Hausmittel liebe ich den Fichtenwipfelsirup auch als köstliche, kulinarische Rarität, die in meinen Getränken, Desserts, Eis oder Kuchen überrascht. Egal ob als herrlich belebendes Erfrischungsgetränk (aufgespritzt mit Leitungs- oder Mineralwasser) oder als Geschmackgeber für selbst gemachtes Eis, Cremen oder Desserts, Fichtenwipfelsirup ist in meiner Küche eine nicht mehr wegzudenkende, köstliche kulinarische Bereicherung. Diesen Sirup bereite ich im klassischen „Kaltansatz"-Verfahren zu!

Hustenstillender Maiwipfelsirup

4 Handvoll gemischte Wipfel und Jung-
zapfen von Nadelbäumen (im Mai die
frischen Wipfel sammeln, es eignen sich
Fichte, Tanne, Lärche, Kiefer, Latsche,
Zirbe, keinesfalls giftige Eibe verwenden!)
½ Zitrone in dünnen Scheiben
½ Vanillestange
5 Nelken
1 Zimtstange
1 kg Zucker
1 l Wasser

Zapfen in Scheiben schneiden, mit
Wipfeln, Gewürzen und Zucker in
einen emaillierten Kochtopf geben,
Wasser darübergießen, den Ansatz
30 Min. kochen, abkühlen und 24 Std.
stehen lassen. Nochmals erhitzen,
die Pflanzenteile abgießen und die
Flüssigkeit 1 Std. einkochen lassen,
dann den aromatischen Sirup heiß in
Flaschen abfüllen.

Rezept-Tipp der *Kräuterfee*

Maiwipfelsirup kann pur löffelweise
eingenommen werden, um Hustenreiz
zu stillen, er kann aber auch als süßes,
heilsames Getränk verabreicht werden.
Ich bereite ihn gerne wie eine heiße
Zitrone zu. Dazu 1 l heißes Wasser,
200 ml Maiwipferlsirup, 1 Zitrone samt
Schale in Scheiben und Saft von 3 Zitronen mischen und genießen.

Fichtenwipfelsirup mit Orangen

Den grünen, frischen und waldigen
Geschmack der Fichtenwipfel kombiniere ich am liebsten mit der fruchtigen, sonnigen Süße reifer Orangen.

5 Handvoll Fichtenwipfel
1 kg Zucker
1 Bio-Zitrone, in Scheiben geschnitten
2 Bio-Orangen, in Scheiben geschnitten
1,5 l Wasser

Die Fichtenwipfel mit Zucker, Zi-
tronen- und Orangenscheiben in ein
großes, verschließbares Glas füllen
und mit dem Wasser übergießen. Den
Ansatz 3–4 Tage an einem kühlen und
dunklen Ort durchziehen lassen, währenddessen einmal am Tag das Glas
gut schütteln, damit sich der Zucker
auflöst. Für eine bessere und längere Haltbarkeit den Sirup nach dem
Abseihen in einen Topf geben, einmal
kurz aufkochen lassen und noch heiß
in kleine, saubere und sterile Flaschen
füllen.

Rezept-Tipp der *Kräuterfee*

Wenn Sie den bestehenden Sirup
weiter einkochen oder mit Geliermittel versetzen, entsteht ein wunderbar
aromatisches Fichtenwipfel-Oran-
gen-Gelee, eine ganz besondere, süße
Brotaufstrich-Rarität! Mein „Fichten-
wipfel-Orangen-Gelee" ist mittlerweile
weitum im Freundes- und Familienkreis
beliebt.

Wärmende Fichteneinreibung

Die Fichteneinreibung ist eine Wohltat
in der kalten Jahreszeit, die über die
Haut wirkt und die Atemwege frei
macht.

250 g Olivenöl
80 g junges und altes Fichtenharz
1 grüner Fichtenzapfen
1 EL Fichtennadeln
1 EL Lanolin
15 g Bienenwachs

Olivenöl in einem Emailtopf erwärmen, Harz, den in Scheiben geschnittenen Zapfen und die Fichtennadeln
zugeben und den Ansatz im heißen
– keinesfalls kochenden Öl – mindestens 2 Std. ziehen lassen. Ich setze die
Mischung meist am Nachmittag an
und lasse sie dann über Nacht einfach
am Herd stehen und erwärme sie dann
am folgenden Morgen nochmals.
  Das Harz muss sich gut aufgelöst
haben, dann die Flüssigkeit abseihen,
Lanolin und Bienenwachs beigeben
und das Ganze nochmals etwas erwärmen, damit die Zutaten verschmelzen.
Die Einreibung in dunkle Fläschchen
füllen.

Verwendungstipp der *Kräuterfee*

Nach der Dusche oder dem Bad Arme,
Beine und Schultern mit der stark
duftenden Zubereitung einreiben, sie
wirkt wärmend und erhält die Körperwärme. Ein Rezept für Pechsalbe
finden Sie im Kapitel Winter, S. 186.

Frühsommer

MEIN FRÜHSOMMERSTREIFZUG

„Der Frühsommer fällt meist in den Juni. Es blühen Gräser, Wiesen-Fuchsschwanz, Schwarzer Holunder, Weißdorn, Wald-Geißbart und Türkischer Mohn. Während der Winterroggen bereits blüht, zeigen sich bei den anderen Getreidearten die ersten Ähren und Rispen (Schossen). Der Frühsommer ist auch die Zeit der Heuernte und für viele Allergiker der Beginn der Heuschnupfen-Saison."

Zum Glück blühen nun auch die Rosen! So lässt sich schnell und bekömmlich ein Hausmittel bei Heuschnupfen herstellen, praktisch über Nacht werden Rosenblüten in Wasser gelegt, das später getrunken wird und die Mundschleimhaut wohltuend mit Rosenwachs auskleidet. Rosenblütenwasser kann übrigens auch als Waschung für allergisch gereizte Augen verwendet werden.

Natürlich, das Üppigste und Auffälligste im Garten sind jetzt die blühenden Rosensträucher, der Holunder, doch auch der Kräutergarten und die Zierbeete sind in voller Blüte: Salbei, Geranium, Yucca, Thymian und Weinraute schmücken sich mit essbaren Blüten und liefern reichlich Hände voll bunter Blüten. Wer sich in dieser Blütenfülle noch Zeit nimmt für einen Abstecher in die Blumenwiese, wird sich freuen über die bunte Vielfalt hier: Margeriten, Wiesenbocksbart, Wiesenkerbel, Hahnenfuß, verspäteter Löwenzahn und Lichtnelken sowie wunderbare, feine Gräser in vielen Varianten wiegen sich im Sommerwind und verlocken dazu, große Sträuße zu pflücken. Hier in der Wiese ist jetzt auch eine ganz besondere kulinarische Köstlichkeit zu finden: Die jungen Blütentriebe des Wiesenbärenklaus.

Im Wald herrscht jetzt die wunderbarste Stimmung überhaupt, luftig-hellgrün und üppig bewachsen präsentieren sich Waldboden und Bäume. Vom Waldmeister bis zu den Blüten des Bärlauchs und schmackhaften Frühsommerpilzen sind auch hier viele sammelbare Köstlichkeiten zu finden!

JETZT ANGESAGT

Blüten in vielfältigster Art und Menge

Blüten sind in der Küche **vielseitig verwendbar**. So kann man z. B. Blütendolden in Tropfteig backen und viele andere Blüten als Zutaten für unterschiedlichste Gerichte verwenden. Aus verschiedensten Blüten macht man Sirup oder Honig, die sich hervorragend zum Aromatisieren von Desserts, Mehlspeisen und Getränken eignen. Durch das Einlegen von Blüten kann man auch Essig, Wein oder Milch aromatisieren. Und schließlich kann man Blüten für Teemischungen oder zur Herstellung von Blütenzucker oder Blütensalz trocknen.

Beim Sammeln, Verarbeiten oder Trocknen von Blüten sind großteils die gleichen Punkte zu beachten wie bei Kräutern. Am wichtigsten ist es, nur solche Blüten zu sammeln, von denen man sich absolut sicher ist, dass sie zum Verzehr geeignet sind. Die Blüten am besten an trockenen Tagen am späten Vormittag ernten (nachdem der Morgentau getrocknet ist und die Blüten aufgegangen sind; die Pflanzen besitzen dann die stärkste Würzkraft). Nach einer Regenperiode sollten Sie einige schöne Tage abwarten, da die Blüten erst wieder Aroma entwickeln und die Restfeuchtigkeit abgeben müssen.

Blüten und ihre Wirkung und Verwendung

Blüten sind die Krönung jedes Gartens. Mit Farbe, Duft und Schönheit erfreuen sie unsere Sinne. Sie enthalten allerlei Wohlschmeckendes und Gesundes: süßen Nektar, Blütenstaub und ein individuelles Potpourri aus verschiedensten Pflanzeninhaltsstoffen, Aromen und ätherischen Ölen. Viele unserer Vorfahren in den unterschiedlichsten Kulturen haben den Geschmack der Blütenpracht gekostet und für kulinarische Zwecke und zur Herstellung von Heilmitteln verwendet. Den Blüten besonders tief verbunden fühlte sich Dr. Edward Bach, der viele unserer heimischen Blüten in Wasser als „Bachblüten" ansetzte und sie erfolgreich zu Heilzwecken einsetzte.

Die alten Römer waren bekannt für ihre Rosengelage, aber auch Veilchen und Lupinen wurden in großen Mengen verspeist. Man nahm an, dass dadurch die Phantasie beflügelt werde. Sie waren buchstäblich rosenverrückt, bekränzten ihre Helden mit Rosen, legten schiere Unmengen von Rosen in Wein, um ihn zu aromatisieren. Gerade Rosen werden heute noch

immer zum Aromatisieren von Zucker und Getränken verwendet. Besonders in England hält sich diese Tradition; Rosenzucker, Rosengrieß, Rosengelee und mit Rosen aromatisierter Brandy sind häufig erhältlich.

Die ersten Blüten des Frühjahrs waren bei vielen Naturvölkern **Symbol für Fruchtbarkeit und Lebenskraft**. Als Teil der Fruchtbarkeitsrituale wurden Blütenkränze hergestellt und Speisen aus Frühjahrsblüten und -kräutern gegessen. Solche Bräuche, wie etwa das Essen der ersten drei Frühlingsblüten von Gänseblümchen oder Veilchen mit Andacht und Dankbarkeit, das Frohsinn und Gesundheit für das ganze Jahr bringen soll, sind auch bei uns noch zu finden.

Besser erfassbar für Köche und Köchinnen sind **Blütenknospen**, die heutzutage als Gemüsedelikatessen Verwendung finden: Artischocken, Karfiol und Brokkoli oder Kapern isst und kennt jedermann. Dass es sich hierbei um Blütenknospen handelt, rufen sich jedoch die wenigsten in Erinnerung, wenn sie sie verzehren. So sind Artischocken die Blütenknospen der bekannten Distelart, Karfiol und Brokkoli sind Knospenstände von Kohlgemüse-Sorten, Kapern sind die in Essig marinierten Blütenknospen des mediterranen Kapernstrauches. Echter Safran, die Staubfäden des Safrankrokus, Gewürznelken, die getrockneten Blütenknospen des Gewürznelkenstrauches, oder auch Vanille, die Samenschoten der Vanilleorchidee, sind heutzutage aus dem Gewürzregal nicht wegzudenken. Das verwendbare Spektrum ist jedoch weiter und vielfältiger, üppig wie ein blühender Garten! Die blühende Pracht aus Wiese, Feld und Garten sollte schon wegen ihrer Inhaltsstoffe auf unseren Tellern, in Gläsern und Tassen wiederzufinden sein. Und nicht nur als Dekoration, sondern als wertvollster Teil des Speisenarrangements!

Kräuterfee-Grundregeln zum Blütensammeln und zur Blütenverwendung

● Der Standort, an dem Blüten gesammelt werden, darf nicht umweltbelastet sein. Unbedingt darauf achten, dass die Blüten frei von Ungeziefer sind, weil man sie vor der Verwendung oder dem Trock-

nen nicht waschen soll. Die Blüten sollen voll erblüht sein, aber am Blühbeginn stehen und werden am besten luftig in einem Korb oder in einem Leinensäckchen gesammelt. Vor dem Verarbeiten oder Trocknen noch einmal gründlich nach Verschmutzung oder Ungeziefern durchsehen.

- Blüten niemals waschen! Wertvolle Inhaltsstoffe wie Blütenstaub und Nektar gehen sonst verloren!
- Wer seinen Speiseplan mit bunten Blüten aus Garten und Feld bereichern möchte, kommt nicht umhin, die Pflanzen genau zu kennen oder zumindest sicher bestimmen zu können. Für alle Blüten, die nur zweifelhaft bestimmt werden können, gilt absolutes Essverbot!
- Blüten nur an sonnigen Tagen ernten, um Aroma und Duft gut einfangen zu können.
- Blüten immer unmittelbar nach der Ernte verwenden, nicht lagern, schon gar nicht in Wasser!
- Erfassen Sie die gesammelte Blüte für Ihre kulinarische Schöpfung immer als Ganzes: samt Stempel, Staubblättern, Fruchtknoten und grünen Teilen. Verstümmelte Blüten, etwa aus dem grünen Körbchen gezupfte gelbe Löwenzahnblüten, entfalten nur einen Teil ihres Aromas im Sirup. Doch gilt diese Regel nicht für Schlüsselblumen, Lungenkraut, Taubnesseln und andere Lippenblütler (Salbei, Monarde etc.), deren Blütenkelche vorsichtig ausgezupft werden sollten.
- Vor echten Giftpflanzen, wie etwa

Herbstzeitlose, Blauglöckchen, Kaiserkrone, Schachbrettblume, Einbeere, Weißer Germer, Eisenhut und Fingerhut, sollte man die Finger lassen! Auch Kleinstmengen von Maiglöckchen oder Seidelbast sind sehr giftig!

- Mit Umsicht und Rücksicht sammeln. Hinterlassen Sie keine Spuren Ihrer Sammeltätigkeit.
- Unterscheiden Sie keinesfalls zwischen wertvollen Blüten, die schonend geerntet und verwendet werden (wie Veilchen), und scheinbar verbreitet vorkommenden Pflanzen (etwa Löwenzahn). Jede Blüte ist ein Unikat der Natur und ein ganz besonderes Gut, das wertgeschätzt werden muss, will man seine Heil- und Nährkräfte erfahren. Der gesundheitliche Wert vieler Blüten wird in Heilkräuterbüchern meist zur Teebereitung immer wieder erwähnt: Pflanzenfarbstoffe, ätherische Öle, Nektar und Blütenstaub sowie viele andere Pflanzeninhaltsstoffe, die vom Charakter ihrer Mutterpflanzen abhängen, sind in ihnen enthalten. Auch viele Blütenpflanzen bringen ihre eigenen, oft familientypischen Aromastoffe mit (z. B. den charakteristischen Zwiebel- oder Knoblauchgeschmack der Lauchgewächse, den scharfen Senfölgeschmack der Kreuzblütler). Doch kulinarisch zum Großteil ungenutzt bleiben unsere Gartenblumen, die manchmal ähnliche Wirkstoffe wie ihre Urmütter haben. Schon bei Schnittlauchblüten fängt der Jammer an! Anstatt sich

über die reichliche Knospenbildung zu freuen, einen Teil von ihnen als Kapern einzulegen und die verbliebene Knospenschar bis zu ihrer Entfaltung als lilafarbene, aromatische Blütenquasten zu pflegen, bricht der Unwissende alle Knospen aus oder schneidet die Pflanze brachial zurück. Schade! Er bringt sich um den köstlichsten Genuss, den der Schnittlauch zu bieten hat.

- Auch viele von uns als Gemüse genutzte Pflanzen bringen prächtige Blüten hervor, wenn man sie lässt, gerade aus der Familie der Kreuzblütler, die viele Gemüsepflanzen beheimatet: Brokkoli, Rotkraut,

Grünkohl, aber auch Raps, Kren, Rucola und Radieschen haben essbare und aromatische Blüten, die schön aussehen, delikat schmecken und vielfältig verwendet werden können.

Blüten trocknen und lagern

Wichtig ist, den Trocknungsprozess möglichst kurzzuhalten, damit wenig Inhalts- und Aromastoffe verloren gehen. Blüten niemals in der Sonne oder in der Küche trocknen, da sich ihre Wirkstoffe und ihr Duft durch Sonneneinstrahlung, Kochdunst und Wasserdampf vermindern. Zum Lagern sollte man die Blütendolden, -blätter oder Einzelblüten möglichst ganz lassen. Je feiner die Blüten zerkrümelt werden, desto schneller verlieren sie ihr Aroma. Zum Aufbewahren eignen sich große Glasbehälter mit Schraubverschluss oder Papiersäcke gut, diese immer trocken und lichtgeschützt lagern!

Blütenessenzen selbst herstellen

Das Selbermachen von Blütenessenzen macht viel Freude und man bekommt dadurch einen persönlichen Bezug zu den Pflanzen, aus denen die Essenzen sind. Edward Bach hat ja die Idee der Bachblütenzubereitung so entwickelt, dass man sie leicht nachmachen kann, klarerweise verwendete er dazu die Pflanzen seiner Heimat. Auch Paracelsus empfiehlt, die Pflanzen der eigenen Heimat einzusetzen. Also sehe ich hierin die Bestätigung dafür, einfach einmal hinauszugehen und jene Pflanzen zu sammeln, die einem so über den Weg wachsen …, und daraus ganz persönliche Bachblüten herzustellen. Die **Sonnenmethode** ist die bekannteste Methode zur **Gewinnung von Blütenessenzen**, sie wurde von Edward Bach für die meisten seiner Bachblüten verwendet. Hier nimmt man die Kraft der Sonne zu Hilfe, um die Schwingungen der Blüten auf das Wasser zu übertragen. Da die Sonne auf die Blüten einwirken soll, um eine

Mutteressenz herzustellen, funktioniert die Sonnenmethode nur an sonnigen Tagen, man braucht mindestens 3 Std. Sonne. Gerade im Spätwinter, Frühling oder Herbst muss man also möglicherweise tagelang abwarten, um loslegen zu können.

Um Blütenessenzen selbst herzustellen, braucht man nur wenig Ausrüstung. Hier eine kurze Liste der benötigten **Materialien und Gerätschaften**:

- 1 saubere Glasschale, die speziell nur für diesen Zweck verwendet wird,
- Vorratsflaschen mit 250 ml Fassungsvermögen,
- Einnahmeflaschen mit einer Größe von 10–50 ml,
- stilles Mineralwasser oder besser noch frisches Quellwasser,
- Branntwein oder Obstessig zum Konservieren.
- Zusätzlich hilfreich sind eine Pipette und ein kleiner Trichter.

In die Vorratsflaschen die mit Branntwein haltbar gemachte Mutteressenz füllen. Mit Flaschen mit integrierten Pipetten ist es einfacher, die Tropfen zu dosieren. Zur Haltbarmachung der Mutteressenz, aber auch der Einnahmetropfen empfiehlt sich Brandy. Der darin enthaltene Alkohol konserviert die Essenzen, sodass sie jahrelang haltbar sind. Branntwein hat ein feines Aroma und färbt die Tropfen zudem leicht braun, was optisch einen gehaltvollen Eindruck ergibt. Man kann auch Schnaps einsetzen. Wer keinen Alkohol mag, kann stattdessen auch Obstessig benutzen. Der kleine Trichter ist nütz-

---

• Tipps der _Kräuterfee_ — Trocknen von Blüten •

Ein gut durchlüfteter, nicht zu heller Dachboden ist zum Trocknen ideal.

Alternativ kann man Blüten auch auf der Heizung oder im Backofen bei leicht geöffneter Tür bei 50 °C trocknen.

Einzelne Blüten (z. B. Lindenblüten) oder Blütenblätter (z. B. Rosenblütenblätter) auf Baumwolltücher zum Trocknen auflegen und zwischendurch immer wieder durchmischen.

Blütendolden (z. B. Holunderblüten) am besten einzeln auf eine Wäscheleine hängen (natürlich ebenfalls nicht in der Sonne!), damit sie von allen Seiten genügend Luft bekommen, ihre Blütenfarbe behalten und sich nicht unappetitlich braun verfärben.

lich, um Wasser und Branntwein in die Einnahmefläschchen zu füllen, bevor man die Tropfen der Essenz hinzufügt.

Herstellung einer Mutteressenz nach der Sonnenmethode Edward Bachs – Schritt für Schritt

Als Erstes gehen Sie zu den Blüten Ihrer Wahl und gießen klares Wasser in eine Glasschale, dann pflücken Sie die Blüten und legen sie in das Wasser. Nachdem es sich hierbei um ein energetisches Arbeiten handelt, finde ich es nicht nur nett gegenüber den Blüten, sondern auch hilfreich, wenn man ihnen erklärt, was man von ihnen will, bevor man sie pflückt. Am besten benutzt man ein Blatt, um die Blüten zu berühren, damit man sie nicht mit den Fingern anfassen muss. Die Oberfläche der Glasschale sollte schlussendlich von den Blüten bedeckt sein. Die Glasschale stellt man an einen sonnigen Platz, damit die Blütenkräfte auf das Wasser einwirken können. Sehr schön ist es, wenn man einen geeigneten Platz auf einer Wiese oder zwischen Blumen findet. Wichtig dabei ist, dass die Schale dort auch sicher und ungestört mindestens 3 Std. stehen bleiben kann. Nach 3 Std. ist die Blütenessenz fertig. Es ist sehr interessant zu beobachten, wie sich die Essenz entwickelt, weil sich die Blüten oft sehr verändern. Manche blühen vollständig auf, manche duften extrem stark – lassen Sie sich einfach davon überraschen, was „Ihre" Blüten tun werden …

Man kann die Blütenschale jetzt ins Haus bringen und weiter verarbeiten,

indem die Blüten abgesammelt werden. Das Blütenwasser wird in eine Vorratsflasche gefüllt, sodass die Flasche zur Hälfte voll ist. Wenn man weit weg von zu Hause ist, kann man dies alles auch noch außer Haus durchführen. Um das Blütenwasser haltbar zu machen, füllt man die zweite Hälfte der Flasche mit Branntwein. Dieses Gemisch nennt man „Mutteressenz" (das Verhältnis Blütenwasser zu Branntwein ist 1 : 1). Eine schöne Geste für Mutter Erde: Wenn Sie zu viel Blütenwasser haben, um die Vorratsflasche halb zu füllen, können Sie den Überschuss an die Stelle gießen, wo die Blütenpflanzen wachsen und sich bei ihnen auf diese Weise bedanken.

Dann verschließt man die Vorratsflasche und schüttelt sie kurz, um die wässrige Essenz mit dem Branntwein zu vermischen, zuletzt wird die Flasche mit Inhalt und Datum beschriftet. Um die neue Essenz kennenzulernen, ist es empfehlenswert, sich gleich eine Einnahmeflasche zuzubereiten und in den nächsten Tagen regelmäßig Tropfen davon einzunehmen. Typische Anwendungsformen sind die Verabreichung einiger Tropfen aus der Einnahmeflasche, die Wasserglasmethode, bei der einige Tropfen in ein Glas Wasser gegeben werden, das über den Tag verteilt schluckweise getrunken wird, oder die Weiterverwendung in Cremen und Salben.

Aus der Mutteressenz wird durch Verdünnung wiederum die Einnahmeflasche hergestellt. Gießen Sie dazu das Fläschchen zu 2/3 voll mit stillem Mineralwasser, fügen Sie dann ⅓ Branntwein oder Obstessig und 2–4 Tropfen der Mutteressenz hinzu. Die Tropfenanzahl richtet sich nach der Größe des Fläschchens. Verschließen Sie das Fläschchen und beschriften Sie es mit Inhalt und Datum.

Einige Beispiele für die Wirkung heimischer Wildkräuter als Blütenessenz

- Essenz aus **Löwenzahnblüten** kann helfen, Muskelspannungen loszuwerden, die durch aufgestaute Gefühle entstanden sind. Sie fördert die Beweglichkeit. So wie die Löwenzahnblüte aufrecht und unverkrampft auf ihrem Stängel steht und ihr gelbes Leuchten verströmt, kann sie uns helfen, unsere Spannungen aufzulösen und Gefühle zu äußern.
- Das **Veilchen** steht im Zeichen des Selbstbewusstseins und der Fähigkeit, zu sich selbst zu stehen. Bescheidene, sensible Menschen können mithilfe der Veilchen-Blütenessenz lernen, sich Gehör zu verschaffen und sich besser durchzusetzen. Es kann Ihnen auch helfen, anderen Menschen näherzukommen.
- Die **Kirschblüte** steht im Zeichen der Lebensfreude und der Festtagslaune. Die luftige Blüte der Kirsche lehrt missmutige Menschen, das Leben zu genießen. Mit neuer Begeisterung kann man im vermeintlichen Alltagstrott neue Höhepunkte entdecken. Schlechte Laune und Nörgelei verfliegen in der neu gewonnenen Leichtigkeit des Daseins.
- Die **Vogelmiere** steht für Durchhaltevermögen, Hartnäckigkeit und Selbstvertrauen. Sie kann uns helfen, unter widrigen Umständen Mut zu bewahren und unserem Lebensweg unverzagt zu folgen. Dadurch können wir uns tapfer unserer Lebensaufgabe widmen. Selbst

Schmähungen lassen uns unbeeindruckt, sodass wir darauf vertrauen können, was wir für richtig und wichtig halten.

- Das **Schneeglöckchen** steht im Zeichen des Neuanfangs. Es hilft uns aus scheinbar ausweglosen Situationen zu entkommen und Hoffnungslosigkeit zu überwinden. Auch wenn wir einen neuen Lebensabschnitt beginnen, kann uns das Schneeglöckchen mit neuer Zuversicht erfüllen.
- Der **Huflattich** steht für Pionierleistungen und dafür, sich selbst treu zu bleiben. Er kann uns helfen, auf neuem Terrain die natürlichen Regeln der unbekannten Umgebung zu erfühlen und sie uns zu eigen zu machen. Wir lernen, wie wir in der neuen Situation klarkommen und uns durchsetzen können. Wir können uns der Herausforderung, allein eine schwierige Lebenssituation meistern zu müssen, tapfer stellen und uns neue Quellen der Kraft zugänglich machen.

Hydrolate selbst herstellen

Die wunderbaren aromatischen **Duftwässer** entstehen bei der Destillation mit Wasserdampf. Bei diesem Vorgang werden Blüten, Blätter oder Rindenteile mit wenig Wasser zum Sieden gebracht. Der dabei entstehende Wasserdampf mit allen löslichen Bestandteilen der Pflanzen wird durch Abkühlung aufgefangen und danach wird das ätherische Öl abgeschöpft. Zurück bleibt das Hydrolat mit den restlichen Anteilen dieser Öle und vielen Duftmolekülen und essentiellen Wirkstoffen. Eines der einfachsten und zugleich ältesten Destillationsgeräte bestand aus einem Gefäß mit Deckel, an dem sich beim Erhitzen die kondensierte Flüssigkeit niederschlug, die mit Stoffteilen aufgefangen werden konnte. Schon die alten Ägypter destillierten Myrrhe, Myrte und andere Kräuter mit dieser Methode. Im Laufe der Jahrhunderte wurden die unterschiedlichsten Behältnisse entwickelt, um durch Destillation das wasserlösliche Öl zu gewinnen. Heute werden fertige Destillierapparate aus Kupfer, bereits mit 500 ml Volumen, angeboten, größere Geräte sind in Deutschland für den Privatgebrauch verboten. Leider ist bei diesem Volumen naturgemäß die Ausbeute an ätherischen Ölen, die sich im Hydrolat ablagern, verschwindend gering. Es ist hier besser, die Öle und das Hydrolat nicht zu trennen.

Als Basis für **Rasierwasser-Emulsionen und Reinigungswasser** werden neben Rindenextrakten und Koniferen gerne auch desinfizierende und adstringierende (zusammenziehende) Pflanzenteile verwendet. Auch Zitrusgewächse und azulenhaltige Pflanzen wie Schafgarbe und Kamille sind geeignet, Blüten und Blätter von Würzkräutern wie Salbei, Minze, Melisse, Rosmarin und natürlich Lavendel ergeben sehr gehaltvolle, duftende Auszüge mit vielen ätherischen Ölen und Wirkstoffen. Nadelbäume, wie Kiefer, Tanne und Fichte, sollten aus frisch im Frühjahr ausgetriebenen Zweigspitzen oder aus Nadeln, die an sehr sonnigen Tagen geerntet wurden, verarbeitet werden.

Heckenrosen und ihre verschiedenen Verwandten sind eine echte Alternative zu den edlen Gartenrosen. Die für die Destillation in Bulgarien angebaute *Rosa damascena* hat einen schweren, intensiven Duft, während Heckenrosen eine leichtere, schwingende Duftnote verströmen. Heckenrosen gibt es oft an Waldrändern und in Parkanlagen und sicher lohnt es sich, diese zu sammeln, auch wenn Sie sehr viele Blüten benötigen. Blüten nach der Ernte gründlich schütteln, kurz auf ein Tuch locker

---

• Tipp der *Kräuterfee* — **Pflanzen frisch ernten** •

Grundsätzlich sollten alle Pflanzenteile sehr frisch und an sonnigen Tagen geerntet werden, da hier der Anteil ätherischer Öle sehr hoch ist. Ausnahmen sind Rosenblüten, Waldmeister und Labkraut. Diese sollten vor der Verarbeitung einer kurzen Welkung unterzogen werden. Nach dem ersten „Welkstadium" werden nämlich die Aromen wesentlich besser an die Trägerflüssigkeit abgegeben.

• Tipp der *Kräuterfee* — **Espressomaschine** •

Die interessanteste und einfachste Methode, um für den Hausgebrauch Hydrolate herzustellen, ist das Destillieren mit der italienischen Espressomaschine aus Aluminium. Diese einfache Espressokanne besteht aus 3 Teilen, die je nach Größe für 1–3 Tassen Mokka ausreicht. Im unteren Teil befindet sich das Wasser, im mittleren Teil normalerweise Kaffee und im oberen Teil sammelt sich die aufsteigende Kaffeebrühe.

Anstatt des Kaffeepulvers füllen Sie nun fein gehackte Kräuter ein. Achten Sie dabei darauf, dass Sie nur so viele Kräuter einfüllen, dass sich die Kanne noch gut verschließen lässt. Die Tatsache, dass keine Unmengen Platz haben, ist kein Nachteil, denn der Vorgang des Kochens geht sehr schnell und kann jederzeit wiederholt werden. Der Vorteil dieser Methode liegt in der reineren Ausbeute, da durch das Sieb nicht so viele Trubstoffe enthalten sind.

ausbreiten, damit evtl. vorhandene Käfer sich entfernen können.

Holzige Bestandteile und Rindenteile wie Weide, Birke, Eiche und Gewürzrinden oder Ingwer benötigen zur Aufspaltung ihrer holzigen Fasern mehr Vorbereitung. Sie sollten von Hand grob gehackt und im Cutter weiterverarbeitet werden. Allerdings lohnt die Arbeit, denn es gibt heute nur mehr selten reine Pflanzenauszüge als **Haarwasser**. Klettenwurzeln für Hydrolate oder Ölauszüge werden im Herbst gesammelt, sie sind wahre Schätze für die Naturkosmetik und nicht nur für Haarwässerchen besonders geeignet gegen Schuppen und Kopfhautprobleme, sondern bei allen entzündlichen und schwierigen Hautleiden einzusetzen. Schafgarbe und Mädesüß werden selten als Hydrolate oder Öle zu erwerben sein, zudem sind sie dann sehr teuer. Hier lohnt ein Spaziergang an Wiesen und Bachrändern, um sie zu ernten. Schon die einfachen Kräuterwässer, die Sie sehr schnell herstellen können, enthalten wertvollste Wirkstoffe für den Einsatz bei Haut-, Muskel- und Gelenkbeschwerden. Im Badewasser als Zusatz sind sie eine wahre Wohltat.

Tee aus frischen Pflanzen

Machen Sie einmal folgenden einfachen Versuch: Nehmen Sie von einer Blüten-Kräuter-Mischung, die Sie gerne haben, jeweils gleich große Portionen und machen Sie daraus je einen Aufguss mit kochendem, badewannenheißem und lauwarmem Wasser sowie einen Kaltansatz, lassen Sie alle Ansätze 10 Min. ziehen und gießen Sie sie ab. Vergleichen Sie nun Ihre Getränke im Geschmack, Nachgeschmack und in der Farbe und Sie werden sehen, dass Sie aus demselben Ausgangsprodukt nur durch verschiedene Wassertemperaturen ganz unterschiedliche Inhaltsstoffe herauslösen können.

Noch krasser ist der Unterschied, wenn Sie frische und trockene Pflanzen miteinander vergleichen.

Aus diesen Überlegungen empfehle ich persönlich, frische Pflanzen den getrockneten vorzuziehen, solange es die Vegetationsperiode zulässt. Die klassische Methode zur Teezubereitung mit kochendem Wasser kommt meiner Meinung nach von der englischen Teezeremonie, bei der bis zur Unkenntlichkeit fermentierte und getrocknete Pflanzenteile verwendet werden. Das lässt sich mit sanft getrockneten Kräutern oder Frischpflanzen nicht vergleichen. Ich verwende zum Aufgießen nur Wasser, das maximal Badewannentemperatur hat, denn ich möchte auch die feinen Inhaltsstoffe schmecken.

Frische Sorbets aus Blüten und Früchten

An heißen Sommertagen, wenn Blüten und frische Früchte in unzähliger Vielfalt erhältlich sind, ist es nur naheliegend, sie auch zu zartschmelzenden Sorbets zu verarbeiten. Ob mit Fruchtstücken oder cremig durch die Zugabe von Eischnee, ob aromatisiert mit Kräutern, Sekt oder Likör, der Phantasie sind bei der Komposition keine Grenzen gesetzt.

Während wir sie dank moderner Kühltechnik in gefrorener Form zum Löffeln kennen, waren sie jahrhundertelang eher Getränk als feste Speise. Der Name Sorbet leitet sich vom persischen „Sharbat" ab, was so viel wie Trank bedeutet. Die Ingredienzien waren vielfältig: Ob orientalisch mit Rosenblütenwasser und kostbaren Gewürzen wie Vanille und Zimt oder ganz schlicht mit Rosinen und Zitronensaft – die klassischerweise zwischen den Gängen eines festlichen Menüs gereichte Erfrischung sollte die Verdauungssäfte anregen, neutralisieren und Appetit auf den nächsten Gang machen. Natürlich war „Sharbat" nur den reichen persischen Haushalten vorbehalten, denn es war zur Zubereitung ja Eis nötig! Dieses war in der Beschaffung und Aufbewahrung ebenso kostspielig wie die meisten anderen Zutaten. Die Türken schließlich nannten den frostigen Genuss „Sherbet" und brachten Idee und Rezepturen wohl im Zuge ihrer Eroberungen im 8. Jh. nach Sizilien, die Italiener machten daraus „Sorbetto" und die Franzosen schließlich „Sorbet". 1727 beschrieb es der Gelehrte Johann Theodor Jablonski als „süzes kühlendes Getränk nach türkischer und

persischer Art, in einfachster Form aus einem Aufguss von Wasser auf Rosinen bestehend, weiter bereitet aus Citronensaft, Zucker, Ambra oder auf mannigfache andre Art, auch gefroren genossen." Witzigerweise findet sich noch 150 Jahre später in Wörterbüchern diese Beschreibung.

Ich denke, ich habe nun genügend Vorfreude in Ihnen geweckt, die folgenden Rezepte auszuprobieren und wünsche Ihnen viel Spaß dabei! Lassen Sie sich überraschen von den folgenden Rezepten. Doch vorab

möchte ich hier noch ein wirklich praktisches Grundrezept anführen. Dieses schnelle Fruchteis können Sie natürlich aus allen Früchten Ihrer Wahl zubereiten. Statt Eiklar können Sie auch Schlagobers, Joghurt, Crème fraîche, Dickmilch oder Sojadrink verwenden. Rechnen Sie pro 300 g tiefgekühlte Früchte entweder 1 Eiklar oder 100 ml des jeweiligen Milchproduktes und vermixen Sie alles im Smoothiemixer. Dadurch, dass die Früchte schon tiefgekühlt sind, ist das Eis praktisch sofort verzehrbereit.

MEINE FRÜHSOMMERPFLANZEN

Lindenblüten
Tilia ssp.

Im antiken Griechenland galt die Linde als **Symbol der Heiler**. Schon damals kannte man die Heilkraft der Lindenblüten (Bild unten), die bis ins Mittelalter und auch heute noch mit gutem Erfolg als Hausmittel verwendet werden. Die schweißtreibende, schleimlösende und reizlindernde Wirkung von Lindenblütentee hilft

gut bei Erkältungen. Lindenblütentee mit Honig wirkt wohltuend bei Stress und Schlafproblemen und wird auch zur Linderung von trockenem Reizhusten eingesetzt. Darüber hinaus sind die Blüten generell hilfreich bei der Therapie von Erkältungskrankheiten.

Sie enthalten einen wertvollen Mix aus verschiedensten Inhaltsstoffen, die sich wahrscheinlich gegenseitig begünstigen. Zu den wichtigsten zählen Flavonoide und Hydroxyzimsäurederivate, die **fiebersenkende Eigenschaften** besitzen, Schleimstoffe, Gerbstoffe, Glykoside und ätherische Öle. All diese Inhaltsstoffe lassen sich gut als **Tee** verabreichen, aber auch in Form von **alkoholischen Auszügen**, um gegen Krankheitserreger wirksam sein zu können. Hierzu 1 TL zerkleinerte Lindenblüten in 1 Tasse (150 ml) kalten Wassers ansetzen, langsam zum Sieden bringen. Anschließend 10 Min. ziehen lassen, danach die Blüten abseihen. Täglich bis zu 3 Tassen Tee trinken.

Rose
Rosa ssp.

„Eine Rose ist eine Rose ist eine Rose." (Rilke) Was soll ich dazu sagen? Ihr verführerischer Duft, ihre Schönheit und ihre mannigfaltigen Heilkräfte ziehen schon seit dem Altertum die Menschen in Bann. Früher wurde Rosenwasser auf ähnliche Weise wie Tee hergestellt und zeigte eine rosa Farbe. Die Mischung aus Rose und Salbei ist ein Heilmittel aus der „Hildegard-Medizin", wie das naturheilkundliche Werk der Hildegard von Bingen heute genannt wird. Hildegard bezeichnete die Rose als eines der schönsten Heilmittel. Ein besonderes Rezept gibt sie uns mit ihrer Rose-Salbei-Mischung. Sie empfahl, bei Jähzorn an der Mischung aus pulverisierten Rosenblüten- und Salbeiblättern zu riechen, um wieder zu Balance und innerem Frieden zu kommen.

Die Rose als Heilmittel zählt von ihrer thermischen Qualität her zu den kühlen Mitteln und eignet sich also ganz besonders **für hitzige Beschwerden**, wozu auch ein Zornesausbruch zählt. In ihrem historischen, naturheilkundlichen Werk „Physica" schreibt Hildegard dazu: „Und wer jähzornig ist, der nehme die Rose und weniger Salbei und zerreibe es zu Pulver. Und in jener Stunde, wenn der Zorn ihm aufsteigt, halte er es an seine Nase. Denn der Salbei tröstet, die Rose erfreut."

> **• Tipp der *Kräuterfee* — Inhalation •**
>
> Bei einer Erkältung, Schnupfen oder einer leichten Bronchitis ist eine Inhalation mit Lindenblüten und anderen Kräutern gut geeignet, z. B. in folgender Mischung: 40 g Lindenblüten, 30 g Kamillenblüten und je 15 g Salbeiblätter und Thymian.
> In eine große, breite Schale etwa 500 ml heißes Wasser und 2–3 EL der Mischung zugeben, 5 Min. ziehen lassen, unmittelbar vor dem Inhalieren nochmals 250 ml kochendes Wasser zugeben. Zur Inhalation ein großes Handtuch über den Kopf legen und die heilsamen Kräuterdämpfe tief einatmen.

Mädesüß
Filipendula ulmaria

Flaumig-weiße Wedel wie kleine Federbüschel schmücken im Frühsommer die feuchten Wegränder unserer Gegend und erinnern uns daran, wie leicht und duftig das Leben sein kann … und der eigenwillige, fast medizinische Duft des Mädesüß (Bild unten) gibt uns schon einen Vorgeschmack auf seine außerordentliche Heilkraft. Schon die Kelten verehrten es neben Eisenkraut, Mistel und Brunnenkresse als eines der vier wichtigen magischen Kräuter. Besonders als Färbemittel für Stoffe wurde das in den Stauden enthaltene Spiraeosid eingesetzt. Auch

wurde Mädesüß neben der Verwendung wegen seiner Heilkräfte zur Abwehr von Geistern und Dämonen in Haus und Stall aufgehängt.

Die faszinierendste Eigenschaft der im Mädesüß (wie in der Holunderblüte) enthaltenen **Salicylsäure** ist, dass diese in einer magenverträglichen Form (als Aldehyd) vorliegt, die erst in der Leber umgewandelt wird und dann fiebersenkend, schmerzstillend und entzündungshemmend wirkt. Ergänzt können diese Eigenschaften noch durch Lindenblüten und Holunderblüten werden. Eine Tinktur aus Mädesüß, mit Cognac (schmeckt aromatischer) oder Bauernschnaps hergestellt, wirkt tropfenweise in Wasser verabreicht gegen Kopfweh und Abgeschlagenheit. Der englische Botaniker John Gerhard beschrieb im 16. Jh. die Wirkung des Mädesüß so: „In Wein gekochte Blüten tragen bestimmte Zustände eines bestimmten Alters hinweg und stimmen das Herz fröhlich."

Petersilie
Petroselinum crispum

Vielseitig verwendbar und aromatisch ist die Petersilie beliebt wie kein anderes Küchenkraut. Heimisch ist der Doldenblütler im Mittelmeergebiet, in unseren Breiten ist sie in ihren Zuchtformen mit mehr oder weniger krausen Blättern in jedem Gemüsegarten zu finden, wobei auch die Wurzel als Suppenkraut Verwendung findet. Die Kultur aus Samen ist gar nicht so leicht.

Petersilie ist aber auch eine Heilpflanze, die es in sich hat! Mit immens hohem Vitamin-C-Gehalt, viel Kalium und Magnesium wirkt sie **belebend und immunsystemstärkend**. Im Mittelalter war sie ein beliebtes Mittel zur Geburtenkontrolle. Sie lässt sich ausgezeichnet mit Dill, Kerbel, Melisse und Schnittlauch kombinieren. Weniger bekannt ist, dass eine Vielzahl von Hautkrankheiten in der mittelalterlichen Klostermedizin mit frischer, zu Brei verrührter Petersilie behandelt wurden, da diese damals eher als Arzneipflanze verwendet wurde. Aber auch innerlich angewandt unterstützt sie die Hautheilung durch viel Vitamin E.

Schnittlauchblüten
Allium schoenoprasum

Schnittlauch, auch Graslauch, Jakobszwiebel oder Schnittling genannt, ist eine Pflanzenart aus der Gattung Lauch (*Allium*), die in den Hochgebirgen der Nordhalbkugel weit verbreitet ist und natürlich vorkommt. Schnittlauch wird als Gewürz verwendet. Schon bei meiner Oma habe ich als Kind beobachtet, dass sie, wenn sie Schnittlauch erntete, die lila Blütenköpfchen auszupfte und wegwarf. Dieser Brauch hält sich hartnäckig, doch warum man Schnittlauch nicht mehr ernten und essen sollte, wenn er blüht, ist völlig unklar. Die einzige Erklärung, die ich mir zusammenreimen kann, ist der Spruch, den man schon vom Bärlauch kennt: Wenn er blüht, ist das Blatt nichts mehr wert. Was daher kommt, dass die Pflanzenkraft vom Blatt in die Blüte verlagert wird. Die Blüte des Schnittlauchs ist meist lila, kann aber auch pink, magentarot oder weiß sein – das ist abhängig von der Sorte. Und sie ist nicht nur essbar, sondern auch ein köstliches Gewürz. Lassen Sie sich überraschen. Sie können Schnittlauchblüten sehr vielfältig in Ihrer Küche einsetzen, sie schmecken scharf, fast pfeffrig und sind zudem sehr dekorativ (siehe beispielsweise die herrliche Eierspeise auf S. 76).

Borretsch
Borago officinalis

Borretsch ist eine vollauf überraschende Pflanze. Nähert man sich der kratzig-behaarten Pflanze, so macht sie keinen besonders sympathischen Ersteindruck, aber wer schon mal eine Suppe aus diesen borstigen Blättern gegessen hat, wird über das **fruchtig-grüne Gurkenaroma** staunen so wie ich. Für die Bienen ist die blühende Pflanze bis zum Frost eine wunderbare Nektarquelle und auch wir sollten die Blüten öfter für Speisen nutzen:

Sie **machen lebensfroh und selbstbewusst.**

Schon Plinius zitierte diese positiven Eigenschaften der im Mittelmeergebiet heimischen Pflanze. Verwenden Sie Borretschblätter nur frisch, sie verlieren ihr Aroma, wenn sie getrocknet werden.

In der Volksmedizin werden Blätter und Blüten bei Entzündungen der Atemwege und Durchfall eingesetzt.

Übrigens sollen einige getrocknete Borretschblüten, in einem Säckchen am Leib getragen, das Selbstbewusstsein stärken.

Ysop
Hyssopus officinalis

Der Ysop ist ein aus dem Mittelmeergebiet stammender Strauch, der bis zu 1 m hoch wird. Im Garten ist er eine schöne Bienenpflanze, bekannt ist er aber schon lange als Gewürzpflanze, als altes Bauerngartenkraut, das mit seinen Wirkstoffen ebenso wie mit seinem interessanten Aroma überrascht. Dioskurides, Galen und Hippocrates beschrieben bereits die Heilwirkungen des Ysops. Er wird hauptsächlich bei **Magen-** und **Darmbeschwerden** verwendet sowie zum Anregen des Appetits. Man findet ihn aber auch als Zutat in diversen Blasen- und Hustentees.

Besonders interessant finde ich jedoch die Verwendung von Ysop als **Räucherpflanze** (siehe S. 113). Beim Verräuchern entwickelt er einen warmen, krautigen Duft, der am besten in Mischungen zur Geltung kommt, dazu verwendet werden die getrockneten Blüten und Blätter. Er ist eine starke Schutz- und Reinigungspflanze. Mit seinem Rauch klärt und reinigt er die Gedanken, Emotionen und hilft so, neue Einsichten zu gewinnen und neue Wege zu gehen. Ysop besitzt eine belebende Wirkung und steigert die Konzentrationsfähigkeit. Mit ihm lassen sich Räume sehr gut reinigen und segnen, er ist ein Mittel mit großer Kraft, um negative Energien auszuräuchern. Die Räucherpflanze unterstützt die innersten Kräfte, Rituale und Handlungen. In früheren Zeiten war es üblich, Ritualen mit Beschwörungen, Handlungen und Zauberformeln einen großen Rahmen zu geben und damit das Ganze zu etwas Besonderem werden zu lassen. Magie diente dem Zweck, einen Wunsch zu erfüllen, etwas zu erbitten und in der Realität greifbar zu manifestieren. „Weiße Magie" wird auch heute noch im Mentaltraining oder NLP gelehrt, wo es um Wunscherfüllung zum Wohl der Allgemeinheit geht. Versuchen Sie es doch einmal mit Ysop!

Salbei
Salvia officinalis

„Wer sich keinen Arzt leisten kann, der sollte Salbei verwenden", meinte um 1500 der Botaniker Hieronymus Bock. Ich würde sagen: „Wer Salbei hat, braucht selten einen Arzt." Seit der Antike wird die Heilwirkung des Salbeis (Bild rechts oben) beschrieben und sie ist wirklich mannigfaltig: Er wirkt

gegen Bakterien, Pilze und manche Viren, ist gerbstoffreich und entzündungshemmend, gut für die Nerven, hilft gegen Schwitzen, regt Appetit und Verdauung an.

> **• Tipp der *Kräuterfee* — Richtig ziehen lassen •**
>
> Tee vom Salbei lasse ich 3 Min. ziehen, wenn ich die ätherischen Öle nutzen möchte. Wenn ich die Gerbstoffe brauche, lasse ich den Aufguss 15 Min. und länger ziehen und kann auch heißeres Wasser verwenden. Salbei wirkt sehr stark, es reicht 1 TL Kraut für 500 ml Wasser!

Heimisch ist bei uns der Wiesensalbei (*Salvia pratense*), welcher lange nicht so aromatisch ist wie sein Verwandter aus der Mittelmeergegend, *Salvia officinalis*. Vor allem dieser Kultursalbei enthält jede Menge ätherische Öle, Gerbstoffe, Harze und organische Säuren, welche antiseptisch, adstringierend und entzündungshemmend wirken. In der Volksmedizin findet er Verwendung bei **Halsentzündungen**, bei **Verdauungsbeschwerden** und zur **Schweiß-**

hemmung. Zu diesen Zwecken setze ich ihn gerne in Alkohol an und verwende die Tinktur tropfenweise (siehe S. 79). Blüte und Blatt werden in der feinen Küche vielseitig eingesetzt, besonders in fetten Speisen entfaltet Salbei seine verdauungsfördernde Wirkung. Salbei gehört zu den wenigen Kräutern, die sich auch getrocknet gut verwenden lassen.

In vielen Büchern steht, dass die heilwirksamen Blätter des Salbeis vor der Blüte geerntet werden sollen, ich sehe das Ganze etwas anders: Ich verwende zu jeder Jahreszeit die Blätter des

> **• Wichtiges von der *Kräuterfee* •**
>
> Salbei verträgt sich nur in kleinen Mengen bei Schwangerschaft (wegen seines Thujongehaltes, besonders im Herbst) und auch nicht mit trockenem Husten (wegen seines hohen Gerbstoffgehaltes). Thujon ist übrigens jene Substanz, durch die der Absinth berühmt wurde. In großen Dosen ist Thujon ein starkes Nervengift, im Salbei ist es besonders nach dem langen heißen Sommer enthalten, wie auch die anderen ätherischen Öle.

Salbeis frisch und sehe keinen Sinn darin, diese Pflanze zu trocknen, da sie ja immergrün ist. Die Frischpflanze ist immer gehaltvoller und zusätzlich voller Lebenskraft. Nachdem sich die wertvollen, ätherischen Öle schnell verflüchtigen, verwende ich zur Teezubereitung nur badewannenwarmes Wasser und niemals kochendes.

Schlangenknöterich
Bistorta officinalis

Der mehrjährige Schlangenknöterich reckt auf Feuchtwiesen seine zarten hellrosaroten Blütenkolben in die Höhe (Bild unten). Wenn man ihn sieht, weiß man, dass es an dieser Stelle

feucht ist. Das lateinische *bistorta* im Namen des Schlangenknöterichs heißt „zweifach gedreht" und deutet auf die seltsame, gewundene Form des Wurzelstockes hin. Daher erhielt er mancherorts auch den volkstümlichen Namen „Schlangenwurzel". Das **Rhizom** des Wiesenknöterichs wurde mitunter in der Volksmedizin als Arzneipflanze genutzt, eingesetzt wurde es gleich wie jenes seines Verwandten, des allgegenwärtigen, einjährigen Vogelknöterichs (*Polygonum aviculare*). Man verwendet es bei Hautausschlägen, es ist **harntreibend und blutreinigend**. Man nimmt 3 Handvoll auf 500 ml kochendes Wasser und brüht die Wurzeln. Täglich nach Belieben genießen.

Entzündungshemmende und auswurffördernde Inhaltsstoffe im Kraut wirken gegen Erkältungen/Atemwegserkrankungen, insbesondere gegen Husten. Schlangenknöterich stärkt die Verdauung und hilft gegen Entzündungen im Mund. Häufiger findet er jedoch als Wildsalat oder Wildspinat Verwendung, im Speziellen die jungen Blätter samt Stängeln und die jungen Blüten. Die stärkereiche Wurzel eignet sich zur Zubereitung vegetarischer Bratlinge. (Wurzeln in Scheiben schneiden, über Nacht einlegen und am nächsten Tag wie Laberl bzw. Bratlinge zubereiten und braten.) Nicht zu oft verwenden, da er wie Rhabarber Oxalsäure enthält. Seine kleine rosa Blütchen, die wie Kolben am aufrechten Stielende stehen, sind übrigens eine hervorragende Bienenweide.

Gänsefingerkraut
Potentilla anserina

Wie ein silberner Pelz wirkt der haarige Flaum auf den Blättchen des Gänsefingerkrautes. In der alten Heilkunde steht geschrieben, dass die Blätter umso heilkräftiger sind, je silberner sie sind. Paracelsus lobte diese ausdauernde Pflanze, die wirklich gerne auf Gänseweiden wächst – in meinem Garten ist sie erst mit den Gänsen eingezogen –, als **Asthmamittel** und zum Kurieren von **Blasenleiden**. Beides Anwendungen, die man in neuen Schriften vergebens sucht.

Am weitesten verbreitet ist die Anwendung des Gänsefingerkrautes als schnell wirkendes **Antikrampfmittel**. Gleich ob Muskel- oder Wadenkrämpfe, krampfartige Herzbeschwerden oder Bauchkrämpfe im Darm oder in der Gebärmutter, *Potentilla* wirkt schnell und ist in Form von selbst angesetzter Tinktur leicht und tropfenweise abwendbar. Bei Regelkrämpfen sollte die Tinktur schon einige Tage vorher eingenommen werden. Weiterhin lindert das Kraut Kopfschmerzen, stärkt das Bindegewebe und wirkt keimhemmend und blutstillend, da es sehr gerbstoffhaltig ist. Als **Gurgelwasser** kann es Entzündungen im Hals- und Rachenraum lindern. Als Frischkrautauflage ist das Gänsefingerkraut ein altbewährtes **Notfallmittel**, um Blut zu stillen und um keimhemmend zu wirken. Übrigens wurde den Fingerkräutern vielerlei starke Zauberkraft nachgesagt, so glaubte man, dass sie Wöchnerinnen schützen, die

Redegewandtheit stärken und Glück beim Handeln bringen. Hebammen und andere Leute trugen daher stets etwas Fingerkraut bei sich.

Zinnkraut
Equisetum arvense

Die Familie der Schachtelhalme ist wohl eine der ältesten Pflanzenfamilien auf der Erde, man hat in Versteinerungen Exemplare gefunden, die weit mehr als 300 Millionen Jahre alt sind. Seinen Namen bekam der Schachtelhalm übrigens, weil die einzelnen Teile des Hohlstammes quasi verschachtelt ineinander gesteckt sind, ein nettes Kinderspiel ist, sie auseinanderzuziehen und wieder zusammenzustecken wie ein Puzzlespiel. Zinnkraut, auch Ackerschachtelhalm genannt, gehört zu den mehrjährigen Pflanzen. Es hat unterirdische schwarze Wurzeln, die einen Frühlings- und einen Sommertrieb ausbilden. Es verwandelt vom Frühling bis zum Sommer mit dem Wechsel der Triebe völlig seine Form: Anfangs, von März bis April, bilden sich rotbraune oder auch gelbe, bis zu 20 cm hohe Stängel, die braune Blätter

tragen, und an ihren Spitzen bilden sich die Behälter für die Sporen. Man könnte meinen, es handle sich um einen Pilz, wenn man das Aussehen so betrachtet.

Ab dem Mai findet dann die Verwandlung statt: Aus dem pilzartigen feinen Pflänzchen bildet sich die robuste Sommerform. Die Stängel sind bis zu 20 cm hoch, saftig grün und mit vielen harten Zweiglein besetzt. Die ganze Pflanze fühlt sich hart und kratzig an, ich persönlich denke sofort ans Putzen von Silberbesteck, wenn ich sie berühre ... Daher kommt übrigens auch der Name Zinnkraut, es wurde zum Putzen von Zinn und Metall und zum Abschleifen von Holz verwendet.

Diese grünen Sommertriebe können geerntet werden, man trocknet sie am besten an einem schattigen, gut gelüfteten Platz. Daraus lässt sich **kieselsäurehältiger Tee** herstellen, der sehr stärkend auf Haut, Haar und Nägel wirkt und seine Wirkung noch verstärkt, wenn er mit Brennnesseln und/oder Spitzwegerich gemischt

wird. Doch Vorsicht! Es besteht Verwechslungsgefahr mit dem giftigen Sumpfschachtelhalm.

Mairitterling
Calocybe gambosa

Der Mairitterling ist von Ende April bis Mitte Mai in Laubmischwäldern von der Ebene bis ins Hochgebirge zu finden. Er wächst auch in saftigen Frühjahrswiesen, an Waldrändern, in Parks und Gärten. Fast immer erscheint er in großen Gruppen. Er ist ein kräftiger, gedrungener Pilz mit festem, fleischigem, weiß-cremefarbenem Hut (Durchmesser: 6–8 cm). Der zunächst halbkugelig und etwas buckelig gewölbte Hut wird später flach und wellig gebogen mit einer kleinen Delle in der Mitte. Die Lamellen an der Unterseite des Pilzhutes sind weiß-cremefarben und stehen dicht an

---

• Tipp der *Kräuterfee* — Wirkkräftiges Kraut •

Zerstampftes Zinnkraut auf Wunden aufgelegt, hat eine derart starke Wirkung, dass angeblich auch sehr tiefe Wunden, wie z. B. durchgeschnittene Sehnen, wieder völlig verheilen. Die Kieselsäure macht dieses Kraut auch für die Naturkosmetik interessant. Sie hilft bei Problemen mit dem Bindegewebe, verbessert die Elastizität der Haut, zudem ist die Kieselsäure essenziell beim Aufbau neuer Knochen, für gesunde Zähne sowie gesunde und harte Finger- und Fußnägel. Kieselsäure strafft die Haut und verbessert deren Durchblutung.

• **Wichtiges von der** *Kräuterfee* •

Der Mairitterling besitzt drei giftige Doppelgänger, die ihm sehr ähnlich
sehen: Den Riesenrötling, den Ziegelroten Risspilz und den Weißen Knollenblätterpilz. Die beiden ersteren wurden schon in den Sammeltipps für den
Märzschneckling (siehe S. 46) beschrieben. Der Weiße Knollenblätterpilz
wächst, wie wahrscheinlich schon bekannt ist, aus einem „Ei". Dann platzt
diese Schutzhülle und die Hülle bleibt an der deutlich zur Knolle verdickten
Stielbasis zurück. Auch Hutrand und Stiel sind bei jungen Exemplaren durch
eine Haut verbunden, die als Manschette zurückbleibt. Alle Teile dieses Pilzes
sind rein weiß. Alle drei Doppelgänger sind sehr giftig, ich persönlich würde
daher den Mairitterling nur mit einem Pilzfachmann sammeln. Der starke
Mehlgeruch fehlt bei allen Doppelgängern!

dicht. Sie sind am relativ kurzen (bis
5 cm), aber dicken (bis 3 cm) Stiel angewachsen und oft mit einem kurzen
Zähnchen herabwachsend. Er riecht
stark nach frischem Mehl. Sein Fleisch
ist weich und weiß-gelblich.

Der Mairitterling riecht so stark nach
frischem Mehl, dass der Geruch auch
beim Kochen nicht ganz verschwindet.
Daher sagt sein Aroma nicht allen zu.
Seine Liebhaber loben dieses Aroma
und sein festes, helles Fleisch. Eine
Möglichkeit, den Mehlgeschmack zu
entfernen, ist, ihn vor der Weiterverarbeitung in Salzwasser zu kochen
und das Kochwasser wegzuschütten.
In Kärnten, der Steiermark und in
Oberösterreich zählt er zu den begehrtesten Speisepilzen, während er in
Westösterreich kaum gesammelt wird.
Blanchiert oder als Duxelles eignet
er sich gut zum Tiefkühlen. Hervorragend schmecken auch eingelegte
Mairitterlinge, da sie ihr festes Fleisch
beibehalten.

Walderdbeere
Fragaria vesca

Ich denke, von keiner Frucht geht so
viel Zauber und Anmut aus, wie von
reifen Walderdbeeren, die duftend und
rot an den zierlichen Stängeln nicken.
Ich möchte an dieser Stelle gar nicht
die vielfältigen Heilwirkungen der

Früchte aufzählen, denn jeder, der
in den Zauber dieser aufs Köstlichste
duftenden Frucht getaucht ist, weiß
instinktiv, wie wertvoll sie für uns ist.
Einzig die positive Wirkung auf **Galle
und Leber** möchte ich erwähnen.

Aus archäologischen Funden weiß
man, dass Walderdbeeren schon lange
zu den von Menschen gesammelten
Früchten gehören. In der Antike wurden sie von römischen Dichtern geprie-
sen. Ovid, Plinius und Vergil haben
dieser Pflanze bereits Zeilen gewidmet.
Die Kultivierung der Erdbeere begann
erst im 14. Jh., wie in der französischen
Literatur aufgezeigt wird. Damals wurde sie in den Gärten Europas kultiviert,
es existierten unterschiedliche Sorten,
in der mittelalterlichen Malerei taucht
sie ab diesem Zeitpunkt als Symbol-
pflanze häufig auf. Die Entdeckung der
großfrüchtigeren Chile-Erdbeere

(F. chiloensis) und die darauffolgende Kreuzung mit der amerikanischen Scharlach-Erdbeere (F. virginiana) führten dazu, dass die Walderdbeere seit dem 18. Jh. fast nicht mehr kultiviert wurde. Später züchtete man wieder mit der Walderdbeere, wodurch als Kulturform die Monatserdbeere entstand. Eine der wunderbarsten Sorten ist 'Mara de bois'.

Die grünen Kernchen der Walderdbeeren enthalten einen Bitterstoff, vielleicht sind sie auch deshalb so gesund … Zur Herstellung von Walderdbeermarmelade sollte man immer Kulturerdbeeren beimischen, denn das bittere Aroma verstärkt sich beim Kochen und kann so gemildert werden. In der Antike war das **Erdbeerblatt als Heilpflanze** unbekannt, auch in mittelalterlichen Kräuterbüchern werden sie nur vereinzelt aufgeführt.

Aufgrund des Gerbstoffgehaltes werden Erdbeerblätter als Heilmittel bei Durchfall verwendet. Die jüngeren Blätter der Pflanze werden auch als Ersatz für schwarzen Tee verwendet und fermentiert.

Vogelkirsche
Prunus avium

Wer jetzt aufmerksam den Waldboden beobachtet, wird unter Umständen auf unserem Weg auf kleine dunkle Kirschen aufmerksam, die – meist angepickt von Vögeln – am Boden liegen. Wer von diesen schwarzroten Minikirschen einige unversehrte findet und sie kostet, wird von ihrem zuckersüßen und unglaublich fruchtigen Aroma überrascht sein. Und nicht nur das, Vogelkirschen sind auch noch reich an Vitalstoffen, insbesondere Kalium, Calcium, Vitamin C, Pro-vitamin A, Folsäure, Enzymen und Gerbstoffen. Sie heißen übrigens Vogelkirschen, da sie von Vögeln gerne verspeist werden und sind eine Urform der allseits bekannten Kirschen. Also eindeutig essbar, nur schwer zu ernten, denn die süßesten Früchtchen hängen bekanntlich sehr weit oben im Baum! Pflücken sollten Sie möglichst die ganz dunklen und schon weicheren Kirschen. Diese sind schön süß. Unreife Früchte neigen dazu, ein wenig bitter zu sein. Aber nicht alle Vogelkirschsorten werden ganz dunkel, es gibt auch Bäume mit geschmacklich guten, hellroten Früchten.

Die entsteinten Vogelkirschen können gut getrocknet werden und auch eine Marmelade, die nur aus Früchten und Zucker ohne Flüssigkeitszusatz hergestellt wird, kann ich nur empfehlen! Auch für unseren Kirschen-Smoothie und für ein ganz frisches Vogelkirschensoufflé (S. 80/81) eignen sich die entsteinten Vogelkirschen hervorragend.

MEINE LIEBLINGSREZEPTE

Lindenblüten
Lindenblütenbad

Ein Bad mit Lindenblüten sorgt für körperliches und seelisches Wohlbefinden und erleichtert das Einschlafen. Für das Bad einen starken Tee zubereiten (20 Min. ziehen lassen) und ins Badewasser geben.

Sorbet von Zitrone und Lindenblüten

6 Zitronen
3 Handvoll Lindenblüten
60 g Zucker
100 ml Wasser
70 g Traubenzucker
1 Eiklar

Als Erstes die Zitronen auspressen und den Saft abseihen. Die Blüten mithilfe des Stabmixers mit 10 g Zucker zu einer feinen Paste vermixen. Das Wasser, den restlichen Zucker und 50 g vom Traubenzucker zum Kochen bringen, dabei gut umrühren, damit sich der Zucker vollständig auflöst, und die Zuckermischung ca. 10 Min. kochen lassen, sodass Läuterzucker entsteht. Diesen im Wasserbad abkühlen, dann sofort mit dem Zitronensaft und der Zucker-Blütenmischung verrühren und in einer flachen Schale in den Tiefkühler geben.

Das Eiklar mit dem restlichen Traubenzucker steif schlagen und in das angefrorene Sorbet mischen. Für 4–5 Std. in den Tiefkühler stellen und mit frischen Erdbeeren servieren.

Wintertee

3 EL Zimtrinde
1 Handvoll Apfelstücke
1 Handvoll Hagebutten
5 EL Orangenschalen
1 Handvoll Zitronenverbene
3 Handvoll Lindenblüten

2–3 TL in eine große Frühstückstasse geben und mit kochendem Wasser übergießen, zugedeckt 7–10 Min. ziehen lassen.

Auch im Sommer gekühlt und gemischt mit Fruchtsäften eine angenehme Erfrischung.

Rose
Rosa Erdbeertraum-Smoothie
für 2 Portionen

5 Erdbeeren
1 Orange
½ Banane
Soja- oder Mandeldrink
Honig
1 Handvoll Eiswürfel
½ Vanilleschote
1 Handvoll Rosenblüten

Einfache alle Zutaten sorgfältig miteinander vermixen.

Rosenblütensorbet

ergibt 4–6 Portionen

Saft von 1 Zitrone
250 ml Weißwein (Riesling)
100 ml Rosenblütensirup (aus 2 Hand-
voll Rosenblüten, die über 48 Std. in
100 ml Zuckersirup eingelegt werden)
50 g Zucker • 50 g Traubenzucker
4 Handvoll Kartoffelrosenblüten (Rosa
rugosa) oder andere duftende Rosenblü-
ten, bei Sonne gepflückt
Rosenblütenzucker und Schlagobers zur
Garnieren

Zitronensaft, Wein, Sirup, Zucker und
Traubenzucker mischen, die Rosenblüten beifügen und den Ansatz über
Nacht stehen lassen. Dann die Flüssigkeit durch ein Sieb gießen und den
Rückstand gründlich auspressen. Den
Ansatz in ein flaches Gefäß gießen,
für ca. 4 Std. tiefkühlen, dabei alle
20 Min. von außen nach innen durchrühren. Nun ist das Sorbet genussfer-
tig, mit etwas Rosenblütenzucker und
Schlagobers servieren.

Mädesüß

Erkältungstee

je 1 Handvoll Mädesüß-, Lindenblüten-
und Holunderblüten
1 Scheibe Bio-Zitrone mit Schale
1 Scheibe Ingwerwurzel

Von dieser Mischung jeweils 2 TL
mit 250 ml heißem Wasser aufgießen
und zugedeckt 10 Min. ziehen lassen.
Mit Honig oder Holunderblütensirup
gesüßt ergibt sich ein stärkendes, heilendes Getränk.

Mädesüßsirup

bei Kopfschmerzen

6 Blüten und 6 Blätter vom Mädesüß
1 kg Zucker • 50 g Weinsteinsäure
1 l Wasser

Mädesüß, Zucker und Säure mit dem
Wasser in einem großen Einweckglas
mit Deckel ansetzen, Glas für 2 Tage
verschließen und dann absieben.
Pflanzenrückstände gut ausdrücken,
den Sirup auf 80 °C erwärmen und
in saubere Flaschen mit Schraubverschluss füllen.

Rezept-Tipp der *Kräuterfee*

Servieren Sie den Sirup als Hausme-
dizin bei Kopfweh mit Wasser aufgespritzt.

Petersilie

Petersiliensmoothie für
einen strahlenden Teint

2 Handvoll gemischte Kräuter wie:
Petersilie, Giersch, Vogerlsalat,
Spitzwegerich und Birkenblätter
1 Banane • ½ Ananas
½ Bio-Zitrone samt Schale
500 ml Apfelsaft • 250 ml Wasser
1 Handvoll Eiswürfel

Alle Zutaten im Smoothie-Mixer
vermixen, bis ein sämiges Getränk
entsteht.

Verwendungstipp der *Kräuterfee*

Trinken Sie diesen Smoothie jeden
2. Tag über 3 Wochen und Sie werden
sich über Ihren strahlend-frischen Teint
freuen!

Kaltes Petersiliensüppchen

ergibt 6 Portionen

2 Stangen Stangensellerie
1 grüner Paprika, entkernt und geputzt
350 g Zucchini
120 g Toastbrot, entrindet
4 Knoblauchzehen
1 grüne Chilischote
1 TL Honig
150 g geröstete Walnüsse
200 g junger Spinat oder Vogerlsalat
40 g Petersiliengrün
4 EL Weißweinessig
220 ml Olivenöl
100 ml Naturjoghurt
2 TL Salz, etwas Pfeffer
250 g Eiswürfel
ca. 350 ml Gemüsebrühe

Alle Zutaten grob schneiden und mit
den flüssigen Zutaten und Gewürzen
im Smoothiemixer mit der halben
Menge der Eiswürfel mixen. Ent-
sprechend der gewünschten Konsistenz Gemüsebrühe zufügen und die

restlichen Eiswürfel einmixen. Das Süppchen sofort servieren.

Wer das Süppchen genusswarm dem kalten vorzieht, erwärme es etwas am Herd, ohne es aufzukochen.

Petersiliengesichtsmaske
1 EL frische Petersilie
1 EL Naturjoghurt

Die Petersilie sehr fein hacken und mit dem Joghurt verrühren, die Mischung sofort auf das gereinigte Gesicht auftragen und 10 Min. einwirken lassen. Dann die Maske mit einem feuchten Tuch abnehmen.

Tipp der *Kräuterfee*
Die Petersilienmaske pflegt und erfrischt die Haut und heilt bei Hautunreinheiten und Irritationen.

Schnittlauchblüten
Bunte Schnittlauchblütencracker
2 Handvoll Blüten vom Schnittlauch
150 g Bauerntopfen (40 % Fett)
4 Blätter vom Breitwegerich, sehr fein gehackt
1 EL Schnittlauch, fein geschnitten
je 1 EL Majoran und Gundelrebe, fein gehackt
1 TL abgeriebene Orangenschale
2 EL kalt gepresstes Olivenöl
Cracker oder Knäckebrot
2 Handvoll gemischte Frühlingsblüten von Schnittlauch, Taubnesseln, Lichtnelken, Hornveilchen, Gänseblümchen, Primeln etc.

Alle Zutaten gut miteinander vermischen, die Cracker oder Knäckebrot mit der Topfenmischung bestreichen und mit den gemischten Blüten bestreuen.

Eierspeis' mit Schnittlauchblüten
Das klassische Eierspeisbrot, wie es schon der Fernsehkasperl liebte, wird so feiner, subtiler und ein wahrer Augenschmaus!

6 Eier (natürlich Bio)
2 EL Milch
Salz
2 EL Schnittlauch, fein geschnitten
2 EL Butter
Pfeffer
reichlich Schnittlauchblüten
4 dicke Scheiben frisches Bauernbrot

Für die perfekte Eierspeise die Eier und die Milch mit einem Schneebesen gut verrühren und leicht salzen, den Schnittlauch einrühren. In einer beschichteten Pfanne Butter bei mittlerer Hitze aufschäumen, die Eimischung hineinleeren und leicht anstocken lassen. Mit dem Teigwender das Ei vom Rand lösen und verrühren, so lange wiederholen, bis das Ei fast gestockt, aber noch leicht flüssig und cremig ist (bei mittlerer Hitze ca. 1–2 Min.).

Auf einem vorgewärmten Teller anrichten, durch die Restwärme zieht das Ei durch, wird aber nicht trocken, mit frisch gemahlenem Pfeffer und den vom Stiel gezupften Schnittlauchblüten bestreuen.

Die Brotscheiben mit Butter bestreichen und mit reichlich warmer Eierspeise belegen und nochmals mit ausgezupften Schnittlauchblütchen bestreuen.

Borretsch
Schaumsüppchen vom Borretsch mit Topfennockerl
ergibt 4 Portionen

Suppe
80 g Spinatblättchen
80 g Borretschblätter
1 Handvoll gemischte Gartenkräuter
1 Zwiebel
20 g Butter
80 g geschälte und gewürfelte Kartoffeln
1 l Gemüsebrühe
125 ml Schlagobers
Salz und Muskatnuss

Topfennockerl
4 EL Topfen
Saft und Schale von ½ Bio-Zitrone
Kräutersalz
Pfeffer

Spinat und Borretschblätter kurz blanchieren, dann gemeinsam mit den Kräutern grob hacken. Zwiebel schälen und in kleine Würfel schneiden, in Butter anschwitzen, Kartoffelwürfelchen beigeben und mit Suppe aufgießen, 25 Min. köcheln lassen.

Schlagobers und die gehackte Kräuter-Blatt-Mischung beigeben, einmal kurz aufkochen und die Suppe mit dem Stabmixer pürieren, mit Salz und Muskatnuss abschmecken.

Für die Nockerl Topfen mit Zitronenabrieb und -saft glatt rühren, mit Kräutersalz und Pfeffer abschmecken.

Die Suppe nochmals aufschäumen und in Portionstellern anrichten, in die Mitte je ein Topfennockerl setzen und mit Blüten des Gartens dekorieren (Bild rechts).

Sommersalat mit Blüten vom Kräutergarten
ergibt 4–6 Portionen

1 Kopf Lollo-rosso-Salat
1 Handvoll Zuckererbsenschoten
½ Gurke
2 Stangen Stangensellerie
1 Büschel junge Borretschblätter
4 EL Olivenöl
1 EL Zitronensaft
Salz, Pfeffer
2 Handvoll gemischte Blüten von Salbei, Borretsch, Schnittlauch und Ringelblume

Den gewaschenen Salat in essfertige Stücke zupfen, Erbsenschoten der Länge nach durchschneiden, Gurke und Stangensellerie in dünne Scheiben schneiden, alle Zutaten mit den fein gehackten Borretschblättern mischen und das Dressing aus Öl, Zitronensaft, Salz und Pfeffer darüberträufeln. Den fertigen Salat mit Blüten bestreuen und alles behutsam durchmischen.

Ysop
Anregender Kräutertee
3 Teile munter machende Brombeerblätter
3 Teile erfrischende Minze
3 Teile anregender Frauenmantel
3 Teile wohltuende Walderdbeerblätter
1 Teil stoffwechselanregender Ysop
1 Teil harmonisierende Rosenblütenblätter

1 TL der frischen oder getrockneten Kräutermischung mit 500 ml heißem Wasser aufgießen, 5 Min. ziehen lassen und den aromatischen, beschwingenden Tee in vollen Zügen genießen.

Tomaten mit Ziegenfrischkäse, Blüten und Wildkräutern

ergibt 4–6 Portionen

600 g frische, reife Tomaten
250 g Ziegenfrischkäse
4 EL gutes Olivenöl
Balsamicoessig nach Geschmack
Kräutersalz
1 Handvoll gemischte Kräuter und
Wildkräuter
1 Handvoll frische Ysopblüten
aus dem Garten (einzeln ausgezupft)

Tomaten in Scheiben schneiden und auf einem großen Teller verteilen. Käse schneiden und auf den Tomaten verteilen, mit Öl und Essig beträufeln, salzen und zu guter Letzt die fein gehackten Kräuter und Blüten darauf verteilen.

Salbei
Salbeiwein, klassisch
Stärkt die Nerven und wirkt auch gut bei nervösen Schwitzattacken.

20 g Salbeiblätter
700 ml guter Rotwein

Das Rezept ist so einfach wie wirkungsvoll: Die Salbeiblätter ganz naturbelassen in ein Schraubglas füllen, mit dem Wein übergießen und an einen warmen Ort im Haus oder in die Sonne stellen.

Nach 14 Tagen hat der Wein die Inhaltsstoffe des Salbeis aufgenommen, der Ansatz kann abgegossen und verabreicht werden. Täglich 1 Likörglas vor dem Abendessen trinken.

Salbeitinktur

5 g frische Salbeiblätter
100 g medizinischer Alkohol

Die frisch gezupften Salbeiblätter in
ein dunkles Glas geben und mit dem
medizinischen Alkohol übergießen.
Die gut verschlossene Flasche in die
Sonne oder an einen warmen Platz im
Haus stellen und ab und zu gut durchschütteln. Nach 4 Wochen die Tinktur (Bild links) abseihen, dabei die Blätter
gut auspressen. Sie sollte anschließend
in einer dunklen Flasche aufbewahrt
werden.

Rasierwasser

5 kleine Zweige frisches oder
getrocknetes Bohnenkraut
40 g Salbeitinktur
60 g Hamameliswasser

Die Bohnenkrautzweige in eine schöne, möglichst dunkle Flasche geben.
Den Salbeiauszug und das Hamameliswasser dazufüllen und alles gut
durchschütteln. Die Kräuterzweige
können nach Belieben in der Flasche
verbleiben oder nach ein paar Tagen
entfernt werden.

Verwendungstipp der *Kräuterfee*

Nach der morgendlichen Rasur das
Rasierwasser gut in die Haut einrei-
ben. Es durchblutet und erfrischt die
Haut; durch das antiseptisch wirkende
Bohnenkraut werden kleine Schram-
men und Wunden desinfiziert. Der
Salbei sorgt darüber hinaus für einen
angenehm würzigen Duft.

Schlangenknöterich
Grünkraftschnitzel

ergibt 4 Portionen

3 Semmeln
1 große Zwiebel • 1 EL Butter
150 g Brennnesselblätter
150 g Schlangenknöterichblätter
2 EL Semmelbrösel
Salz, Pfeffer
Öl oder Butterschmalz zum Ausbacken

Semmeln in Milch oder Wasser
einweichen und ausdrücken. Zwiebel
fein hacken und in der Butter goldbraun anrösten. Die Brennnessel- und
Schlangenknöterichblättchen mit
heißem Wasser überbrühen, in ein
Sieb gießen und gut abtropfen lassen,
ausdrücken und fein schneiden.

Die Blättchen mit den Semmeln
und den gerösteten Zwiebeln in einer
Schüssel vermischen, Brösel einkneten,
salzen und pfeffern. Kleine Laibchen
formen und im heißen Fett ausbacken.

Gänsefingerkraut
Gänsefingerkrauttinktur

2 Handvoll frische Blätter vom
Gänsefingerkraut
Glasgefäß mit breitem Rand
und Schraubverschluss
40%iger Alkohol, mit dem das Glas
gefüllt wird

Die Blätter klein schneiden und in
das Glas füllen, den Alkohol darübergießen, das Glas randvoll füllen. Das
verschlossene Glas gut schütteln, um
Luftbläschen aufsteigen zu lassen, und
den Ansatz für 6–8 Wochen in die

Sonne stellen. Dann die Pflanzentei-
le abseihen, gut ausdrücken und die
Tinktur in kleine braune Flaschen mit
Tropfer füllen.

Zinnkraut
Brennnessel-Zinnkraut-Tee

Diese Teemischung (Bild unten) aus gleichen Teilen Zinnkraut und Brennnessel hat's in sich! Wenn Sie Brennnessel
und Ackerschachtelhalm zu gleichen
Teilen mischen, erhalten Sie eine
kraftvolle Teemischung, die auch
gleich noch der Osteoporose vorbeugt.

1 TL getrocknetes Zinnkraut oder besser 1 Handvoll frische Kräuter in 250 ml kaltes Wasser geben, 5 Min. lang aufkochen. Nun die Brennnesselblätter frisch oder getrocknet beigeben, den Topf zugedeckt auf der Herdplatte stehen lassen und nach weiteren 15 Min. abseihen.

Tipp der *Kräuterfee*

Die Brennnessel reinigt das rote Blut, aktiviert die Nieren und leitet aus dem Körper aus, was nicht hineingehört. Sie macht die Bewegungen geschmeidig, die Haare glänzend und bringt frischen Wind, Frühlingswind in das Gehirn. Außer der Kieselsäure enthält der Ackerschachtelhalm sehr viele Mineralstoffe. Deswegen hat er den Ruf bekommen, ein pflanzliches Schüsslerelixier zu sein, das leicht eine Mineralstofftablette ersetzt. Ackerschachtelhalm enthält Kaliumsalze, Calcium, Magnesium, Aluminium, Eisen, Mangan.

Zinnkrauttee

Zinnkrauttee besitzt einen hohen Gehalt an Kieselsäure und ist daher gut für Knochen, Knorpel, Nägel und Haare. Auch entzündliche Erkrankungen der Blase, Nieren und der Harnwege können mit Zinnkrauttee effektiv behandelt werden. Durch die entwässernde Wirkung werden Wasser- und Fettdepots reduziert.
Für einen Tee 1–2 TL junges Zinnkraut für mindestens 15 Min. aufkochen, damit sich die Wirkstoffe aus den Pflanzen lösen. Danach den Tee 6–10 Min. ziehen lassen.

Tipp der *Kräuterfee*

Übrigens können Sie Ackerschachtelhalmtee bedenkenlos über lange Zeit trinken!

Walderdbeere
Walderdbeer-Schoko-Sorbet
ergibt 4-6 Portionen

250 g Walderdbeeren • 250 g Erdbeeren
2 EL Ahornsirup oder Honig
250 ml Soja-Sahne
100 g Kochschokolade

Die Erdbeeren waschen, den Stiel entfernen, danach für mindestens 4 Std. einfrieren. Den Sirup, die Sahne und die Schokolade im Kühlschrank kühlen.

Die Schokolade nun grob raspeln. Wenn die Erdbeeren tiefgefroren sind, alle Zutaten außer den Schokoladeraspeln in den Smoothiemixer füllen und mit dem Saucenprogramm bearbeiten. Anschließend in das fertige Eis die Schokoraspeln geben. Das Eis ist nun servierfertig oder auch in einer flachen Schale im Kühlschrank zu lagern, es muss aber immer wieder durchgerührt werden.

Vogelkirsche
Dunkler Schoko-Kirsch-Smoothie
ergibt 4–6 Portionen

1 Rippe Kochschokolade, 70 % Kakao
1 EL Kakao
Milch
1 Handvoll entsteinte Kirschen

Die Kirschen mit den 20 g Zucker zu einer homogenen Fruchtmasse verkochen. 4 feuerfeste Kaffeetassen mit Butter ausstreichen und je 1 EL der Kirschenverkochung hineinfüllen. Eidotter mit 30 g Zucker, dem Mark der Vanilleschote und der abgeriebenen Zitronenschale schaumig rühren, danach den Topfen einrühren. Eiklar und Salz mit dem restlichen Zucker zu einem mittelfesten Schnee schlagen und locker unter die Masse heben. Die verbliebene Kirschenverkochung nun so unterheben, dass eine schöne Marmorierung in der Soufflémasse entsteht. Das Backrohr auf 180 °C Ober-/Unterhitze vorheizen, die Soufflémasse in die Tassen füllen und in eine tiefe Auflaufform stellen. Heißes Wasser bis 2 cm unter den Tassenrand füllen und die Form in den Ofen stellen. Die Kirschensoufflés etwa 20 Min. backen und direkt aus dem Ofen mit Staubzucker bestreut servieren.

Mairitterling
Mairitterlingsauce
ergibt 4 Portionen

300 g feinblättrig geschnittene, geputzte Mairitterlinge
100 g Butter
5 EL Mehl
etwas Wasser
250 ml Schlagobers
Salz, Pfeffer
Zitronensaft
3 EL Liebstöckel, frisch oder getrocknet

Die Pilze etwa 5 Min. in Salzwasser kochen, dann das Kochwasser abgießen. Aus Butter, Mehl, Wasser und Obers eine Sauce bereiten (eine Einbrenn herstellen und diese dann ablöschen). Gewürze beifügen und Pilze einlegen. Alles nochmals aufkochen.

Die Sauce zu Fleischgerichten, Wildbraten, Geflügel oder Folienkartoffeln servieren.

Frühlingssalat von gemischten Pilzen
ergibt 4–6 Portionen

1 kg gemischte Frühlingspilze (Mairitterling, Schwefelporling, Austernpilz, Champignon)
2 Frühlingszwiebeln
1 roter Paprika
8 EL Olivenöl
1 großer Strauß frische Frühlingskräuter (Bärlauch, Kerbel, Giersch, Schafgarbe)
Zitronensaft
Salz

Die geputzten Pilze in gleichmäßig dicke Scheiben schneiden und in Salzwasser bissfest blanchieren. Wasser abgießen und Pilze beiseitestellen. Die in feine Scheiben geschnittenen Frühlingszwiebeln und den kleingewürfelten Paprika im heißen Öl anbraten, jedoch nicht bräunen. Dann die Pilze beifügen und bei höherer Temperatur etwa 10 Min. braten. Fein gehackte Frühlingskräuter und Zitronensaft beifügen, nach Geschmack salzen.

Den Pilzsalat warm oder kalt mit Pizzabrot oder als Beilage zu Fleisch, Geflügel, aber auch Raclette oder Fondue servieren.

Alle Zutaten gut miteinander vermixen. Den fertigen Smoothie mit Malven- oder Duftpelargonienblüten dekorieren. Wird richtig purpurfarben (Bild oben)!

Kirschensoufflé
ergibt 4 Portionen

100 g frische, entsteinte Kirschen
20 g Zucker • 1 Vanilleschote
3 Eidotter • 3 Eiklar
60 g Feinkristallzucker
abgeriebene Schale von ½ Bio-Zitrone
200 g Topfen
1 Prise Salz
zerlassene Butter für die Form
Staubzucker zum Bestreuen

Sommer

MEIN SOMMERSTREIFZUG

„Im Hochsommer blühen Sommerlinde, Wegwarte und Kartoffel; in den Gärten reifen die Johannisbeeren. Wichtigstes landwirtschaftliches Ereignis ist die Getreideernte, die mit dem Schneiden der Wintergerste beginnt. Es folgt die Ernte des Winterrapses, des Winterweizens und am Ende schließlich die von Winterroggen und Hafer. Im Spätsommer reifen bereits zahlreiche Früchte wie Frühapfel, Felsenbirne und Frühzwetschke, aber auch die Vogelbeere. Zeitgleich beginnt die Blüte des Heidekrauts und der Herbst-Anemone. Die Getreideernte ist weitgehend abgeschlossen; die zweite Heuernte (Grummet) findet statt.“

Johannisbeeren, Stachelbeeren, Maulbeeren, Jostabeeren, Himbeeren und die letzten Erdbeeren sowie die ersten Frühäpfel – sie alle trösten über das Nachlassen der üppigen Rosenblüte hinweg und bezaubern mit ihrer Nährkraft, ihrem besonderen Aroma und locken zu süßen Zubereitungen mit viel Frucht. Heimisches Superfood, wie es der Sommer reichlich beschert, nährt auf ganz besondere Weise den nach Sommerhitze und echtem Fruchtaroma dürstenden Menschen. Es steht in Inhaltsstoffen und Wirksamkeit um gar nichts dem exotisch-künstlich anmutenden Superfood der Nahrungsergänzungsmittelläden nach, besticht eher durch Echtheit und Unverfälschtheit in Herkunft und Inhalt.

Sommerzeit ist Erntezeit. Und im verlassenen Haus türmen sich die ersten Pflanzen- und Blütenvorräte, die hier in Körben und auf Tüchern trocknen sollen, der Rest hängt kopfüber und erfüllt die Räume mit köstlichem Duft. Doch der Garten lockt zu allen Tageszeiten und nur zum Zwischenlagern der Ernte, für den schnellen Blick auf die Uhr und zum Schutz vor den Sommergewittern laufen wir ins Haus, ansonsten spielt sich unser Leben im Freien, in den weiten, grünen Räumen des Gartens ab. Am Lagerfeuer, im weit geöffneten Glashaus, auf den Holzdecks, am Gartenteich und unter der Gartendusche, im Planschbecken, im Gemüsegarten, besonders aber im Nasch- und Obstgarten, wo wir ernten und wie verrückt die süßen Früchte in uns hineinstopfen.

Mit diesen Schätzen finde ich mich des Nachts in der Küche wieder, auf dem Herd den Dampfentsafter, den schon meine Oma verwendet hat, und ganz beglückt von den vielen Flaschen bunten Fruchtsirups, die sich am Küchentisch sammeln. Das war für mich schon als kleines Mädchen ein Traum von Luxus: So viele Himbeeren im eigenen Garten zu haben, dass sich daraus Sirup für das ganze Jahr kochen lässt … und nun sind es so viele mehr, verschiedene Beeren und Obstsorten … was für ein Luxus!

JETZT ANGESAGT

Früchte und Blütenüppigkeit

Wenn die Johannisbeeren und Kirschen im grünen Gesträuch sich leuchtend rot zu färben beginnen, dann verändert sich der Kräuterblick, der Grünes im Grünen suchte, zum gierigen Fruchtblick: Alles was an Süßem rot leuchtend in der Wiese steht, wird sofort in den Mund gesteckt, um den vollen Erdbeergeschmack zu genießen. Wunderbar zu kombinieren sind all diese herben und süßen Früchte mit bunten, aromatischen Blüten. Fruchtige Sommersalate mit Blüten und Kräutern, aber auch süße Fruchtsalate mit bunten Blüten und Kräutern überzeugen mit Geschmack, Frische und Farbenpracht. Voller Aroma, kostbarer Inhaltsstoffe und Lebensfreude repräsentieren sie die Pracht des Sommergartens.

Sommer ist auch Erntezeit für wertvolle Blüten, die **in Öl angesetzt** oder für Wintervorräte und Tee **getrocknet** werden, aber auch schon **zu Blütensirup verkocht** werden. Und so füllt sich das verlassene Haus während der Sommerwochen mit allerlei Schätzen aus dem Garten, die auf Tüchern und in Körben und Flaschen überall dort deponiert werden, wo es der Platz zulässt.

Blütenheilcreme aus frischen Blüten

Gerade die frischen Blüten der Heilpflanzen, die jetzt in ihrer Sommerkraft stehen, sollten an einem schönen, regenfreien Tag unmittelbar nach der Ernte in Öl gelegt werden, um ihre Inhaltsstoffe mit der Sonnenkraft der kommenden Wochen herauszuziehen. Dies gehört wohl zu den schönsten Arbeiten im Sommergarten, denn es ist ein ganz besonderes Ritual, die duftenden Blüten vorsichtig zu ernten und auszuzupfen, um sie ins wertvolle Öl zu legen. Dies alles geschieht im Wissen, dass dies schon die Ausgangsstoffe (Ölauszüge) für all die wertvollen Cremen und Hautpflegemittel sind, die im Jahreslauf von uns zubereitet, verwendet und an Kräuterkenner weitergegeben werden.

Heilsirup aus frischen Blüten

Die frischen Blüten von Sommerblüten koche ich schon als Heilsirup ein, während ich mit den Kräutern bis zum Herbst abwarte. Malvenblüten, Stockrosen, Thymianblüten und vorsichtig ausgezupfte Königskerzenblüten mische ich mit Spitzwegerichkraut und etwas Salbei und verkoche sie mit Zitronenscheiben und Zucker zu einem dunkelvioletten Sirup, der sehr heilend bei Bronchialleiden und Erkältungen ist. Im Winter wird er uns gute Dienste leisten … aber noch kann ich mir gar nicht vorstellen, dass diese wunderbare Zeit der Üppigkeit und Fülle der Natur ein Ende nimmt …

• Tipp der *Kräuterfee* – Creme herstellen •

Aus den frischen Ringelblumen und Malven lässt sich eine frisch hergestellte Creme zubereiten. Dazu je 2 Handvoll Blüten in 50 ml kaltgepresstes Olivenöl legen, die Mischung vorsichtig erwärmen, bis sie heiß ist, aber nicht kocht und etwa 1 Std. ziehen lassen. Dann die Platte abschalten, das Öl abkühlen lassen und die Mischung etwa 8 Std. (am besten über Nacht) ziehen lassen, im Anschluss Ölansatz abseihen, Blüten gut auspressen und das Öl wie folgt weiter verwenden.

5 g Bienenwachs mit 20 g Lanolin anhydrid im Wasserbad schmelzen und das frisch gewonnene Blütenöl beimengen. In einem anderen Porzellan- oder Emailtöpfchen 40 g Rosenwasser erwärmen und darin 0,5 TL Bienenhonig auflösen. Die beiden Flüssigkeiten verrühren, dazu die Ölmischung mit dem Mixer schlagen und das Rosenwasser langsam einträufeln, so lange rühren, bis die Mischung handwarm ist, nun noch 1 Tropfen ätherisches Rosenöl beifügen, nochmals gut durchmischen, dann in kleine Töpfchen abfüllen.

Diese frische Blütencreme (**Bild rechts**) eignet sich sowohl als Tages- wie auch als Nachtcreme und pflegt ungemein gut.

Brötchen und Gebäck mit essbaren Blüten

Alles, was sich jetzt gut vorbereiten lässt und was später mit ungemindertem Genuss auch kalt genossen werden kann, kommt nun bei mir gut an … Pikante Törtchen mit frischen Kräuterblüten, Cracker mit Kräutern, eingelegter Käse mit Tomaten und Kräutern, aber auch frisch belegte Brötchen, dick mit bunten Blüten bestreut, süßes Gebäck und Törtchen mit aromatischen Blüten belegt und natürlich auch bunte Blütensalze und -zucker in farbigen Varianten, mit denen vieles verschönert werden kann …

MEINE SOMMERPFLANZEN

Kamillenblüten
Matricaria chamomilla

Die Kamille (Bild unten) gehört für mich zu den wertvollsten und seltensten Blüten, die ich in meinem Sommergarten finden kann. Als einjährige Pflanze wandert sie in meinem Gemüsegarten hin und her und schon öfters ist es mir passiert, dass meine flinken Hände schneller als mein Erkennungssinn waren und die zarten Pflänzchen einer Jätaktion zum Opfer gefallen sind. Das machte sich durch starken Kamillenduft bemerkbar, doch leider zu spät … Ein Glück, dass sie auf den nahe gelegenen Erdbeerfeldern in rauen Mengen vorkommt und ich sie dort mitnehmen kann …

Sie ist eine alte Heilpflanze, die v. a. bei **Magen- und Darmbeschwerden** sowie bei **Entzündungen** Verwendung findet. Äußerliche Anwendung findet die Echte Kamille bei Haut- und Schleimhautentzündungen, bei bakteriellen Hauterkrankungen, auch der Mundhöhle und des Zahnfleisches. Bei entzündlichen Erkrankungen der Luftwege werden Inhalationen vorgenommen. Kamillentee (die Blüten verwenden) wird gerne zur Beruhigung getrunken.

Alle Pflanzenteile besitzen einen starken, charakteristischen Kamillengeruch, der mich sofort erobert, wenn ich ihn in die Nase bekomme. Der optimale Erntezeitpunkt der Blütenköpfchen ist, wenn ⅔ der Blüten am Köpfchen aufgeblüht sind.

Eine italienische Tee-Spezialität ist „Camomilla setacciata", aus den gelben Röhrenblüten der Kamille, die gern nach dem Essen oder vor dem Schlafengehen getrunken wird. Das ätherische Kamillenöl wird durch Wasserdampfdestillation aus frischen oder getrockneten Blütenköpfchen gewonnen. Es ist tiefblau gefärbt und sehr heilkräftig und wird zur Hautpflege eingesetzt. Auch durch Einweichen in Pflanzenöle (Olivenöl) können für den Hausgebrauch Auszüge aus Kamillenblüten hergestellt werden.

Geißblatt
Lonicera ssp.

Geißblätter (Bild S. 88) werden v. a. wegen Blüten und Duft geschätzt, sind aber empfindlich und anspruchsvoll bezüglich Standort und Wasserversorgung. Bei richtiger Artenwahl haben sie einen hohen Wert für die Fassadenbegrünung, ich persönlich bevorzuge die duftenden Sorten *Lonicera japonica*, *L. heckrottii*, *L. periclymenum* und *L. caprifolium*. Die zahlreichen Blüten verströmen von Mai bis Juli in den Abendstunden einen starken, wohlriechenden, süßlichen Geruch. Die nektarreichen Blüten werden gerne von Nachtfaltern besucht. Ab dem Spätsommer erscheinen die korallenroten, erbsengroßen, schwach giftigen

Beeren, die lange hängen bleiben und als ungiftige Vogelnahrung dienen. Übrigens wurde ein Wurzelauszug des Gartengeißblattes früher zum Blaufärben verwendet.

Thymian

Thymus ssp., besonders
Thymus serphyllum

Thymian (Bild rechts) ist **eine der ältesten Heilpflanzen Europas**. Die alten Griechen wie auch die Ägypter vor ihnen schätzten das mediterrane Kraut sehr und sie nutzten seine desinfizierenden und heilenden Kräfte. Als Opfergabe für die Götter wurde er auf den Altären der Antike verbrannt. Nach Mitteleuropa kam er durch die Benediktinermönche, die den wilden Alpenbewohnern den wahren Glauben gleich mit den Heilkräutern schmackhaft machen wollten.

Hildegard von Bingen empfahl Thymian jenen, „die ein schwaches, leeres Hirn haben" (womit sie wohl Mutlosigkeit meinte), in Form von Quendelkeksen, wohl in Anlehnung

an den Brauch der Spartaner, die sich Thymiankränze um die Stirn banden, wenn sie in den Kampf zogen. Heute noch wird er genutzt, um Verdauung und Stoffwechsel anzuregen oder Husten und Entzündungen zu behandeln. Thymian ist als typische „Bronchialpflanze" Zutat zu Hustensaft und -tee. Verwendet wird das blühende Kraut, dessen Inhaltsstoffe v. a. **antibakterielle, ätherische Öle**, besonders Thymol und Carvacrol, und **antiviral wirkende Gerbstoffe**, wie Rosmarinsäure, sowie Flavonoide und Saponine sind. Er soll auch pilzhemmend und bakterientötend wirken. Je länger der Tee zieht, umso mehr Gerbstoffe enthält er.

Noch bekannter als zu Heilzwecken ist Thymian als **vielseitiges Küchenkraut**. Er passt zu Fisch und Fleisch ebenso wie zu Gemüsegerichten oder Käse. Besonders schön harmoniert sein Aroma mit Steinpilzen und Eierschwammerln, Oliven, Tomaten und Wurzelgemüsen. Auch für ungewöhnliche Geschmacksnuancen in Desserts wie Sorbets, Parfaits oder Cremen wird er eingesetzt. Für solche Experimente bieten sich auch Zuchtsorten wie Orangen- oder Zitronenthymian an, bei denen der Thymiangeschmack mit Zitrusaroma vereint ist. Beim Würzen kommt es darauf an, in welcher Form man ihn verwendet: Frischer Thymian schmeckt intensiv nach den enthaltenen ätherischen Ölen, daher sollte man ihn nicht mitkochen, sondern am Schluss der Speise beigeben. Getrockneter Thymian braucht

länger, um sein Aroma zu entfalten, er kann gut und gerne mitgekocht werden. Der intensive Geschmack und die vielseitige Verwendbarkeit des beliebten Sommerkrauts sind unschlagbar!

Selbst hergestellte Liköre aus Kräutern schmecken nicht nur ausgezeichnet, sie haben auch eine gesundheitsfördernde Wirkung auf unseren Körper. Bereits im Mittelalter wurden Kräuterliköre, -schnäpse und -elixiere nicht nur wegen ihres Aromas als bereichernde Zutat für Speisen und Getränke verwendet, sondern natürlich auch mit der Absicht hergestellt und eingesetzt, eine medizinische Wirkung zu erzie-

len. Thymian ist ein beliebtes, intensiv schmeckendes Sommerkraut, enthält große Mengen an ätherischen Ölen und wird dank seiner großen Heilkraft in der Volksmedizin hoch geschätzt. Er ist berühmt für seine stärkenden, verdauungsfördernden, schleimlösenden und Nerven kräftigenden Eigenschaften und wird deshalb seit langer Zeit in Form von Likör, Wein, Tee, Tinktur oder Kräuterauszug eingesetzt. Thymianlikör (siehe S. 100) ist eine altbewährte sommerliche Kräutermedizin aus der Flasche!

Roter Wiesenklee
Trifolium pratense

Rotklee, der auch unter der Bezeichnung Wiesenklee bekannt ist, zählt zu den Hülsenfrüchten und gehört zur Familie der Schmetterlingsblütler. Er ist eine sehr beliebte, eiweißreiche Futterpflanze für das Weidevieh, aber auch Hummeln und Schmetterlinge lieben ihn. Wie alle Hülsenfrüchtler besitzt er die Fähigkeit, Stickstoff aus der Luft zu binden (mithilfe von Knöllchenbakterien an den Wurzeln) und so den Boden mit diesem wichtigen Pflanzennährstoff anzureichern. Dadurch erhöht er die Bodenqualität im Allgemeinen sowie dessen Fruchtbarkeit im Besonderen. Der Rote Wiesenklee ist als Allerweltspflänzchen überall und den ganzen langen Sommer über zu finden und dabei ein echtes Heilungsmultitalent! Er hat eine **zellschützende, entzündungshemmende und blutreinigende Wirkung**, verbessert den Blutfluss, senkt das Cholesterin, beugt dem Knochenschwund im Alter vor und schützt darüber hinaus auch noch vor Prostataerkrankungen.

Aufgrund seines hohen **Phytoöstrogengehalts** ist er besonders bei Frauen beliebt, denn er lindert Menstruationsprobleme ebenso wie Wechseljahresbeschwerden, insbesondere in den mitteleuropäischen Regionen gilt er als DER Phytoöstrogenlieferant schlechthin. Die Bezeichnung Phytoöstrogen ist eine Wortschöpfung, die pflanzliche Wirkstoffe beschreibt, welche dem menschlichen Östrogen vom chemischen Aufbau her verblüffend ähneln und daher auch regulierend in den Hormonhaushalt eingreifen, doch nicht so stark wirksam wie körpereigene Hormone sind. Die Wirkung der Phytoöstrogene hängt davon ab, wie viel eigenes Östrogen im Körper vorhanden ist. Ist der Östrogenspiegel zu hoch, wie es bei manchen Frauen vor den Wechseljahren der Fall ist, zeigen sie eine anti-östrogene Wirkung. Sie können auch das prämenstruelle Syndrom lindern. Bei einem zu niedrigen

> **• Tipp der *Kräuterfee* — Rotkleetee •**
> Für die Zubereitung eines Tees 4 TL frische Rotkleeblüten oder 1 gehäuften TL getrocknete Blüten mit kochendem Wasser übergießen, 10 Min. zugedeckt ziehen lassen, danach abseihen. Bis zu 4 Tassen täglich vom Rotkleetee genießen.

Östrogenspiegel, wie er bei Frauen in den Wechseljahren vorzufinden ist, stellt sich eine östrogenartige Wirkung ein, sodass der bestehende Östrogenmangel reduziert oder gar ausgeglichen werden kann.

Die Phytoöstrogene des Rotklees können also im Körper zu einem ausgeglichenen Hormonspiegel beitragen. Die Anreicherung des Speiseplanes mit Rotkleeblüten oder -sprossen im Salat, in der Suppe oder auf dem Gemüse ist so eine gesunde, schmackhafte und empfehlenswerte Maßnahme. Allerdings reichen die auf diese Weise aufgenommenen Mengen an Isoflavonen und all den anderen wertvollen Substanzen nicht in jedem Falle aus, um einen positiven Gesundheitseffekt zu erzielen. Sehr viel höher konzentriert sind Rotkleeextrakt oder Rotkleetee.

Taglilie
Hemerocallis ssp. und *H. fulva*

Taglilien (Bild rechts) gehören in ihrer Farben- und Formenvielfalt auf jeden Fall zu den Hinguckern im sommerlichen Blütengarten. Auch auf dem Teller machen sie aus so manchem gewöhnlichen Gang ein Highlight. Bezüglich ihres Aromas kann man das Gleiche feststellen wie bei Malven: Nicht das Aroma, eher die Optik ist ausschlaggebend und die Blüte ist in ihrer Mildheit einsetzbar für süße, saure und pikante Gerichte! Ich persönlich verwende die geöffneten Blüten im Ganzen, man kann sie aber auch zerteilen oder schon die Knospen

ernten. Es gibt so viele Farbkombinationen von Pastelltönen bis kräftig gefärbt, dass es viel Spaß macht, diese oftmals handtellergroßen Blüten optisch und kulinarisch in Szene zu setzen. Unter den vielen Sorten gibt es auch eine nachtblühende, stark duftende Taglilie, die wohl eher den Faltern überlassen werden sollte.

> **• Tipp der *Kräuterfee* — Verwendung •**
>
> Übrigens kann auch der junge Blattschopf als Blattgemüse verarbeitet werden, was in Ostasien Tradition hat, wo sie für kulinarische Zwecke kultiviert wird.

Zitronenmelisse
Melissa officinalis

Die Zitronenmelisse ist wohl eine meiner allerliebsten Sommerpflanzen. Besonders jene Exemplare, die sich im Garten ausgebreitet haben und gut versteckt plötzlich mit ihrem Duft überraschen, liebe ich! Ursprünglich stammt sie aus den warmen Mittelmeerländern, wo sie ebenso wild verbreitet vorkommt wie in meinem Garten. Sie zählt mit ihren zitronenduftenden Blättchen zu den wohl beliebtesten Gartenkräutern. Zweimal im Jahr kann der ganze Busch etwa 5 cm über dem Boden abgeschnitten und in lockeren Sträußen zum Trocknen aufgehängt werden. Jedenfalls muss die Trocknung luftig und zugfrei erfolgen, im Freien würden die Bün-

del sofort unansehnlich braun. Auch mit Metall sollen die feinen Blättchen nicht in Berührung kommen.

Melissenblätter gelten als **traditionelles Pflanzenheilmittel zur Nervenberuhigung und -stärkung**, besonders Melissengeist und Melissentee sind altbewährte Hausmittel mit dieser Wirkung. Ein aromatisches Rezept zum Selbermachen finden Sie im Folgenden (siehe S. 105).

Der duftende Melissentee wirkt v. a. entkrampfend, er wirkt Wunder bei nervösen Herz- und Magenleiden, Menstruationsbeschwerden und Niedergeschlagenheit. Als Schlaftee

hat sich eine Mischung aus je 20 g Baldrianwurzel, Hopfentrieben und Melissenblättchen bewährt. 1 TL reicht für 1 Tasse, mit heißem Wasser übergießen, 10 Min. ziehen lassen und mit Honig gesüßt trinken!

Übrigens war auch Paracelsus in die Melisse verliebt und schrieb, dass von allen Dingen, welche die Erde hervorbringe, die beste Pflanze für das Herz die Melisse sei!

Kümmel
Carum carvi

Aus der Apotheke über dem Herd stammt der Kümmel, ein fast vergessenes, aber sehr wirksames Hausmittel unserer Großmütter. Seine ätherischen Öle wirken krampflösend im Magen-Darmtrakt, blähungswidrig und verdauungsfördernd. Kümmel ist überhaupt das beste heimische Heilkraut gegen Blähungen. Seine ätherischen Öle vertreiben ungünstige Bakterien und Pilze aus der Darmflora. Er gehört zu den ältesten Gewürzen überhaupt, so belegen Funde in Pfahlbauten, dass er schon in der Jungsteinzeit verwendet wurde.

Er überzeugt mit seinem aromatischen Duft, seinem würzigen Geschmack und seiner milden Schärfe und gilt als **traditionelles Brotgewürz im Alpenraum**. Somit sind die positiven Eigenschaften des Kümmels gleich mehrfach eingesetzt: Er schützt das Brot vor Schimmelpilz, macht es länger haltbar und entfaltet seine günstigen Eigenschaften im Verdauungstrakt des Brotessers. Ebensolche Mehrfachwirkung entfaltet Kümmeltee bei stillenden Müttern und ihren Babys, wirkt er doch milchbildend und gleichzeitig beruhigend fürs Babybäuchlein.

Wer Kümmel selbst sammelt, sollte darauf achten, dass er ihn sicher bestimmen kann (wegen der giftigen Pflanzen in der Familie der Doldenblütler) und dass er vollreife Samen erntet. Es lohnt sich allemal, denn selbst gesammelter Kümmel begeistert mit seinem viel intensiveren Aroma als der gekaufte aus dem Supermarkt! Die frisch geernteten Samen können an einem schattigen, luftigen Ort aufgelegt nachreifen und gewinnen dadurch noch mehr an Aroma. Übrigens: Beim Aussäen des Kümmels dürfen Sie laut schimpfen, das soll ihn zur Keimung anregen und trägt bereits zur Entkrampfung des Gärtners bei …

Zitronenverbene
Aloysia citrodora (Syn. *Lippia citriodora*)

Die Zitronenverbene (siehe Titelbild) gehört zur Gattung der Eisenkräuter, wie auch das Echte Eisenkraut und der Griechische Bergtee. Diese wunderbar intensiv nach Zitrone duftende Pflanze, deren Zauber sich in ihrem deutschen bzw. französischen Namen „Verveine" fängt, ist v. a. in Frankreich und der Schweiz sehr beliebt. Die Zitronenverbene wird wegen ihres Dufts in der Aromatherapie eingesetzt. Die ätherischen Öle wirken angenehm

---

• Tipp der *Kräuterfee* — Hausgemachter Melissengeist •

2 Handvoll Melissenblätter
ein 3 cm langes Stückchen Engelwurzwurzel
Schale von ½ Bio-Zitrone
etwas gemahlene Muskatnuss
je 1 TL Koriander, Zimt und Nelken
500 ml 70%iger Alkohol

Alle Zutaten in eine Flasche mit breiter Öffnung geben, den Alkohol darübergießen (alle Pflanzenteile müssen damit bedeckt sein), 4 Wochen im Schatten ziehen lassen, dann abseihen und in kleine dunkle Flaschen mit Tropfer füllen.

Äußerlich kann man ihn als Einreibung bei Muskelverspannungen, Muskelkater und zur Durchblutungsförderung anwenden, aber auch bei Übermüdung, Abgespanntheit und Nervenschwäche. Innerlich angewandt hilft er als nervenstärkendes Antistress-Mittel, indem er kurmäßig über 4–6 Wochen eingenommen wird. Am besten tropfen Sie 20 Tropfen auf ein Stück Würfelzucker, das Sie lutschen, oder Sie geben die Tropfen in Wasser oder Tee.

• Tipp der *Kräuterfee* **— Erfrischungswässerchen •**

Zitronenverbene hat eine angenehm kühlende Wirkung, was an heißen Tagen bei heißer Haut und hitzebedingten Kopfschmerzen von Nutzen ist. Deshalb findet sich Verveine in Körperpflegeprodukten für den Sommer. Sie können sich leicht selbst ein „Erfrischungswässerchen" herstellen: Dazu in eine Flasche guten Weinessigs 5–6 Zweige Zitronenverbene stecken und verschlossen etwa 1 Woche stehen lassen, dabei gehen die ätherischen Öle in den Essig über.

Diesen Verveine-Essig können Sie als Zusatz in kühle Hand- oder Fußbäder geben, für kühle Wickel verwenden oder im Bedarfsfall einfach ein Taschentuch damit tränken und Ihre Schläfen damit benetzen.

ausgleichend und beruhigend, was in Frankreich genutzt wird, um Bettwäsche und Wäscheschränke zu beduften. Dazu werden getrocknete Blätter in einem Baumwollsäckchen in den Schrank gelegt oder als Wäschewasser zubereitet. Zerreiben Sie dazu einfach 1 Handvoll der duftenden Blätter und legen Sie sie für 2–3 Std. in 1 l Wasser ein. Danach abfiltern, in eine Sprühflasche füllen und vor dem Bügeln auf die Wäsche sprühen.

Verveine hilft bei Krämpfen, sei es im Verdauungstrakt oder bei Menstruationsbeschwerden, am besten wirkt der frisch aufgebrühte Tee, zu den Mahlzeiten getrunken, beugt er auch Völlegefühl und Blähungen vor. Sehr zu empfehlen für heiße Sommertage und ganz leicht selbst gemacht ist die in arabischen Ländern verbreitete Teemischung **„Verveine-Menthe"**: Ein Zitronenverbenesträußchen wird gemeinsam mit frischer Minze aufgegossen. Eine Mischung, die doppelt kühlend und wohltuend erfrischend wirkt.

Echtes Eisenkraut
Verbena officinalis

Das Echte Eisenkraut ist eine Pflanzenart, die zur Gattung der Eisenkräuter (*Verbena*) gehört, es ist eine traditionelle Heilpflanze. Vom Namen her wird es oft mit der ebenfalls zur Familie

der Eisenkräuter zählenden Zitronenverbene verwechselt (*Aloysia citrodora*), doch die Unterscheidung ist nicht nur optisch, sondern auch olfaktorisch völlig eindeutig: Während die Zitronenverbene intensiv nach Zitrone duftet und schmeckt, riecht das Eisenkraut eher unauffällig und neutral, denn es enthält nur ganz wenig ätherisches Öl. Wer es verkostet, merkt gleich: Es enthält viele Bitterstoffe.

Eisenkraut, die berühmte Zauberpflanze der Druiden, hatte von der Antike bis zum Mittelalter einen großen Ruf als Heilpflanze. Einige im Volksmund noch heute gebräuchliche Namen weisen darauf hin: „Wundkraut" hieß es bei den alten Germanen, es galt als Wundermittel bei Verletzungen durch Eisenwaffen.

• Tipp der *Kräuterfee* — Gut schlafen •

Das Echte Eisenkraut ist eine wunderbare Hilfe bei Schlaflosigkeit. In seinen Stängeln ist sehr viel Verbenalin enthalten, ein pflanzliches Hormon, das beruhigt und so sanft den Schlaf bringt. Dazu 2 TL Eisenkraut auf 250 ml kochendes Wasser geben und davon 2 Tassen pro Tag trinken (Vorsicht! Nicht überdosieren!).

Zudem soll Eisenkraut, wie sein Name schon sagt, die Aura dicht und undurchdringlich machen – und das gilt für alle Mitglieder dieser Gattung!

Die Römer nannten es „Herba sancta" – Heiliges Kraut – und fegten mit Ruten aus Eisenkraut die Altäre Jupiters. Die Pflanze sollte mit einem Zeremoniell geerntet werden, bei dem mit Eisen ein Kreis um sie zu ziehen war. Thurneysser schrieb: „Verbeen (Verbene), agrimonia (Ackermenning), Mandelger (Kreuzenzian), Charfreitags graben hilft dier sehr, Daß dir die frauen werden holt, Doch brauch kein Eisen, grabs mit goldt."

Eisenkraut ist ein **klassisches Wundmittel**: Zur Erstversorgung frischer Wunden reicht der austretende Saft einiger frisch zerquetschter oder gekauter Blätter aus, die aufgelegt werden. Für die weitere Wundversorgung können Kompressen angewandt werden. Dazu ein Stück Verbandmull in konzentrierten Eisenkrauttee tauchen (2 TL Kraut pro Tasse kochenden Wassers, 10 Min. zugedeckt ziehen lassen), ausdrücken und etwa 30 Min. auf der Wunde liegen lassen. Beliebig oft wiederholen. Auch bei Hauterkrankungen, Juckreiz, Hautausschlägen, Sonnenbrand und leichten Verbrennungen bringen

diese Kompressen oder ein Vollbad mit Badezusatz aus konzentriertem Tee Erleichterung. Natürlich können Sie **Eisenkrauttee** auch trinken. Die Zubereitung ist einfach: 1 TL getrocknetes oder 2 TL frisches Kraut mit 250 ml Wasser überbrühen und 10 Min. zugedeckt ziehen lassen. Der Tee befreit von zähem Schleim in den Nasennebenhöhlen, bei Bronchitis

und Entzündungen im Mund- und Rachenraum.

Übrigens gibt es noch einen Verwandten des Echten Eisenkrautes, der zu Heilzwecken verwendet wird: Den Griechischen Bergtee, *Sideritis scardica*. Er ist bei uns nur bedingt winterhart, lässt sich aber leicht als Topfpflanze, die im Winter frostgeschützt steht, kultivieren. Schon in der Antike schätzte man den Griechischen Bergtee wegen seiner erstaunlichen Heilwirkung und neueste Untersuchungen belegen seine Wirkung gegen degenerative Störungen und vorzeitiges Altern des Gehirns. Griechischer Bergtee hat in den letzten Jahren einen regelrechten Boom erlebt. Kein Wunder, er hat einen angenehm milden, süßlich-zimtigen Geschmack und riecht nach Salbei.

Johanniskraut
Hypericum perforatum

Von der Antike bis zur Neuzeit hat das Johanniskraut seinen Ruf als vielfach wirksames Heilkraut bewahren können. Einerseits ist es ein vorzügliches Wundkraut, denn es hat schmerzstillende, heilende und zusammenziehende Eigenschaften, andererseits stellt man aus der frischen Pflanze und ihrem roten Öl Mittel her, die bei Depressionen und Nervenleiden mit viel Erfolg angewandt werden. Man nennt es deshalb auch „Arnika der Nerven".

Wer diese wunderbare Pflanze schon einmal in der Blütezeit eingehender betrachtet hat, weiß, wie stark allein schon die Leuchtkraft der sonnengelben Blüten aufs Gemüt wirkt (Bild S. 101). Strahlend und voller Sonnenkraft verleiht es Lebensmut und Frohsinn und wird daher von alters her **gegen Depressionen und deren Beschwerden** eingesetzt. Aber noch mehr: Es wirkt entwässernd, entzündungshemmend, antiviral und antibakteriell, stärkt den Kreislauf und fördert die Genesung nach schweren Krankheiten. Es hilft weiters bei Verletzungen, Rheuma, Hexenschuss, Nervenschmerzen, Zerrungen und Schwellungen. Faszinierend finde ich, dass es manche (nicht jede) Haut sonnenempfindlich macht, aber gleichzeitig sonnengerötete Haut, ja sogar Sonnenbrand beruhigen kann. Es kann sogar das Wachstum des gefährlichen Krankenhauskeimes (*Staphylococcus aureus*), der ja bekanntlich sehr aggressiv und antibiotikaresistent ist, hemmen. Johanniskrauttee kann

auch als Schlafmittel eingesetzt werden, wenn je 1 Tasse am Nachmittag und am Abend verabreicht wird.

Neuere Forschungen haben ergeben, dass sich Johanniskraut nicht mit synthetischen Medikamenten verträgt, viele werden in ihrer Wirkung vermindert, manche so stark, dass sie wirkungslos sind wie Blutgerinnungshemmer und die Antibabypille. Irgendwie klar … die Leber, angeregt und gestärkt durch die Johanniskrautwirkstoffe, scheidet die chemischen Medikamente als „Giftstoffe" aus … So vielfältig wie seine Heilkräfte, so vielfältig sind die Geschichten, Bräuche und Sagen rund ums Johanniskraut. So räucherte man es oder warf etwas davon ins Herdfeuer, um Blitz und Hagel bei aufziehenden Gewittern fernzuhalten. Es wurde auch verwendet, um schwarzmagisches Blendwerk zu enttarnen und um sich vor bösem Zauber zu schützen.

Man sagt auch, dass das Johanniskraut nur an guten und segensreichen Plätzen wächst … welche Ehre, dass es sich genau in der Mitte meines Gemüsegartens angesiedelt hat!

Eierschwammerl
Cantharellus cibarius

Das Eierschwammerl, auch Echter Pfifferling (Bild S. 94), ist ein Pilz der Alpenländer. Es kommt in Mischwäldern häufig unter Blättern, Farnen und Moos vor, steht meist in Gruppen und es ist die reine Freude, es zu entdecken! Der dottergelbe Hut ist in jungem Zustand konvex, dann trichterförmig, mit lappigem, unregelmäßigem, verbogenem Rand. Er erreicht eine Breite von 12 cm und seine Unterseite ist von Faltenleisten durchzogen, die unregelmäßig am Stiel hinablaufen und auch gelb sind. Der Hut geht gleichmäßig in den Stiel über; das Pilzfleisch ist blassgelb und fest, hat einen pfeffrigen Geschmack und einen frischen, aromatischen Geruch, der an Marillen erinnert. Bei Druck gibt es keine Verfärbung. Auch in reinen Laub- und Nadelwäldern wächst das Eierschwammerl oft in großen Mengen. Es gibt – standortabhängig – kleinwüchsige Sorten, die nur 2–3 cm groß werden, aber auch Riesenschwammerl mit Durchmessern bis zu 10 cm! Eierschwammerl können von Juni bis zum Frost geerntet werden. Sammeln Sie mit luftigen Körben und verarbeiten Sie die Pilze so schnell wie möglich. Da sie nicht gewaschen werden sollten (Aroma!), ist es wichtig, sie gleich nach der Ernte an Ort und Stelle sauber zu putzen. Am besten gelingt dies mit einem grobborstigen Pinsel.

Wohl kaum einer kennt das Eierschwammerl nicht und dementsprechend groß ist seine Beliebtheit. Sie sind aber schwer verdaulich und sollten keinesfalls abends gegessen werden. Sie sind farblich äußerst attraktive und dekorative Pilze, die sich kulinarisch vielseitig verwenden lassen. Da sie meist wurmfrei sind, halten sie sich notfalls, kühl gelagert, auch mehrere Tage. Die Pilze eignen sich gut für Saucen und als Füllungen für Teig-

täschchen und Nudelteig. Auch zum Einlegen, allein oder in Kombination mit anderen Pilzen, sind sie bestens geeignet, und in Kombination mit Herbsttrompeten (siehe S. 122) ergeben sich farbenfrohe Antipasti-Kombinationen oder Buffet-Häppchen. Auch zum Trocknen und Einfrieren, wenn sie vorher blanchiert werden, kann man sie verwenden.

• **Wichtiges von der** *Kräuterfee* •

Der ungenießbare, orangerote Falsche Eierschwamm hat einen trichterförmigen Hut mit gleichmäßig eingerolltem Rand, während der giftige Ölbaumpilz orangerot bis orangebraun ist und einen trichterförmigen, oft eingerissenen Hut hat. Er wächst auf Holz und meist sind mehrere Pilze miteinander an langen Stielen verwachsen. Er leuchtet im Dunkeln!

Semmelstoppelpilz
Hydnum repandum

Semmelstoppelpilze  (Bild S. 107) sind sehr leicht zu erkennen: Der Hut ist bis 12 cm groß, unregelmäßig, dickfleischig und gewölbt mit eingerolltem Rand. Das Fleisch ist weißlich-gelblich und recht fest, dennoch ist besonders der Hutrand spröde und leicht brechend beim Abpflücken. An seiner Unterseite sitzen weiche Stacheln, die aussehen wie unzählige, winzige Stalagtiten. Der Stiel ist gedrungen, dicklich und wird zur Basis hin schmäler, meist ist er weißlicher als der Hut und festfleischig. Der Semmelstoppelpilz riecht fein frisch und würzig nach Wald. Er kommt in zwei Arten vor, die sich durch die Hutfarbe unterscheiden: Die eine ist hellgelb, die andere gelblich-rosa. Sie sind häufig in Nadelwäldern im Jung- und Hochwald zu finden, kommen aber auch in Laubmischwäldern unter Buchen und Eichen vor und treten meist in größeren Gruppen auf, manchmal sind die einzelnen Exemplare auch miteinander verwachsen.

Semmelstoppelpilze zu sammeln lohnt sich in mehrfacher Hinsicht: Sie haben keinen giftigen Doppelgänger. (Der

einzige ähnliche Pilz ist der Schwefelporling, der auf Holz (!) wächst. Dieser hat im Unterschied immer ziegelförmig übereinanderwachsende rötlich-gelbe Hüte, die so ineinander verwachsen sind, dass man die Unterseite, die von Poren, also weißen Röhren, bewachsen ist, erst sieht, wenn man sie zerpflückt hat. Er färbt sich beim Kochen rosarot.) Sie halten sich aufgrund ihrer Festigkeit mehrere Tage, eignen sich zum Trocknen und ergeben dann einen hervorragenden Würzpilz. Sie sind selten von Maden befallen und müssen nur mit dem Messer etwas abgekratzt werden.

Semmelstoppelpilze als **Würzpilze** schmecken sehr intensiv und werden immer in Mischpilzgerichten zum Würzen und Strecken derselben verwendet. Hierfür reichen 2–3 ganz junge Exemplare, da sie sehr scharf sind. Junge Exemplare lassen sich im Ganzen verarbeiten, bei älteren sollten die Stacheln entfernt werden, da diese mitunter den bitteren Geschmack verstärken. Grundsätzlich sollte der Pilz, um dem Fleisch jede Bitterkeit zu nehmen, abgekocht werden. Um zu verhindern, dass die vom Pilz abgebrochenen Stacheln in einem Pilzgericht herumschwimmen und wie kleine Würmer aussehen, ist es empfehlenswert, für Gerichte, in denen die Pilze nicht in einer Masse verarbeitet werden, auf alle Fälle die Stacheln von den Unterseiten zu entfernen! Pilzliebhaber schätzen auch ein Gericht aus gemischten Pilzen, die mit Zwiebeln in Butter gebraten oder

geschmort werden. Ich liebe Pilzragouts aus Eierschwammerln und Semmelstoppelpilzen mit Knödeln und Preiselbeermarmelade. Sie lassen sich auch hervorragend in Essig einlegen, sie schmecken dann pikant-säuerlich und sind eine hervorragende Beilage zu Wild- und Geflügelgerichten, aber auch zu Fondue und Käseplatten.

Heidelbeere
Vaccinium myrtillus

Heidelbeeren sind im Alpenraum auf sauren Waldböden weit verbreitet und reifen je nach Höhenlage von Juni in den Tälern bis zum September in alpinen Lagen. Das Sammeln ist zwar anstrengend, aber lohnend und v. a. ein wunderbares Sommererlebnis. Die

kleinen, überaus gesunden Köstlichkeiten sind Spender von Provitamin A und Vitamin C und zwei Handvoll von der Ernte werden von mir noch am Sammeltag zu delikaten Heidelbeerküchlein veredelt. Ein schöner Brauch, den schon meine Oma pflegte, der alle Beteiligten mit der mühsamen Ernte wieder versöhnt und den Tag gemütlich ausklingen lässt.

Wilde Blaubeersträucher bedecken den Boden ganzer Wälder. Wenn man sich nun vorstellt, dass sie sich zusätzlich zur Bestäubung durch Tiere auch unterirdisch und vegetativ vermehren, so entsteht das Bild der nahezu unsterblichen Heidelbeerpflanze. Menschen verhelfen die Früchte zwar nicht zum ewigen Leben. Verlängern dürften sie

bende Teemischungen eingesetzt und getrocknete Früchte gegen Durchfall. Getrocknete Beeren sind mir als bewährtes Mittel bei Durchfall schon aus Omas Hausapotheke bekannt und es war eine rechte Freude, diese harten Beerchen gut und lange zu zerkauen und sich dabei an der beerigen Geschmacksentfaltung zu erfreuen. Beim Ernten der reifen Früchte ist Umsicht und Achtsamkeit angebracht, denn unter den Blaubeersträuchern wohnen wie bekannt die Zwerge …

Waldbrombeere
Rubus fruticosus

es aber: Die gesundheitlichen Vorzüge der Heidelbeere sind kaum zu toppen, im Vergleich mit anderem Obst und Beeren haben die kleinen blauen Früchte bei weitem das höchste **antioxidative Potenzial durch die enthaltenen sekundären Pflanzenstoffe**, im Speziellen den hohen Gehalt dieser Pflanzenfarbstoffe. Anthocyane wirken nämlich als Antioxidantien. Damit sind sie in der Lage, schädliche freie Radikale im Körper zu neutralisieren und unschädlich zu machen. Deshalb gelten die Radikalfänger als Schutzfaktoren vor Herz-Kreislauf-Erkrankungen, aber auch entzündlichen Darmerkrankungen, die u. a. durch oxidativen Stress ausgelöst werden.

Heidelbeeren enthalten doppelt so viele sekundäre Pflanzenstoffe wie Himbeeren oder Erdbeeren. Aber natürlich enthalten sie auch eine ganze Menge **primärer Pflanzenstoffe** wie

Eisen, Kalium, Vitamin C und Provitamin A, Folsäure und Zink. Sie sind durchaus als heimisches „Superfood" zu betrachten und es kann nicht schaden, regelmäßig eine der fünf täglich empfohlenen Obst- und Gemüseportionen durch eine Handvoll Heidelbeeren zu decken. Sie sind ein optimaler Vitalspender für zwischendurch, lassen sich gut in einem geeigneten Behältnis transportieren und können sofort genossen werden. Außerdem gelten sie als günstig für den **Blutzucker** von Diabetikern und abwehrstärkend. Kulturheidelbeeren sind nicht so reich an Inhaltsstoffen wie die zwar kleineren, aber konzentrierteren Wildheidelbeeren, das merkt man schon daran, dass es nur die wilden Heidelbeeren schaffen, die Zunge dunkelblau zu färben.

In der Volksmedizin spielen Heidelbeeren traditionell eine wichtige Rolle. So werden die Blätter als harntrei-

Die köstliche Waldbrombeersaison beginnt im August und endet mit dem ersten Frost. Der wilde stachlige Strauch behauptet sich oft an Waldrändern, Waldböschungen und in lichten Wäldern, wo er oft zu einer undurchdringbaren Hecke riesenhafter Größe heranwächst. Obwohl wir Brombeersträucher im Garten haben, muss ich immer auch von den wilden Früchten ernten, da ihr Aroma unübertrefflich ist. Brombeeren (gehören zu den Rosengewächsen) lieben sonnige Plätze, dort gedeihen ihre köstlichen, dunkelblau-violetten Früchte besonders gut, die nach und nach reifen und nur vollreif richtig gut sind. Daher ist es angebracht, Ernteabstände von einigen Tagen einzuhalten. Frisch, aber auch verkocht zu Marmeladen, Gelee und Sauce, Sorbets und Likören sind sie eine unglaublich aromatische Bereicherung in der Wildfrüchteküche.

Heilsam ist die Brombeere auch und eine wahre Vitaminbombe obendrein: Ihr hoher Gehalt an Vitamin A, Vitamin C und E, die vielen Mineralstoffe, wie Kalium, Calcium und Magnesium, und auch ihr hoher Gerbstoff- und Vitamin-C-Gehalt helfen bei **Darmbeschwerden, entzündetem Zahnfleisch** und **Halsentzündung**. Als immunsystemstärkender Ansatz in kleinen Mengen genossen hilft sie über die Grippezeit (Rezept im Folgenden). Gemeinsam mit den Früchten können auch die Blätter zur Teezubereitung geerntet werden.

Gemischt mit Himbeer- und Erdbeerblättern ergeben sie einen schmackhaften, leicht adstringierenden Haustee. Fermentierte Brombeerblätter können als Tee, mit schwarzteeähnlichem Aroma, eingesetzt werden.

Sanddorn
Hippophae rhamnoides

Der Sanddorn gilt als eine heimische Pflanze, er wanderte vermutlich aber erst während der Eiszeiten aus Zentralasien nach Mitteleuropa ein und besiedelte die großflächigen, kahlen Kies- und Schotterflächen, die die Gletscher zurückließen. Auf derartigen Flächen fühlt er sich immer noch sehr wohl, etwa auf Schotterflächen in der Au, denn Sanddorn ist sehr lichtbedürftig und verträgt keine Beschattung. Die Symbiose mit Strahlenpilzen, die ihn mit Stickstoff versorgen, ermöglicht ihm das Leben im nährstoffarmen Sand und Schotter.

Sanddorn ist übrigens **zweihäusig**, d. h., es gibt männliche und weibliche Pflanzen und nur die weiblichen tragen im Herbst die orangeroten Früchte (Bild S. 110). Pflanzen Sie mindestens zwei weibliche und einen männlichen Strauch, denn der Sanddorn bringt nur alle zwei Jahre einen guten Ertrag. Die Früchte bilden sich im äußeren Kronenbereich, während das Kroneninnere zunehmend verkahlt und verholzt. Um dem entgegenzuwirken, kann man die abgeernteten Triebe alle zwei Jahre im Spätwinter auf kurze Ansätze zurückschneiden. Ich persönlich mache das nicht, denn der sparrige Habitus ist mir sehr lieb.

Je nach Sorte sind die Früchte **von Mitte August bis Mitte September erntereif**, haften aber ungeerntet oft bis zum nächsten Frühjahr an den Zweigen. Sobald die Beeren ihre sortentypische orangegelbe bis orangerote Fruchtfarbe erreicht haben, kann man mit der Ernte beginnen, denn die Fruchtqualität kann schnell umschlagen und die Früchte bekommen einen leicht ranzigen Geschmack. Die Ernte ist relativ mühsam, wegen der langen

---

• Tipp der *Kräuterfee* — Brombeerblatt-Schwarztee •

Dieser köstliche, mit Schwarztee geschmacklich zu verwechselnde Tee kann als Schwarzteeersatz, als Morgentee, als kalter Durstlöscher, aber auch mit Orangensaft, Zitronensaft und Honig als selbst gemachter Eistee serviert werden.

Zubereiten wie Schwarztee, mit wenig Zucker und ohne Milch.

Zum Pflücken der Brombeerblätter müssen Sie möglichst eine Schönwetterperiode abwarten, denn das Fermentieren gelingt nur mit Wärme. Ich ernte mit einer Schere die äußersten 2–3 Blattstände an den Trieben und sammle sie in einem Korb.
Die frisch gepflückten Blätter ausgebreitet einen Tag lang auf einem Tuch im Schatten antrocknen lassen, dann mit einer Schere in Streifen schneiden, mit Wasser fein besprühen (Sprühflasche) und mit dem Nudelwalker flach rollen, sodass sie feucht werden. Die so befeuchteten Blätter mit einigen Zitronenschalenstücken von ungespritzten Zitronen auf einem alten Geschirrtuch ausbreiten, das Tuch von allen Seiten her einschlagen und satt einrollen, in einen Plastikbeutel legen und gut verschließen.
3–4 Tage an einem warmen, sonnigen Platz liegen lassen, wobei sich die Blätter dunkel färben und leicht gären (fermentieren).
Nun das herrlich duftende Paket öffnen, die Blätter auseinanderzupfen und schonend im Schatten fertig trocknen und in Gläsern lagern.

Dornen und weil die Früchte unter der relativ dicken Haut flüssig gefüllt sind und leicht zerplatzen. Für die Pflückernte eignen sich am besten Zuchtsorten wie 'Dorana' und 'Orange Energy'. Sie besitzen relativ lange Fruchtstiele und die Früchte lösen sich gut vom Ast, ohne aufzureißen.

Die Früchte schmecken sauer und haben im Inneren einen kleinen Samen, sie sind wahre Vitaminbomben und helfen gegen Vitaminmangel-Zustände und deren Folgen. So kann man den Sanddorn gegen Erkältungskrankheiten und deren Vorbeugung und nach langen Krankheiten bei allgemeiner Schwäche und Rekonvaleszenz einsetzen. Sein **Vitamin-C-Gehalt** ist zehnmal höher als jener von Zitrusfrüchten. Nur Hagebutten können es in puncto Vitamin-C-Gehalt mit dem Sanddorn aufnehmen. Alternativ zur heißen Zitrone können Sie es bei der nächsten Erkältung also mit Sanddornpunsch probieren. Schon 3 EL Sanddornsaft sollen den kompletten Tagesbedarf eines Erwachsenen an Vitamin C decken. Aber dazu bietet Sanddorn auch eine Fülle an B-, E- und A-Vitaminen, im Fruchtfleisch sind zudem Mineralstoffe wie Magnesium, Eisen, Calcium und Mangan enthalten, ein heimisches Superfood also! Eine absolute Besonderheit des Sanddorns ist jedoch sein **Gehalt an Vitamin B$_{12}$**, was ihn für Veganer und Vegetarier zu einem wichtigen pflanzlichen Nahrungsmittel macht!

Aus den Früchten kann man auch einen Tee zubereiten, dieser ist v. a. in Indien beliebt und gilt dort als festlicher Genusstee. Das Öl aus den Sanddornsamen und aus dem ölhaltigen Fruchtfleisch ist sehr wertvoll, man kann daraus Hautcremen herstellen, die die Haut jung halten und bei der Heilung von Verbrennungen und Geschwüren durch Wundliegen helfen.

MEINE LIEBLINGSREZEPTE

Kamillenblüten
Kamillenblüten-Massageöl

Das Kamillen-Massageöl ist durch die lange Gleitfähigkeit auf der Haut für die Massage gedacht. Die hautberuhigenden Eigenschaften des ätherischen, blauen Kamillenöles und die hautpflegenden Ölauszüge von Ringelblume und Kamille in Kombination mit dem leicht süßlich-herben Duft vom Johanniskrautöl machen diese Mischung einzigartig.

⅓ Kamille-Ölauszug
⅓ Ringelblume-Ölauszug
⅓ Johanniskrautöl (Rezept siehe S. 107)
6 Tropfen echtes ätherisches Kamillenöl

Für das Massageöl einfach die Ölauszüge im angegebenen Verhältnis mischen und ätherisches Kamillenöl hinzufügen.

Kamille-Ölauszug
10 g Kamillenblüten, getrocknet
200 g Sojabohnenöl, bio

Ringelblume-Ölauszug
10 g getrocknete Ringelblumen
100 g Sojabohnenöl, bio

Für die Ölauszüge die getrockneten Blüten sortenrein in ein dunkles Glas mit breiter Öffnung geben (also in zwei verschiedene Gläser), die Blüten mit Öl übergießen, sodass alles gut bedeckt ist, und den Ansatz gut verschlossen 3 Wochen an einem warmen Platz im Haus stehen lassen. Danach das duftende, gelbe Öl abseihen, die Pflanzenreste gut ausdrücken und durch ein mit einem Mulltüchlein ausgelegtes Sieb in eine dunkle Aufbewahrungsflasche rinnen lassen.

Verwendungstipp der *Kräuterfee*

Den wunderbar nach Kamillenblüten duftenden Kamille-Ölauszug **(Bild links)** brauchen Sie in der Kräuterkosmetik v. a. als hochwertigen Zusatz zur Herstellung von Hautpflegemitteln. Das Öl eignet sich aber auch zur Einreibung von rauen, leicht entzündlichen Händen, als Massageöl bei wehen Füßen, rauen Ellenbogen und zur Kur bei trockener, schuppiger Kopfhaut vor der Haarwäsche (etwa 2 Std. einwirken lassen). Sojabohnenöl eignet sich für den Auszug besser als Olivenöl, da es für die spätere Verarbeitung dünnflüssiger bleibt. Den goldenen Ringelblume-Ölauszug kann man schon in dieser Form als Massageöl verwenden, besonders bei schlecht durchbluteter, rauer Haut. Auch als Bestandteil hochwertiger Cremen kommt er zum Einsatz und auch für unser Kamillenblüten-Massageöl.

Bauchweh-Tee

Für 100 g Tee 20 g getrocknete Kamillenblüten, 20 g Pfefferminzblätter, 20 g Baldrianblüten, 20 g Kümmelfrüchte und 20 g Anisfrüchte vermischen, kühl und dunkel lagern. Jeweils 1 TL auf 1 Tasse Wasser geben, 7 Min. ziehen lassen und lauwarm trinken.

Geißblatt
Verzuckerte Geißblattblüten

Das Verzuckern von Blüten erfordert Geduld, besonders wenn sie so zart sind wie diese Blüten!

Die mit einer Pinzette gehaltenen Blüten sorgfältig, aber sehr dünn mit geschlagenem Eiklar einpinseln; dabei überschüssiges Ei immer wieder abtropfen lassen. Anschließend mit sehr,

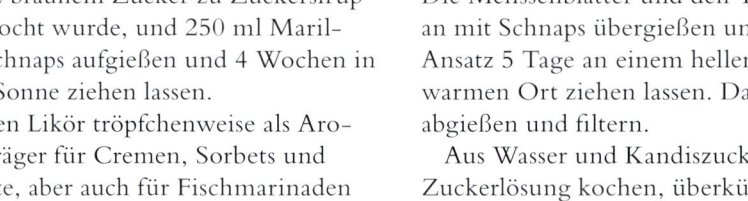

sehr feinem Kristallzucker bestreuen und wiederum abschütteln. Wichtig ist, dass jeder Teil der Blüte mit Zucker bedeckt ist! Vorsicht! Staubzucker ergibt nicht das gewünschte Ergebnis!

Im auf 50 °C vorgeheizten Backofen, dessen Tür einen Spalt breit offen bleibt, die Zuckerhülle ganz trocken werden lassen. Die verzuckerten Blüten lassen sich zwischen Pergamentpapier in luftdicht verschließbaren Blechdosen einige Wochen aufbewahren.

Likör aus Hollerblüte, Mädesüß und Geißblatt

Je 1 Handvoll frische Blüten von Holunder, Mädesüß und Geißblatt mit 150 ml Wasser, das zuvor mit 6 EL braunem Zucker zu Zuckersirup verkocht wurde, und 250 ml Marillenschnaps aufgießen und 4 Wochen in der Sonne ziehen lassen.

Den Likör tröpfchenweise als Aromaträger für Cremen, Sorbets und Salate, aber auch für Fischmarinaden verwenden.

Thymian
Likör vom Thymian
2 Zweige Zitronenmelisse
30 g frischer Thymian aus dem Kräutergarten oder aus Wildsammlung (Quendel)
500 ml Bauernschnaps 40%ig
250 ml Wasser
150 g brauner Kandiszucker

Die Melissenblätter und den Thymian mit Schnaps übergießen und den Ansatz 5 Tage an einem hellen und warmen Ort ziehen lassen. Danach abgießen und filtern.

Aus Wasser und Kandiszucker eine Zuckerlösung kochen, überkühlen lassen und zum Thymian-Melissen-Ansatz gießen. Die Mischung in saubere Flaschen füllen und den Likör dunkel und kühl mindestens 4 Wochen reifen lassen.

Zucchiniquiche mit Thymian
ergibt 4–6 Portionen
Teig
300 g Mehl
1 TL Salz
160 g Butter
1 Ei • 1 Eidotter
Mehl für die Arbeitsfläche
weiche Butter für die Form

Belag
3–4 Zucchini
2 Handvoll Thymian
5 Eier
400 ml Schlagobers
150 g Ziegenfrischkäse oder Feta
100 g Parmesan
1 TL Zitronenschalenabrieb
Salz, frischer Muskat

Für den Teig Mehl und Salz mischen, Butterstückchen, Ei und Eidotter damit verbröseln und das Ganze zu einem glatten Teig verkneten. Die Teigkugel in Folie wickeln und für ca. 30 Min. kühl stellen. Die Zucchini in Scheiben schneiden. Die Hälfte des

Thymians hacken, mit Eiern, Schlagobers, Ziegenkäse (Feta), Parmesan
und Zitronenabrieb verrühren und
würzen.

Den Teig ausrollen und damit eine
Quicheform samt Rand auskleiden,
den Boden mit der Hälfte der Zucchi-
nischeiben belegen, die Schlagobers-
mischung darübergießen und die
restlichen Zucchini obenauf legen. Die
Quiche im vorgeheizten Rohr etwa
1 Std. bei 180 °C goldbraun backen.
Die Quiche warm oder kalt mit dem
restlichen, fein gehackten Thymian
bestreut servieren (Bild links).

Roter Wiesenklee
Bunter Sommerblütensalat mit Pilzen
ergibt 4 Portionen

1 große Handvoll Champignons
1 Stange Stangensellerie
Olivenöl

1 Fenchelknolle in hauchdünnen Scheiben
1 Handvoll Kleeblüten wie
Rotklee und Inkarnatklee
1 Tasse vorgekochter Dinkelreis
Salz, Pfeffer
1 Handvoll Rosenblütenblätter
1 Sträußchen Petersilie oder Gierschblüten

Dressing
1 EL Balsamicoessig
2 EL Orangensaft
je 1 TL Senf, Honig und Olivenöl
1 Prise Kräutersalz
Schnittlauch

Die geviertelten Champignons mit
den mundgerecht zugeschnittenen
Stangenselleriestückchen scharf in
Öl anbraten, beiseitestellen, bis sie
lauwarm sind. Die Fenchelscheiben auf
Portionstellern auflegen.

Kleeblüten, die Champignon-
mischung und den Dinkelreis gut
mischen, mit Öl, Salz und Pfeffer
abschmecken und auf den Fenchelscheiben verteilen, mit Rosen- und
Gierschblüten (oder Petersilie) bestreuen und mit dem gut vermischten
Dressing beträufeln.

50-Plus-Tee für Frauen
*je 40 g Rotkleeblüten, Frauenmantel-
kraut, Mönchspfeffer, Schlangenknöterich, Pfefferminzblätter*
20 g Salbeiblätter

4–5 EL mit 1 l heißem Wasser übergießen und ca. 5–10 Min. ziehen
lassen. Anschließend abseihen und den
Tee über den Tag verteilt trinken.

Taglilie
Dreierlei Dipsaucen in bunten Blüten
Die drei Dipsaucen in bunte Taglilienblüten füllen und diese aufrecht in
Schalen gestellt zur freien Entnahme
servieren (Bild S. 102).

Sommerkräuterdip
400 g Topfen
3–4 EL Joghurt
*2 Bund gemischte Sommerkräuter, fein
gehackt*
etwas Zitronensaft, Salz

Alle Zutaten gut vermischen, gehackte Kräuter unterrühren und mit
Zitronensaft und Salz abschmecken.
Den Dip mindestens 30 Min. im
Kühlschrank ziehen lassen, nochmals
durchrühren und mit Kräutern bestreut servieren.

Radieschen-Schnittlauch-Dip

1 Bund Radieschen
1 Salatgurke
400 g Topfen
100 g Sauerrahm
Zitronensaft
Salz, Pfeffer
1 Bund Schnittlauch

Radieschen waschen, putzen und raspeln, die Gurke schälen, entkernen und in kleine Würfel schneiden. Den Topfen mit Sauerrahm, Zitronensaft und Gewürzen mischen, das Gemüse dazugeben und den Schnittlauch fein schneiden. Abschmecken und kühl stellen.

Eierdip

2 sehr hart gekochte Eier
1 roter Spitzpaprika
3–4 Zweige Dille
400 g festes Joghurt
100 g Mayonnaise
2 EL Dijonsenf
Salz, Pfeffer

Eier schälen und in kleine Würfel schneiden, ebenso Paprika und Dille fein hacken. Joghurt, Mayonnaise, Senf und Gewürze verrühren, Eier, Paprika und Dille beifügen, abschmecken und kühl stellen.

Kräuterpalatschinken mit buntem Blütensalat

ergibt 4 Portionen

Teig
3 große Eier • 375 ml Milch
250 g Dinkelmehl
je 1 Prise Kräutersalz und Zucker
je 2 EL Petersilie und Schnittlauch
Öl zum Ausbacken

Salat für die Füllung
400 g gemischte Blattsalate
1 Karotte • 6 Cocktailtomaten
¼ Salatgurke
2 Stämmchen Staudensellerie
oder Bärenklau
2 Handvoll gemischte Sommerblüten
12 schön erblühte Taglilien

Salatdressing
je 1 kleiner Bund Schnittlauch und
Petersilie • Thymian
6 EL Olivenöl • 2 EL Weißweinessig
3 EL Naturjoghurt
Blütengewürzsalz
etwas Honig und Zitronensaft

Butterschaum
250 ml Obers
2 Schalotten, klein geschnitten
1 Knoblauchzehe, in der Schale zerdrückt
je 1 Spritzer Zitronensaft und Honig
je 1 Zweig Rosmarin, Thymian und
Bohnenkraut
3 EL kalte Butter • Salz

Eier und etwas Milch mit dem Mehl klümpchenfrei zu einem glatten Teig verrühren. Die restliche Milch dazugeben, Salz, Zucker und Kräuter einrühren. Im heißen Öl dünne Pa-

latschinken backen und warm stellen. Den Salat in mundgerechte Stücke zerteilen und waschen, die geschälte Karotte grob hobeln, die Tomaten vierteln. Die Gurke längs vierteln und in Stückchen, den Staudensellerie fein schneiden, alles mit den Sommerblüten und 8 in Einzelblättchen zerteilten Taglilienblüten mischen.

Für das Dressing die Kräuter fein schneiden. Öl, Essig und Joghurt kräftig verschlagen, Kräuter beigeben und mit Blütengewürzsalz und Honig abschmecken. Alle Salatzutaten in einer großen Schüssel mischen, mit Dressing übergießen.

Für den Butterschaum alle Zutaten außer der Butter aufkochen, beiseitestellen und die kalte Butter dann nach und nach mit dem Schneebesen unterrühren, zum Auskühlen beiseitestellen. Die kalte Mischung abschmecken, die festen Zutaten abseihen, die Buttermischung lauwarm erhitzen und mit dem Stabmixer schaumig aufschlagen.

Den Salat auf eine Hälfte der Palatschinken verteilen und zuklappen. Je Portion eine Taglilie auf den Tellern drapieren und die sommerliche Speise mit Butterschaum beträufelt servieren.

Kümmel
Kümmeltee bei Bauchweh und Magenkrämpfen
1–2 TL Kümmel
250 ml kochendes Wasser

Den Kümmel im Mörser oder mit einem Löffel zerdrücken, mit heißem Wasser übergießen, zugedeckt 10 Min.

ziehen lassen. 1 Tasse pro Tag genügt! Auch einsetzbar bei akuten Blähungen und Völlegefühl nach dem Essen.

Bitterkräuterpulver selbst gemacht
je 4 Teile Kümmel- und Fenchelsamen, Löwenzahnwurzeln • 2 Teile Schafgarbe Bertramwurzel • Brennnesselblätter Wacholderbeeren und Angelikawurzel je 1 Teil Wermut und Meisterwurz

Die getrockneten Wurzeln, Samen und Kräuter in der Küchenmaschine vermahlen. Pro Tag zumindest 1 TL, am besten vor dem Frühstück, mit etwas heißem Wasser einnehmen.

Tipp der *Kräuterfee*
Das Pulver **(Bild rechts)** aktiviert den Stoffwechsel, stärkt die Verdauungsorgane und wirkt ausleitend.

Kümmelbrot mit dreierlei Dipsaucen
½ Würfel Germ (21 g) • 200 ml Wasser
1 Eidotter • 12 g Salz
250 g Dinkelmehl Type 630
250 g Weizenmehl Type W700 (D 550)
50 ml Sonnenblumenöl
2 EL gerösteter oder gemahlener Kümmel
Roggenmehl zum Bestäuben
1 Espressotasse Wasser mit dem Saft von ½ Zitrone

Germ mit etwas Wasser in einer Schüssel anrühren. Den Eidotter mit dem restlichen Wasser und dem Salz verrühren. Die Mehlsorten in einer Schüssel vermengen, die Germzube-

reitung, das Öl, den Kümmel und die Eimischung zum Mehl geben und alles (mit der Küchenmaschine) 5 Min. zu einem homogenen Teig kneten. Anschließend nochmals 10 Min. kneten, bis sich der Teig vom Schüsselboden löst und nicht mehr klebt. Am Ende den Teig kurz rund kneten und in einer Schüssel mit einem Tuch bedeckt bei Zimmertemperatur 30 Min. ruhen lassen. Die Teigkugel noch einmal kurz und kräftig durchkneten und in einer hohen Schüssel 1 Std. bis zur doppelten Größe aufgehen lassen. In der Zwischenzeit den Backofen auf 230 °C vorheizen, ein umgedrehtes Backblech mit aufheizen. Den Teigrohling auf ein bemehltes Holzbrett stürzen, von dort in den vorgeheizten

Ofen auf das heiße Backblech schieben und das Zitronenwasser auf den Ofenboden gießen (erzeugt Wasserdampf). Die Temperatur nach ca. 10 Min. auf 180 °C reduzieren und das Brot in weiteren 40–50 Min. fertig backen.

Genießen Sie das Brot mit den dreierlei Dipsaucen (siehe Taglilie, S. 101).

Zitronenmelisse
Goldgelber Mango-Smoothie

½ Mango
4 EL Kokosflocken
½ Ananas
Eiswürfel
1 EL Zitronenmelisse, gehackt
etwas roter Blütenzucker
Ringelblumen- oder bunte Rosenblüten

Alle Zutaten in den Smoothiemixer geben, 1 Min. auf mittlerer Stufe und 2 Min. auf hoher Stufe mixen, den Smoothie in hohe Gläser füllen und mit einem Sahnehäubchen mit Blütenzucker dekorieren (Bild links)!

Obenauf kommen einige essbare Blüten wie Ringelblumen oder bunte Rosenblüten und die gehackte Zitronenmelisse!

Rückbildungstee für Jungmütter

je 50 g Frauenmantel, Hirtentäschelkraut und Melisse

3–4 EL mit 1 l heißem Wasser übergießen und 5–10 Min. ziehen lassen. Den Tee am besten in eine Thermoskanne füllen und über den Tag verteilt trinken.

Melissengeist mit beruhigender Wirkung

2 Handvoll Melissenblätter
ein 3 cm langes Stückchen Engelwurz-
wurzel
Schale von ½ Bio-Zitrone
etwas gemahlene Muskatnuss
je 1 TL Koriander, Zimt und Nelken
500 ml 70%iger Alkohol

Alle Zutaten in eine Flasche mit
breiter Öffnung geben, den Alkohol
darübergießen, alle Pflanzenteile müssen bedeckt sind. Den Ansatz 4 Wochen im Schatten ziehen lassen, dann
abseihen. Den Melissengeist in kleine,
dunkle Flaschen mit Tropfer füllen.

Zitronenverbene
Verbenelimonade

1 Handstrauß blühende Zitronenverbene
2 Bio-Zitronen • 100 g brauner Zucker
etwas Rosenblütenzucker

Die Zitronen in ganz feine Scheiben
schneiden, mit der Zitronenverbene
in eine weithalsige Flasche füllen, den
braunen Zucker darüberstreuen, mit
Wasser auffüllen und den Ansatz über
Nacht kühl stellen. Dann die Limonade abgießen und in Flaschen füllen
(Bild rechts). Kühl lagern.

Rezept-Tipp der *Kräuterfee*

Die Gläser können Sie vor dem Ein-
schenken am Trinkrand anfeuchten
und in den auf einem flachen Teller
aufgestreuten Rosenzucker tauchen.
Dann die Limonade einfüllen und mit
Eiswürfeln servieren.

Polenta-Marillen-Knödel in Verbeneschaum
ergibt 4 Portionen

300 ml Milch
1 Prise Salz
60 g Rohrzucker
1 TL Vanillezucker
200 g grober Maisgrieß
1 Ei und 2 Dotter
10 g Maizena
250 g sehr kleine Marillen
2 EL Butter zum Braten

Sud

1 Stück Orangenschale
1 Zimtstange und 2 Nelken
etwas Salz und Zucker
1 Handsträußchen Zitronenverbene

Verbeneschaum

1 EL Rohrzucker
1 Ei und 1 Dotter
125 ml Sekt
125 ml frisch gepresster Orangensaft
3 EL fein gehackte Zitronenverbene-
blättchen

Die gesalzene Milch, den Zucker
und den Vanillezucker in einem Topf
aufkochen, 140 g Maisgrieß einrühren, so lange rühren, bis sich die Masse
vom Topfboden löst, dann vom Herd
nehmen und überkühlen lassen. Ei
und Eidotter versprudeln, zusammen
mit dem restlichen Maisgrieß und
der Maisstärke unter die Maisgrieß-
masse rühren. Dann die Masse für
mindestens 1 Std. in den Kühlschrank
stellen. Einen großen Topf mit Wasser
und den Sudzutaten bereitstellen, das
Wasser zum Kochen bringen und

den Sud 5 Min. köcheln lassen. Aus
der Polentamasse eine Rolle formen,
1 cm breite Scheiben abschneiden, auf
diese jeweils eine Marille (mit Kern)
legen und den Teig so um die Frucht
schließen, dass ein Knödel entsteht.
Die fertigen Knödel in den kochenden
Sud legen, sofort die Kochtempera-
tur reduzieren und die Knödel etwa
8 Min. gar ziehen lassen, dann mit
dem Lochschöpfer entnehmen, zum
Abtropfen auf ein Küchentuch legen.
Butter in einer großen Pfanne schmelzen und die Knödel unter ständigem
Wenden goldbraun anbraten.

Für den Verbeneschaum in einem kleinen, tiefen Topf 2 Finger hoch Wasser aufkochen. In einer kleinen Metallschüssel, die auf den Topf passt, Rohrzucker, Ei und Dotter mit dem Handmixer schaumig rühren. Sekt und Orangensaft beigeben und die Schüssel auf den Topf setzen. Die Mischung über dem Wasserdampf zu einer stabil-schaumigen Masse schlagen, die fein gehackten Verbeneblättchen unterheben.

Die Polenta-Marillen-Knödel in Portionstellern mit einem Schöpfer Verbeneschaum anrichten.

—

Erquickender Kräutertee
10 g Zitronenverbene
40 g grüner Tee
je 20 g Mateblätter, Apfelstücke und Brombeerblätter
30 g Hagebutte

Zur Herstellung ca. 3 EL der Teemischung auf 1 l heißes Wasser geben, 5–7 Min. ziehen lassen. Anschließend abseihen und über den ganzen Tag verteilt trinken.

Rezept-Tipp der *Kräuterfee*
Wenn Sie den Tee etwas länger ziehen lassen, wird die anregende Wirkung des grünen Tees und der Mateblätter verstärkt.

Echtes Eisenkraut
Glückstee
Eisenkraut zählt zu den Bestandteilen eines echten „Glückstees".

je 2 Prisen Minze, Lindenblüten, Eisenkraut und Kamille

Die Kräuter mit kochendem Wasser übergießen und den Tee zwischen 10 und 15 Min. ziehen lassen.

Rezept-Tipp der *Kräuterfee*
Meine persönliche Empfehlung ist, ihn mit etwas Honig und einem Schuss Milch zu trinken.

Eisenkrauttee als Digestif nach schweren Mahlzeiten
1 TL getrocknetes Eisenkraut (oder 2 TL frisches Eisenkraut) mit 200 ml kochendem Wasser übergießen und 5–10 Min. ziehen lassen.

Liebesbad mit Eisenkraut
Je 1 Handvoll Echten Alant, Rosenblüten und Eisenkraut gut vermischen und im Backofen bei niedrigster Temperatur trocknen lassen. Anschließend im Mörser zu staubfeinem Pulver zerstoßen und mit einer zweiten Handvoll getrockneter Rosenblüten mischen.

Davon werden jeweils 3 EL einem Vollbad zugesetzt, es soll unwiderstehlich machen!

Eisenkrauttinktur
200 g getrocknetes oder 300 g frisches Eisenkraut
1 l Alkohol (35–40%iger Wodka)

Das Eisenkraut (Bild rechts) in ein Glas einfüllen und vollständig mit dem Alkohol bedecken, das Glas verschließen, 1–2 Min. schütteln und 10–14 Tage kühl und dunkel stellen. Dabei den Ansatz alle 1–2 Tage schütteln, dann durch eine Saft- oder Weinpresse gießen oder durch ein Sieb gießen, die Rückstände gut auspressen. Pressrückstände wegwerfen, die Tinktur in eine dunkle Glasflasche füllen, gut zuschrauben oder verkorken.

Die Tinktur hält sich kühl gelagert ca. 2 Jahre und hilft bei Stress und Beklemmungsgefühlen. 3 Mal täglich ½ TL in einem Glas Wasser aufgelöst trinken.

Johanniskraut
Johanniskrautlikör
Dieser kann aus frischen Pflanzen und aus getrockneten hergestellt werden und bringt Licht in die dunkle Jahres-

zeit. Daher finden Sie dieses Rezept im Kapitel Winter (S. 165).

Johanniskrautöl

1 Handsträußchen blühendes Johanniskraut (Bild S. 101 rechts) samt Stängeln und Blättchen in eine Flasche mit weiter Öffnung füllen, mit gutem Olivenöl auffüllen und in die Sonne stellen, wo es 2 Monate reifen soll. Das dann rotbraune Öl abgießen, filtern und lichtgeschützt lagern.

Tipp der *Kräuterfee*

Johanniskraut ist ein bekanntes Mittel bei Verbrennungen, es eignet sich daher auch gut zur Pflege sonnenirritierter Haut.

Johanniskrautpackung

Die Johanniskrautölpackung ist ein hervorragendes Hautpflegemittel bei Hautreizungen und -irritationen, trockener Winterhaut, aber auch bei Sonnenbrand und sonnenirritierter Haut. Das Rezept finden Sie im Kapitel Winter (S. 168).

Semmelstoppelpilz
Essigpilze

Die gereinigten Pilze in gleich große Stücke schneiden (die kleinen können im Ganzen belassen werden) und im Salzwasser 8 Min. kochen. Dann das Wasser abgießen. In der Zwischenzeit den Essig mit 5 Teilen Wasser aufkochen, die Pilze in das Essigwasser legen und weitere 8 Min. mitkochen.

Die Pilze noch heiß in kleine, saubere Gläser mit Schraubverschluss füllen, den heißen Essigsud so darübergießen, dass die Pilze ganz davon bedeckt sind.

Tipp der *Kräuterfee*

Die Essigpilze kühl und dunkel lagern, dann sind sie 1 Jahr haltbar.

Polenta mit Pilzen

350 g frische Steinpilze (oder Zuchtchampignons und dazu 25 g getrocknete Steinpilze)
2 Handvoll junge Semmelstoppelpilze
½ Stange Lauch
3 EL Olivenöl
2 EL Butter
1 kleine Dose Tomaten oder 3 große, frische Tomaten
Salz, Pfeffer

Polenta

1,5 l Salzwasser
300 g Maisgrieß
2 EL Butter
60 g frisch geriebener Parmesan

Die frischen, geputzten Pilze in Scheiben schneiden, die getrockneten über Nacht einweichen. Für die Sauce zuerst den nudelig geschnittenen Lauch in der Öl-Butter-Mischung dünsten, dann die Pilze beifügen und die Mischung bei hoher Temperatur unter ständigem Rühren braten. Nun die zerkleinerten Tomaten beifügen und die Sauce etwa 20 Min. weiterkochen, bis die überschüssige Flüssigkeit verkocht ist. Salzen und pfeffern. Für die Polenta das Salzwasser aufkochen,

den Maisgrieß einrühren und ständig weiterrühren, damit sich keine Klumpen bilden. Nach etwa 30 Min. löst sich die Polenta vom Topfrand, dann die Butter und die Hälfte des Parmesans unterziehen. Die Polenta in flachen Tellern anrichten, in die Mitte jeweils etwas Pilzsauce geben und den restlichen Parmesan darüber verteilen.

Eierschwammerl
Vogerlsalat mit Kürbis-Pilz-Gemüse
ergibt 4 Portionen

4 Handvoll Vogerlsalat
Balsamicoessig, Kürbiskernöl
Salz, Pfeffer
400 g Kürbisfleisch
200 g junge Eierschwammerl
1 EL Olivenöl
je 2 EL Schnittlauch, Petersilie, Kürbiskerne

Den sauber gewaschenen Vogerlsalat nestartig auf 4 Teller verteilen, mit Essig, Kernöl, Salz und Pfeffer abschmecken.

Kürbisfleisch in etwa 1 cm dicke und 3 cm lange Streifen schneiden und mit Eierschwammerln im erhitzten Öl glasig anbraten, salzen und pfeffern. Zudecken, damit das Gemüse noch 5 Min. ziehen kann. Dann in die Mitte des Vogerlsalatnestes füllen, mit gehackten Kräutern und Kürbiskernen bestreuen, mit Balsamico und Kernöl beträufeln. Diesen Salat servieren, solange das Gemüse noch warm ist!

Pilztaschen mit Eierschwammerln und Steinpilzen

Pizzateig
600 g Mehl
375 ml Wasser
3 EL Olivenöl
40 g Germ
Salz
1 TL Kristallzucker

3 Jungzwiebeln, fein geschnitten
2 EL Olivenöl
150 g Eierschwammerln und
150 g Steinpilze, fein geschnitten
400 g Ricotta
4 Eier
60 g frisch geriebener Parmesan
4 EL gehackte Petersilie
Salz, Pfeffer, Muskatnuss nach Geschmack
Mehl für die Arbeitsfläche
1 Ei zum Bestreichen
Olivenöl zum Backen

Zunächst den Pizzateig bereiten.
Jungzwiebeln in etwas Öl braten, bis sie goldbraun sind, dann einen zweiten Löffel Öl und die Pilze beigeben.

Nun das Ganze 2–3 Min. sautieren. Ricotta glatt rühren, mit Eiern, der Pilzmischung, Parmesan und Petersilie mischen und mit den Gewürzen abschmecken.

Den Pizzateig in 24 gleich große Portionen teilen, auf einer bemehlten Arbeitsfläche zu kleinen Pizzen von 10 cm Durchmesser platt drücken. Auf je eine Teighälfte der Pizzen 1 EL der Füllung geben und die andere Hälfte darüberklappen. Die Teigränder mit dem verquirlten Ei bestreichen.

Sind alle Teigtaschen fertig, eine Pfanne 1 cm hoch mit Olivenöl befüllen, die Teigtaschen in das erhitzte Öl legen und 3 Min. goldbraun backen. Zum Abtropfen die Pilztaschen auf Küchenkrepp legen, dann warm servieren.

Heidelbeere
Mandel-Blaubeer-Smoothie

1 Handvoll Blaubeeren
1 Handvoll Mandeln
½ Banane
Mandeldrink

Alle Zutaten gut miteinander vermixen. Wird unglaublich lila und unglaublich köstlich (Bild links)!

Apfel-Blaubeer-Kuchen mit Mandelkruste
ergibt 10–12 Stk.

Teig
125 g weiche Butter
120 g Staubzucker
1 Eidotter
1 EL Vanillezucker
150 g Mehl
100 g gemahlene Mandeln
Butter für die Form
Mehl für die Arbeitsplatte

Belag
1 kg Äpfel
50 g Butter
50 ml Schlagobers
50 g Zucker
3 TL Honig
120 g gehobelte Mandeln
¼ TL Zimt
250 g Heidelbeeren

Für den Teig Butter, Staubzucker, Dotter und Vanillezucker schaumig rühren, Mehl und gemahlene Mandeln untermischen, bis ein glatter Teig entsteht. Eine Springform einfetten und mit dem ausgerollten Teig die Form auskleiden, sodass ein hoher Rand entsteht. Die Form 1 Std. kühl stellen.

Für den Belag Äpfel schälen, entkernen, vierteln, in Würfel schneiden und auf dem Kuchenboden verteilen. Im vorgeheizten Ofen bei 175 °C ca. 35 Min. backen.

Butter, Schlagobers, Zucker und Honig in einem Topf aufkochen, Mandeln und Zimt unterrühren. Heidelbeeren auf den vorgebackenen Kuchen geben, darüber die Mandelmasse,

weitere 20 Min. goldbraun backen. Den Kuchen mit frischem Schlagobers und einigen frischen Heidelbeeren garnieren.

Waldbrombeere
Wilder Beeren-Smoothie
2 Handvoll Himbeeren
1 Handvoll Waldbrombeeren
1 Banane
125 ml Schlagobers
1 Handvoll Eiswürfel
brauner Zucker nach Geschmack

Die Zutaten sorgfältig vermixen und den Smoothie gut gekühlt genießen.

Brombeersoufflé
ergibt 4 Portionen
100 g Brombeeren
40 g Zucker
1 EL Rum (oder alternativ
120 g Brombeermarmelade)
3 Eidotter
60 g Feinkristallzucker
1 Vanilleschote
abgeriebene Schale von ½ Bio-Zitrone
200 g Topfen
3 Eiklar
1 Prise Salz

Butter für die Form
Staubzucker zum Bestreuen

Die Brombeeren mit 40 g Zucker und Rum zu einer homogenen Fruchtmasse verkochen. 4 feuerfeste Kaffeetassen mit Butter ausstreichen und je 1 EL der Brombeerverkochung hineinfüllen.

Die Eidotter mit 30 g Zucker, dem Mark der Vanilleschote und der abgeriebenen Zitronenschale schaumig rühren, den Topfen einrühren. Eiklar mit dem restlichen Zucker zu einem mittelfesten Schnee schlagen und locker unter die Masse heben. Die verbliebene, glatt gerührte Brombeerverkochung nun so unterheben, dass eine schöne Marmorierung in der Soufflémasse entsteht.

Das Backrohr auf 180 °C Ober-/ Unterhitze vorheizen, die Soufflémasse in die Tassen füllen, in eine tiefe Auflaufform stellen. Heißes Wasser bis 2 cm unter den Tassenrand einfüllen und die Form in den Ofen stellen. Die Brombeer-Soufflés (Bild oben) 20 Min. backen und direkt aus dem Ofen mit Staubzucker bestreut servieren.

Immunsystemstärkender Brombeeransatz

2 Handvoll Waldbrombeeren
3 EL brauner Kandiszucker
500 ml Bauernschnaps

Alle Zutaten in eine Flasche mit breiter Öffnung füllen und für zumindest 6 Wochen in die Sonne stellen.

Verwendungstipp der *Kräuterfee*

Den Ansatz stamperlweise, mit Wasser gemischt, zur Stärkung des Immunsystems täglich genießen.

Sanddorn

Heißer Sanddornpunsch

ergibt 4 Portionen

40 ml Sanddornsaft
1 l Orangensaft
Schale von 1 unbehandelten Orange
100 ml Orangenlikör oder Limoncello
2 Msp. Kardamompulver
2 EL Vanillezucker

Sanddornsaft, Orangensaft, Orangenschale und Orangenlikör oder Limoncello in einen Topf füllen, Kardamom und Vanillezucker hinzufügen, die Mischung aufkochen und 15 Min. ziehen lassen. Danach nochmals erhitzen und heiß servieren.

Rezept-Tipp der *Kräuterfee*

Der Sanddornsaft – in Drogeriemärkten erhältlich – sollte am besten im Mischverhältnis 1 : 6 mit Wasser getrunken werden. Toll schmeckt Sanddornsaft auch mit 1 TL Honig in heißem Tee oder Apfelsaft eingerührt.

Schokokuchen mit Sanddornmus

Kuchen
50 g Butter
70 g Zartbitterschokolade
4 Eier
90 g Zucker
1 TL Vanillezucker
1 Prise Salz
30 g glattes Mehl (D Type 405)
40 g geriebene Biskotten

Creme
500 ml Schlagobers
50 g Zucker
1 Prise Zimt
etwas abgeriebene Zitronenschale
1 Bund Zitronenmelisse oder Zitronenverbene

Sanddornmus
250 g Sanddorn
250 geschälte, geachtelte Äpfel
5 EL brauner Zucker
etwas Orangensaft
etwas Zimt nach Belieben

Auf 2 Stück Backpapier je einen Kreis von 20 cm Durchmesser zeichnen, auf Backbleche legen.

Butter und Schokolade in einen Topf geben, vorsichtig unter viel Rühren schmelzen. Die Eier trennen, die Dotter mit 40 g Zucker und Vanillezucker schön schaumig rühren. Die Eiklar mit Salz halbfest schlagen, den restlichen Zucker einrieseln lassen, noch ein wenig steifer schlagen. Die Butter-Schokolade mit der Dottermasse vermischen, Eischnee, Mehl und Biskottenbrösel abwechselnd unterheben. Den Teig auf die vorbereiteten

Kreise streichen und 15 Min. im vorgeheizten Rohr bei 175 °C Ober- und Unterhitze backen. Beide Teile ganz abkühlen lassen.

In der Zwischenzeit Sanddorn, Äpfel und Zucker im Orangensaft etwa 10 Min. verkochen, die Fruchtmasse anschließend zum Entkernen durch die Flotte Lotte drehen. Das fertige Sanddornmus mit etwas Zimt abschmecken, auskühlen lassen.

Schlagobers mit Zucker, 1 Prise Zimt und Zitronenschale steif schlagen, die Hälfte davon auf einen Kuchenboden streichen, die Hälfte des Sanddornmuses darauf verteilen, den zweiten Kuchen daraufsetzen, mit dem Obers bestreichen und die andere Hälfte des Muses daraufgeben. Den Kuchen mit der fein gehackten Melisse bestreuen und kühl servieren.

Herbst

MEIN HERBSTSTREIFZUG

„Zeigerpflanzen für den beginnenden Frühherbst sind schließlich die nun blühende Herbstzeitlose sowie die einsetzende Reife von Schwarzem Holunder und Haselnuss. Geerntet werden nun u. a. Birnen und Zwetschken. Erst im Vollherbst reifen Stieleiche, Rosskastanie, Quitte und Walnuss. In dieser Zeit beginnen auch viele Wildbäume ihr Laub zu verfärben, u. a. Rosskastanie, Rotbuche, Eiche, Esche und Selbstkletternde Jungfernrebe („Wilder Wein"). Bei den Obstbäumen fallen bereits die Blätter. Geerntet werden nun Spätkartoffeln, Rüben und Äpfel. Es beginnt die Aussaat des Wintergetreides."

Noch geben Garten und Natur einiges her: die letzten Blüten, Fallobst von Quitte, Zwetschke und Äpfeln, die letzten riesigen, besonders süßen Birnen von ganz oben am Baum fallen herunter und liegen wie eine Morgengabe im Gras. Die ersten Asperln (Mispeln) fallen vom Baum, noch sind sie hart und ungenießbar. Wildfrüchte prangen in den Hecken, auch hier haben wir noch Zeit, einzig der Weißdorn und die Dirndln (Kornelkirschen) haben es eilig vom Strauch zu fallen … da heißt es täglich aufsammeln, was heruntergefallen ist.

Ich habe mir angewöhnt, die kleinen Mengen der täglich gesammelten Früchte sortenrein in Töpfen zu sammeln, anzuzuckern und einzukühlen und erst nach ein paar Tagen, wenn größere Mengen zusammengekommen sind, weiterzuverarbeiten. Eine andere Möglichkeit wäre auch, die Früchte bis zum Verbrauch tiefzukühlen.

Wer nun einen Streifzug im Wald macht, kommt oft mit vollem Korb nach Hause. Ein ganz besonderes Erlebnis ist es, Herbsttrompeten zu sammeln, diese schwarzen, amorphen Pilze sind so malerisch im Laub versteckt …

JETZT ANGESAGT

Vorräte sammeln

Getrocknete Pflanzen – wohin man nur schaut. Sie baumeln zu üppigen Sträußen gebunden an Decken, Treppen und Wänden, quellen aus Körben und Kisten und warten auf den Regalen in großen Gläsern auf ihren Einsatz: Wer im Herbst in unser Haus kommt, wird von der Fülle und Vielfalt ebenso wie von dem unwiderstehlich würzigen Duft meiner Wildkräutersammlung sofort in den Bann gezogen. Ein Großteil der Schätze stammt aus meinem „Traumgarten Tannberg", den ich als gelernte Landschafts- und Gartenplanerin nach meinen persönlichen Vorstellungen und ökologischen Gesichtspunkten angelegt habe. Die reiche Ernte aus

dem 5.000 m² großen Grundstück verwende ich insbesondere in der Küche, aber auch für die Herstellung von Naturkosmetik, heilsamen Tinkturen und wohltuenden Hausmitteln. Wie einige dieser Zubereitungen selbst gemacht werden, zeige ich im Folgenden Schritt für Schritt. Dabei habe ich v. a. solche Zubereitungen ausgewählt, die sich in der Weihnachtszeit gut zum Verschenken eignen. Mir ist es wichtig, beim Kochen oder bei der Herstellung von Heil- und Pflegemitteln solche Kräuter, Blüten und Gewürze zu verarbeiten, die in unseren Breiten häufig vorkommen – aus Gründen der Nachhaltigkeit. Außerdem stelle ich bei meinen Kursen immer wieder fest, dass die Teilnehmer eher etwas

zu Hause nachmachen, wenn sie nicht lauter exotische Zutaten einkaufen müssen. Gemäß dieser Philosophie habe ich durch jahrelanges Experimentieren einen reichhaltigen Erfahrungsschatz über die Verwendbarkeit ganz

Natursammlungen stammen. Um die wertvollen Inhaltsstoffe aus den Pflanzen möglichst schonend herauszulösen, setze ich für die Naturkosmetik fast ausschließlich medizinischen Alkohol ein, den es in Apotheken zu kaufen gibt, für Liköre und Essbares nur guten Bauernschnaps. Diese alkoholischen Auszüge müssen etwa einen Monat lang an einem warmen oder sonnigen Ort reifen und können dann ihre wohltuende Wirkung entfalten oder weiterverarbeitet werden.

Räucherpflanzen sammeln und verarbeiten

Erst jetzt ist für mich die Zeit reif, um die Räucherpflanzen aus dem Garten, vornehmlich Beifuß und Mädesüß-

alltäglicher Pflanzen gesammelt. In meinem Garten wächst daher vieles an zentralen Stellen, was man früher sehr schätzte, was heute aber als Unkraut verschmäht wird – beispielsweise Brennnesseln, Giersch oder Spitzwegerich. Aus dem gleichen Grund benutze ich möglichst wenige Zutaten, die aber eine hervorragende Qualität haben.

Wer sich die Mühe macht, Naturkosmetik und hausgemachte Leckereien selbst herzustellen, sollte dafür hochwertige Zutaten wie biologisches Bienenwachs, kalt gepresste Pflanzenöle und biologisch hergestellte Produkte verwenden. Die verwendeten Kräuter und Wildfrüchte sollten aus dem eigenen Garten oder aus

• Tipp der *Kräuterfee* — Räucherbuschen •

Um Räucherbuschen zu binden, brauchen Sie reißfestes, nicht synthetisches Garn und die frischen Kräuter. Als Grundstock eignet sich der am festen, langen Stiel wachsende Beifuß sehr gut. Breiten Sie den Beifuß am Boden aus und legen Sie die anderen Kräuter darauf, rollen Sie das Ganze zu einer Rolle zusammen, sodass der Beifuß außen herum abschließt, knoten Sie den Anfang des Bündels fest zusammen und wickeln Sie das Garn in etwa 2 cm großen Abständen fest rundherum. Machen Sie etwa alle 5 cm einen Zwischenknoten, damit sich der Buschen beim Abbrennen nicht auflöst. Die Pflanzenteile müssen ganz fest aneinanderliegen und fest gebunden sein, damit sie beim Anzünden gut durchglühen. Hängen Sie die fertig gebundenen Buschen an einem sehr warmen Ort zum Trocknen auf.

Zum Abbrennen zünden Sie den Buschen an und lassen ihn kurz brennen, helfen Sie mit etwas Anblasen nach. Halten Sie den Buschen über einen Teller, um keine Asche oder Glut zu verlieren, wenn Sie in geschlossenen Räumen unterwegs sind. Zum Auslöschen stecken Sie den Buschen am besten in eine Schale mit Sand.

blätter, herabgefallenes Laub der Haselnuss, Salbeilaub und die abgeblühten Lavendelblütenstände ebenso wie den Rainfarn zu ernten und in dicken Büscheln ins Haus zu bringen. Räuchern ist ein mystischer, zauberhafter Prozess. In der heißen Glut löst sich die materielle Form der Pflanze, ihre Essenz wird im Rauch frei, um zu heilen, schützen, reinigen. In diesem Bewusstsein wurde in der Vergangenheit zu vielen Gelegenheiten und Anlässen geräuchert. Räuchern war Ritual bei Geburt und Tod ebenso wie bei Heil-, Dank- und Schutzzeremonien.

In unserer heutigen Zeit gewinnt das Räuchern wieder an Bedeutung, neben dem traditionellen Gebrauch räuchert man heute auch, um sich in bestimmte Stimmungen zu versetzen oder um Stimmung zu erzeugen.

Die frisch geernteten Pflanzen binde ich zu Räucherbuschen zusammen oder hänge sie zum Trocknen auf, um sie später zu Räuchermischungen zu verreiben.

Die getrockneten Kräuter räuchert man auf Kohle. Sie können sie entweder von Hand verreiben oder in einem Mörser zerkleinern. Wenn Sie Wurzeln, Rinden (Zimt), Knospen (Nelken, Pappel), Beeren (Wacholder) verwenden, müssen Sie diese zuerst im Mörser bearbeiten und dann erst die zerkleinerten Kräuter beigeben. Auch Harze können so verarbeitet werden. Damit die Räuchermischung gut räuchert, geben Sie immer nur wenig davon auf die Kohle. Harz dient

dem Baum als Wundverschluss. Daher sollten Sie genau darauf achten, dass Sie beim Ernten des Harzes nicht die Wunden des Baumes neu aufreißen. Harz muss vollkommen trocken sein, damit es sich zum Räuchern eignet.

Jahresheilsirup und Jahrestinktur

Eine schöne Idee ist es, übers Jahr verteilt all jene Pflanzen zu sammeln, die Sie für Ihren persönlichen Heilsirup brauchen, sammeln Sie übers Jahr alles, was Ihren Leiden Linderung verschafft. Beispielsweise für einen Hustenjahressirup Huflattichblüten, Schlüsselblumen, etwas später Spitzwegerich, Gundelrebe, Tannenwipfel, Holunderblüten, Breitwegerich, Kleeblüten, Königskerzenblüten, Ysop, Salbei, Eibisch- und Malvenblüten und so weiter, bis Sie im Herbst die Sammlung abschließen.

• Wichtiges von der *Kräuterfee* •

ACHTUNG! Aufgrund seines Alkoholgehaltes ist dieser Sirup nicht für Kinder geeignet! Er wirkt aber viel intensiver als ein Sirup ohne alkoholischen Auszug, denn durch diese Art des Kräuterauszugs werden nicht nur die wasserlöslichen Wirkstoffe aus den Pflanzen gelöst, sondern auch die alkohollöslichen und teilweise die fettlöslichen.

Die Jahrestinktur kann auch pur (10–15 Tropfen täglich) oder mit Wasser verdünnt eingenommen werden oder eben, wie unten beschrieben, zu Sirup verkocht werden. Außerdem ist eine Tinktur sehr haltbar, weil der Alkohol eine konservierende Wirkung hat. Eine Tinktur hält gut ein

• Tipp der *Kräuterfee* — Hustentinktur und -sirup •

Geben Sie die Pflanzen nach und nach in ein ausreichend großes Glas mit 38%igem Schnaps. So entsteht im Laufe des Jahres eine Hustentinktur, aus der Sie im Spätherbst einen Sirup kochen können. Ist die Tinktur fertiggestellt und ausreichend lange gezogen, wird der Hustensirup zubereitet: Sie brauchen 3 Handvoll Eibischwurzeln, 1 l Wasser, 500 g Kristallzucker und 10 ml von der Jahrespflanzentinktur.

Die Wurzeln im Wasser kurz aufkochen, 10 Min. ziehen lassen und abgießen. Zucker zugeben und auf Sirupdicke einkochen, die Tinktur einrühren, heiß in kleine dunkle Flaschen füllen und kühl aufbewahren. Bei Husten mehrmals täglich ½–1 TL einnehmen.

Ein schöner Nebeneffekt dieses Rezeptes ist, dass Sie die Natur mit wachen Augen beobachten und ein ganz besonderes Erleben des Heranwachsens der Pflanzen geschieht.

Jahr, bevor die Wirkstoffe allmählich weniger wirksam werden. Mit einer Tinktur hat man eine sehr bequeme Kräuterzubereitung zur Hand. Wenn Sie beispielsweise anstatt der hustenheilenden bittere Kräuter zur Stärkung der Verdauung als Tinktur ansetzen, entsteht ein hausgemachter Magenbitter.

• Tipp der *Kräuterfee* — Herbstlicher Salat •

Für 2 Portionen Salat zum Sattessen benötigen Sie etwa:
20 g Salatgrundlage, also Vogelmiere, Labkraut und Franzosenkraut gemischt
20 Gänseblümchenköpfe und ein paar Blättchen
1 Handvoll Gundelrebenblättchen
2–3 junge Nelkenwurzblätter
1 Handvoll zarte, kleine Löwenzahnblätter
1 Apfel • etwas Kräuteressig • 3 EL gutes Sonnenblumenöl
1–2 Msp. Wildkräutersalz • Pfeffer nach Belieben
½ Gemüsezwiebel, fein gehackt • 5 Walnüsse

Vogelmiere in mundgerechte Stücke schneiden, Labkraut, Franzosenkraut, Gänseblümchenköpfe dazugeben. Alle anderen Kräuter in feine Streifen schneiden und dazumischen. Apfel sehr klein schneiden und zu den Kräutern geben. Für die Sauce Essig, Öl, Salz, Pfeffer und Zwiebel verrühren und über den Salat geben. Walnüsse grob hacken und darüberstreuen.
Wenn Sie eine süßere Variante bevorzugen, geben Sie noch je ½ TL Senf und Honig in die Salatsauce.

Herbstliche Speisen mit Pilzen und Wildfrüchten

Noch immer geben Hecken, Garten und Wald viel an Frucht und Pflanze her, die zu wundervollen, farbenprächtigen Menüs kombiniert werden können. Gerade Schwammerln und Wildfrüchte lassen sich mit heimischem Obst wie Äpfeln, Birnen, Quitten und Zwetschken oder mit Gemüse sehr gut kombinieren, sei es als Chutneys, Eintöpfe oder Gratins. Lassen Sie sich im Folgenden von den Rezepten überraschen!

Jetzt im Herbst sind nicht mehr alle Wildkräuter frisch und jung zu finden, aber manche treiben mit dem kühleren, feuchteren Wetter nochmals kräftig durch. Dazu gehören Vogelmiere, Labkraut und Franzosenkraut, welche sich gut als Salatgrundlage eignen. Sie sind mild im Geschmack sowie weich und zart im Blattgrün. Vogelmiere enthält besonders viele Vitamine und Mineralstoffe und stärkt den gesamten Körper, das ganze oberirdische Kraut mitsamt Blüten und Samen wird verwendet. Labkraut wirkt u. a. stimmungsaufhellend und krampflösend, von dieser Pflanze werden nur frische, zarte Blattspitzen geerntet. Franzosenkraut enthält viel Eisen und Mangan, für einen Salat werden die obersten Blätter mit den Blüten geerntet. Zur würzigen Beigabe des Salats habe ich auf meinem kurzen Streifzug durch die Natur auch Gundelrebe, Nelkenwurz, Gänseblümchen, Löwenzahn und ein paar Walnüsse gefunden.

Obst einkochen und dörren

Obst und Wildfrüchte müssen nun nach und nach als Vorrat in Gläser gepackt werden und auch hier gibt es unzählige Kombinationsmöglichkeiten. In meinen vorliegenden Büchern finden Sie dazu so mannigfaltige Rezepte für pikante und süße Varianten, dass ich an dieser Stelle auf diese Bücher verweisen möchte!

Selbst gemachtes Dörrobst ist keine Hexerei und schmeckt viel natürlicher als gekauftes.

> **• Tipp der *Kräuterfee* —
> Die schönsten Früchte
> verwenden •**
>
> Wählen Sie zum Dörren die schönsten Früchte aus, verwenden Sie kein Fallobst, suchen Sie moderate Wärme zum Trocknen und lagern Sie das Dörrobst kühl, dunkel und trocken.

Zahlreiche Obstsorten eignen sich zum Dörren, Klassiker sind Äpfel, Birnen, Zwetschken, Feigen und Marillen. Glücklich der, der alle diese Arten in seinem eigenen Garten hat! Außer mit Marillen sind wir hier im Traumgarten Tannberg gut versorgt und so ist es mir ein ganz besonderer Wintergenuss, nahezu täglich von den getrockneten Gartenfrüchten naschen zu können. Die einfachste Methode ist wohl das Trocknen im Backrohr bei 50 °C und etwas offener Tür, das dauert je nach Dicke der Früchte

zwar länger als im Dörrapparat, Sie haben mit 5 Backblechen jedoch sehr viel mehr Dörrfläche zur Verfügung. Dörren ist nichts weiter als Feuchtigkeitsentzug, dem naturbelassenen Obst mit fast 90 % Wassergehalt wird beim Dörren so viel Wasser entzogen, dass etwa 10–15 % bleiben. Das intensiviert die Aromen und macht die

Früchte haltbar, sie sind dann zäh und schwerer zu kauen. Falls Sie geschältes Obst dörren möchten, heben Sie die Schalen auf und trocknen Sie diese, es lassen sich daraus herrlich aromatische Früchteteemischungen herstellen! Ich lagere meine Trockenfrüchte sortenrein in Glasbehältern in der kühlen Speisekammer.

MEINE HERBSTPFLANZEN

Lavendel
Lavandula angustifolia

Lavendel ist ein sehr bekannter und geliebter Sommerduft, ein Aroma, das aus der Kosmetik nicht mehr wegzudenken ist, vermittelt es doch Sauberkeit und Frische. Ein Klassiker sind Lavendelsäckchen im Wäschekasten, um Motten zu vertreiben und für frischen Duft zu sorgen. Eine uralte Tradition, die offenbar direkt auf unseren Instinkt wirkt und sofort Wohlgefühl verbreitet, denn schon in alten Kulturen wurde Lavendel für Reinigungszeremonien verwendet. Die alten Römer badeten in Lavendelwasser, woraus sich auch sein Name ableiten lässt: „lavare" von waschen. Durch Einlegen von Blüten und Kraut in Öl oder Salz lässt sich leicht ein Badeöl bzw. Badesalz herstellen, wobei die Kombination von Rose und Lavendel fast schon ein Klassiker ist …

Leider verwenden nur wenige Menschen Lavendel noch als Heilpflanze. Ähnlich dem Johanniskraut und der Zitronenmelisse wirkt er leicht **beruhigend**. Aus diesem Grund wird er zur **Minderung innerer Unruhe** sowie **gegen Nervosität und Kopfschmerzen** verwendet. Ein kleines Kräuterkissen voll duftendem Lavendelkraut und -blüten im Bett vertreibt rastlose Nächte und sorgt für erholsamen Schlaf. Er ist auch ein wichtiger Mischungsbestandteil des Migränetees.

Lavendel zu Räucherungen eingesetzt bringt Lebensfreude! (Wird gerne nach Rainfarn, der zum Reinigen eingesetzt, und Beifuß, der für Schutz geräuchert wird, genommen.) In der Blütenküche wird er als Aromastoff für Süßes und Pikantes eingesetzt, hier ergibt sich eine große Vielfalt an Zubereitungsmöglichkeiten, besonders in der spanischen, italienischen und französischen Küche. Aus den *Herbes de Provence* ist Lavendel nicht wegzudenken. Beim Kochen ist wegen seines starken Aromas größte Vorsicht und Zurückhaltung geboten, um nicht überzudosieren! Wem es jedoch gelingt, mit Fingerspitzengefühl zu hantieren, dem werden Gerichte von unglaublicher Raffinesse gelingen.

Eine der einfachsten und beeindruckend starken Zubereitungsmöglichkeiten ist nach meiner Meinung **Lavendelblütenzucker**. Dafür werden einige frische Blüten mit Feinkristallzucker im Mörser sehr fein zermörsert und entweder als frisch zubereiteter Zucker oder getrocknet weiterverarbeitet oder zum Süßen eingesetzt.

Purpur-Sonnenhut, Igelkopf
Echinacea purpurea

Nicht nur Bienen und Schmetterlinge wissen die guten Gaben des Sonnenhutes zu schätzen, auch die nordamerikanischen Indianer wussten die Heilkraft der Pflanze für sich zu gewinnen. Die mehrjährige Heilpflanze ziert viele Gärten, ohne dass die Gartenbesitzerinnen von den abwehrsteigernden Heilkräften wissen, und schon gar nicht, wie sie den Sonnenhut selber nutzen können. Ähnlich unserem Holunderstrauch wirkt der Sonnenhut **entzündungshemmend, immunsystemstärkend und schmerzlindernd**.

In Europa werden v. a. Wurzelauszüge und Blätter des Purpur-Sonnenhutes (*Echinachea purpurea*), des Schmalblättrigen (*E. angustifolia*) und des Bleichen Sonnenhutes (*E. pallida*) verkauft. Die immunsystemstärkende Wirkung lässt sich meiner Meinung nach auch sehr gut über die Blütenblätter erfassen, die in eine Teemischung gemengt werden, z. B. mit Holunderblüten, Apfelschalen und Hagebutten. Echinachea (Bild S. 118)

• Tipp der *Kräuterfee* — Migränetee •

je 30 g Mädesüß-Kraut und Weidenrinde
je 10 g Baldrianblüten, Lavendelblüten, Zitronenmelissenkraut, Lindenblüten

1 EL Teemischung pro Tasse mit heißem Wasser aufgießen, 10–15 Min. ziehen lassen, anschließend abfiltern. In der Frühphase eines Migräneanfalles mindestens 1 Tasse dieses Tees in kleinen Schlucken und ruhiger Atmosphäre trinken. Dann die Augen schließen und entspannen, am besten hinlegen.

lässt sich gut mit halbierten Blüten und Blättern als Tinktur ansetzen, eine alkoholfreie Variante (für Kinder) ist der Honigauszug (siehe S. 131).

Sonnenblume
Helianthus annuus

Jeder kennt sie, diese Frohsinn stiftende Blume des Hochsommers, doch fast niemand weiß, dass ihre Heimat eigentlich Mittelamerika ist. Die Einheimischen nutzten die fettreichen Samen und sie wurde im 16. Jh. von den spanischen Eroberern als Zierpflanze nach Europa gebracht. Erst im 19. Jh. wurde sie zunächst in Russland als Ölpflanze entdeckt. Als einjährige, europäische Kulturpflanze gehören die Kerne und das daraus hergestellte Öl zu unserer täglichen Nahrung. **Sonnenblumenkerne** sind sehr nahrhaft,

> ### • Tipp der *Kräuterfee* — Massageöl aus Sonnenblumenblüten •
>
> Ein Schraubdeckelglas mit Sonnenblumenblütenblättern füllen und mit reinem Sonnenblumenöl in Bio-Qualität aufgießen, bis sie vollständig mit Öl bedeckt sind. Das Gefäß 3 Wochen auf dem Fensterbrett in der Sonne stehen lassen und täglich schütteln! Dann das goldgelbe Öl abgießen, die Pflanzenrückstände gut auspressen. Das fertige Öl in dunklen Flaschen aufbewahren. Dieses Sonnenblumenblüten-Massageöl ist eine Wohltat für schmerzende Gelenke. Es hilft auch bei Muskelkater, Nacken- und Nervenschmerzen, Prellungen und Hexenschuss. Bei Husten und Bronchitis kann es auf Brust und Rücken gerieben werden.

enthalten über 20 % Eiweiß, diverse Mineralstoffe sowie Vitamine und einen hohen Anteil ungesättigter Fettsäuren, sie sind wegen des hohen Fettanteiles leicht verderblich und werden leicht ranzig. Wer regelmäßig Sonnenblumenkerne knabbert, bekommt schöneres Haar, eine gesündere Haut, festere Nägel – und starke Nerven.

Aufgrund seiner hohen Giftbindefähigkeit wird **Sonnenblumenöl** auch zum Ölziehen genutzt. Eine Ölziehkur ist eine gute Maßnahme zur Gesundheitsvorbeugung, denn das Öl bindet Erreger und Schadstoffe. Dazu 1 EL Sonnenblumenöl in den Mund nehmen und etwa 2 Min. „kauen", danach ausspucken. Hierbei nimmt es Giftstoffe aus der Mundschleimhaut auf. Kinder, die gerade ihre zweiten Zähne bekommen, sollten häufig Sonnenblumenöl zu essen bekommen, das verhilft zu gesunden Zähnen und starken Knochen. Bei Erwachsenen hält es die Gefäße flexibel, beugt Arteriosklerose vor und stärkt Herz und Kreislauf. Ein altes Hausmittel ist Tee aus den gerösteten Kernen bei Keuchhusten, Husten und Bronchialkatarrh.

Beeindruckend ist, wie diese schnellwüchsige Pflanze in der relativ kurzen Zeit von Frühjahr bis Herbst zu einer bis 3 m hohen Pflanze heranwächst und dabei auch noch so wunderschön blüht. Der Name *Helianthus* leitet sich aus dem griechischen Wort *Helios* für

Sonne ab. Die Blütenköpfe und Blätter drehen sich während des Tages immer in Richtung Sonne, das ist besonders eindrucksvoll an großen Sonnenblumenfeldern zu beobachten. Die gelben **Blütenblätter** enthalten Anthocyane, das sind die intensiv gelben Farbstoffe, sowie Flavone, Betain und Cholin. Sie eignen sich als Tee bei einem sommerlichen Infekt und zur Stärkung der Abwehrkräfte sowie bei Blasenreizungen. Der leuchtend gelbe Tee schmeckt sehr gut und aromatisch und bringt strahlenden Sonnenschein in stressige Angelegenheiten! Frische Sonnenblumenblütenblätter passen auch in einen Sommersalat als farbige, vitamin- und mineralstoffreiche Zutat.

Kapuzinerkresse
Tropaeolum majus

Obwohl sie erst vor etwa 400 Jahren aus dem tropischen Südamerika nach Europa gebracht wurde, gilt die Kapuzinerkresse als klassische Bauerngarten- und Balkonpflanze. Und bei ihr sind Schönheit und vielfältige Nützlichkeit wohl vereint. Schon die runden, lebhaft grünen Blätter, deren Stängel lotosblumenähnlich in der Blattmitte angesetzt sind, sind unverwechselbar und wenn morgens glitzernde Wasserperlen auf ihnen liegen, von so berührender Reinheit, ist dies von anderen grünen Blättern optisch nur schwer zu toppen. Aber natürlich sind es v. a. die orangegelben, gelben oder leuchtend rotorangen, eigentümlich geformten Blüten, die den Blick auf sich ziehen (Bild S. 120).

Schon früh galt die Kapuzinerkresse als wirksames Mittel bei Skorbut und tatsächlich enthält sie genauso viel **Vitamin C** wie Sanddornfrüchte! Es gilt als erwiesen, dass sie **antibiotisch und antiviral** wirkt und auch wirksam gegen Candida-Pilze ist. Dass Krankheitserreger gegen die Pflanze resistent geworden wären (so wie gegen Antibiotika), ist nicht bekannt. Allerdings wirkt sie ausschließlich frisch geerntet gut, jede Verletzung bei der Ernte, aber auch bei der Trocknung führt dazu, dass sich die leicht flüchtigen, schwefelreichen Wirkstoffe verflüchtigen. Diese Schwefelsubstanzen werden von unserem Körper schon in den obersten Darmabschnitten aufgenommen und stören somit die Darmflora nicht, sondern verlassen unseren Körper, indem sie großteils ausgeatmet werden. Daher sind sie bei Atemwegsinfektionen hoch heilend! Aber auch bei Blaseninfekten ist die Kapuzinerkresse sehr wirksam, denn mit ihrem Schwefel wirkt sie auch wärmend und ein Teil der Inhaltsstoffe wird über die Nieren ausgeschieden.

Von der Kapuzinerkresse können **alle oberirdischen Pflanzenteile gegessen werden**, frisch können fein geschnittene Blätter als Gewürz für Salate, Aufstriche oder Suppen verwendet werden, Gleiches gilt für die äußerst dekorativen Blüten, die natürlich im Ganzen verwendet werden. Blütenknospen und junge Samen können wie Kapern zubereitet werden: Über Nacht in Salz legen, dann abtropfen lassen, in guten Gewürzessig (mit Estragonblättern, Piment oder Senfkörnern versetzt) geben und einige Wochen ziehen lassen. Sowohl aus kulinarisch-optischer als auch aus pflanzenheilkundiger Betrachtung lohnt es sich auf alle Fälle, ab und zu Kapuzinerkresse auf den Tisch zu bringen. Oder bei Halskratzen in den Garten zu pilgern, um sie direkt aus dem Beet zu essen, die jungen Blätter sind dabei am inhaltsstoffreichsten.

• **Tipp der** *Kräuterfee* —
Pflanzhinweis •

Übrigens soll Kapuzinerkresse unter Obstbäume gepflanzt werden, damit diese gesund, robust und schädlingsfrei bleiben!

Franzosenkraut

Galinsoga ciliata und *Galinsoga parviflora*

Das ursprünglich aus Mittel- und Südamerika stammende Franzosenkraut wächst bei uns als Beikraut am Acker oder im Gemüsegarten und ist als Unkraut gefürchtet. Bei uns breitete es sich zu Zeiten der Napoleonischen Kriege aus, weshalb es weitläufig als Franzosenkraut bekannt ist. Dort wurde es schon zur napoleonischen Zeit wegen seiner wohlschmeckenden Blätter als Kulturpflanze angebaut.

Franzosenkraut, auch Knopfkraut, sprießt recht spät im Jahr und wer es im Gemüsegarten als wertvolles, aromatisches Wildkraut erhalten möchte, muss ab Ende Mai beim Jäten aufpassen, damit er die zarten Pflänz-chen nicht mit erwischt. Ich schätze das Kraut sehr, sein Aroma ist überraschend mild nach Sonnenblumenkernen und die stecknadelkopfgroßen Blütchen sehen aus wie Minimargeriten. Als Grünpflanze eignen sich das junge Kraut und die oberen Stängelteile samt Blüten, es kann **gegart oder frisch** verwendet werden. Besonders hübsche Salatarrangements entstehen, wenn das blühende Kraut in bunten Salaten und Gemüsemischungen verwendet wird. Franzosenkraut hat einen hohen Eisengehalt und außerdem viel Calcium, Magnesium, Mangan, Vitamin C und A und lässt sich unheimlich vielfältig verwenden. Als Salatgrundlage, im Smoothie, für Pesto, als Kochgemüse oder Zusatz im Gemüse, aber auch getrocknet als Gewürz. Die Pflanzen sind sehr vital und enthalten viel Eiweiß.

Franzosenkraut kann uns Kraft und Energie geben, um auch schwere Zeiten gut zu überstehen. In seiner ursprünglichen Heimat Peru wird es **unterstützend zur Regenerierung nach langen Krankheiten** eingesetzt. Mit seinem hohen Eisen- und Eiweißgehalt sowie seiner Wuchsfreudigkeit erinnert es an Brennnesseln. Jetzt im Herbst sind nicht mehr alle Wildkräuter frisch und jung zu finden, aber manche treiben mit dem kühleren, feuchteren Wetter nochmals kräftig durch. Dazu gehört neben der Vogelmiere auch das Franzosenkraut, welches sich wegen ihres milden Geschmackes gut als Salatgrundlage eignet.

Minze

Mentha ssp.

Minzen findet man an feuchten Stellen in der Natur und in vielen Gärten, wenn man sie lässt, verbreiten sie durch ihre langen, unterirdischen Ausläufer im ganzen Garten. Sie lieben feuchte Standorte und sind ansonsten genügsam und pflegeleicht. Es gibt so viele verschiedene Arten und Sorten, dass man sie gar nicht fassen kann. Der Name Minze geht auf eine griechische Sage zurück. Gott Hades, Herrscher der Unterwelt, soll sich leidenschaftlich in die schöne Nymphe Minthe verliebt haben, seine eifersüchtige Gattin Persephone zerriss die Schöne und verstreute diese am Berg Pylos. Aus diesen Teilen erwuchs Unkraut. Hades, immer noch in Minthe verliebt, gab diesem Unkraut sein Glied, woraufhin es einen unbeschreiblich aromatischen, balsamischen Wohlgeruch annahm, der seitdem Menschen und Götter betört. Minzen wurden seit jeher eingesetzt, um die Lust zu steigern, so empfahl schon in der Antike Aristoteles die **Minze als Aphrodisiakum** und es wurden die Tische vor den Gelagen mit duftender Minze eingerieben, bei den Kelten wurde Minze für Liebes- und Heilungsrituale gebraucht und auch heute noch gilt sie als aphrodisierend, besonders in Kombination mit Schokolade.

Unsere heimische „Pfefferminze" erblickte jedoch erst viel später, nämlich 1696 offiziell im Garten eines englischen Züchters das Licht der Welt: Sie ist eine Kreuzung der aus

• Wichtiges von der *Kräuterfee* •

Pfefferminzöl wird immer nur in ganz kleiner Dosierung eingesetzt, da man die stärkste Wirkung mit kleinen Dosen erreicht. Doch Vorsicht! Minzöle sollte man nur punktuell und nicht großflächig einsetzen, da sie ein starkes Kältegefühl hervorrufen.
Nicht bei Babys und Kleinkindern unter 3 Jahren einsetzen, da die Gefahr eines Atemstillstands besteht.
Besonders im warmen Wasser wirken Minzöle mit Menthol extrem auskühlend, daher nicht im Badewasser und nicht abends einsetzen, weil sie überdies munter machen.

dem Mittelmeerraum stammenden Grünen Minze (*Mentha spicata*) und der heimischen Wasserminze (*Mentha aquatica*). Ab Mitte des 18. Jh.s wurde sie dann in der Nähe des englischen Ortes Mitchum im größeren Stil angebaut. Heute wächst sie in der ganzen Welt. Ihren frischen Duft oder ihre Blätter findet man in Zahnpasta und Kaugummi, aber auch in Mojito, Pfefferminzlikör, Pfefferminztee oder als Zutat in Schokolade.

Die Arzneiwirkung von Minze beruht hauptsächlich auf ihrem **hohen Gehalt an ätherischen Ölen**. Der größte Anteil davon ist Menthol, der Rest sind andere ätherische Öle wie Menthon, Flavonoide, Gerb- und Bitterstoffe, wobei sich die unterschiedlichen Minzsorten in den Inhaltsstoffen stark unterscheiden. So findet man in der Bergamotteminze kein Menthol und Methon. Sie ist daher sehr mild. Die Art mit dem höchsten Mentholgehalt von 50–80 % ist die Ackerminze (*Mentha arvensis*), die Pfefferminze weist 40–45 % Menthol auf.

Ätherisches Minzöl gehört zu den bekanntesten Essenzen in der **Aromatherapie**. Sein Duft stärkt das Gehirn, fördert klares Denken und erfrischt den Geist, Minze gilt als hormonfördernde Heilpflanze. Minzöl sollte in keiner Reiseapotheke fehlen. Es ist ein schnell wirksames Mittel in akuten Fällen und hilft bei Schwindel, Reiseübelkeit, Herzklopfen, Schock und Schwäche. Schon 1 Tropfen ätherisches Minzöl auf einem Taschentuch bewirkt kleine Wunder. Vermischt man einige Tropfen ätherisches Öl mit Pflanzenöl, erhält man ein ideales Öl bei Verspannungen. Durch seine antiseptischen und schleimlösenden Eigenschaften ist Minzöl hilfreich bei Schnupfen, Erkältung und Grippe. Man kann es inhalieren oder in Salben einsetzen. Im Mundwasser und der Zahnpasta wirkt es erfrischend und antiseptisch.

Auch in der **Kosmetik** ist die Minze unentbehrlich. Sie reinigt und klärt, entgiftet und entstaut. Daher eignet sie sich besonders für müde, gestaute und unreine Haut.

In unserem Hausgebrauch verwende ich gerne die Rossminze, die wenig Menthol enthält und daher sehr mild wirkt, die Pfefferminze setze ich als ausgesprochene Heilpflanze ein.

Ein wirklich wundervolles Zitat von Walahfried Strabo möchte ich an dieser Stelle noch anführen, das zeigt, wie mannigfaltig und zauberhaft die Minze ist: *„Wenn aber einer die Kräfte und Arten und Namen der Minzen samt und sonders zu nennen vermöchte, so müsste er gleich auch wissen, wie viele Fische im Roten Meer wohl schwimmen, vor wie vielen Funken Vulkanos, der Schmelzgott von Lemnos schickt die Lüfte empor aus riesigen Essen des Ätna"*. (Aus Walahfried Strabo, „Liber de cultura hortorum" (Von der Pflege der Gärten), ISBN 978-3-930978953, Abt des Benediktinerklosters Reichenau 808–849 n. Chr.)

Herbsttrompete
Craterellus cornucopioides

Herbsttrompeten wachsen dichtbüschelig zwischen altem Laub, besonders unter Kiefern und Buchen, und sind ab September zu finden. Anfangs ist es etwas schwierig, zwischen all den bunten Blättern die dunklen Pilze zu erkennen, aber wenn der Blick einmal eingespielt ist, finden Sie am richtigen Standort einen neben dem anderen. Der braunschwarze Pilz (Bild unten) ähnelt in seiner Form dem Eierschwammerl. In getrocknetem Zustand sieht der Pilz dunkelgrau aus.

Im Unterschied zum Eierschwammerl ist der Stiel innen bis zum Grund hohl und ohne Leisten. Er ist auch viel dünnwandiger. Sein leichter, würziger Pilzduft ist sehr angenehm.

Richten Sie große Sorgfalt auf das Reinigen der frisch gesammelten Pilze, bevor Sie sie in den Sammelkorb legen, da kleine Tiere bis zum Stängelgrund klettern und auch Erde und Nadeln bis dahin vordringen. Große Pilze können der Länge nach halbiert werden, um sie leichter zu reinigen. Alte und junge Pilze lassen sich leicht voneinander unterscheiden: Die alten sind lange nicht so elastisch, brechen leicht und sind auch oft schwammig und nass. Sammeln Sie lieber die jungen Exemplare.

• **Wichtiges von der**
Kräuterfee •
Herbsttrompeten sollten keinesfalls gewaschen werden, damit sie ihr zartes Aroma nicht verlieren!

Mit ihrer spektakulären, schwarzgrauen Farbe und dem delikaten Geschmack ist die Herbsttrompete eine extravagante und aromatische Zutat zu allen Pilzgerichten, für Brötchen und Buffets. Den schönsten Namen hat dieser aromatische Pilz im Englischen, wo er „horn of plenty" (Füllhorn) genannt wird. Seine schwarze Farbe macht ihn sehr interessant für die Kombination mit orangerotem Kürbis, buntem Paprika und gelben

Eierschwammerln. Duft, Aroma und Beschaffenheit sind im Vergleich zum pfeffrigen Eierschwammerl eher **zart-feinwürzig**. Herbsttrompeten eignen sich sowohl zur Herstellung von Saucen und Füllungen für Strudel und Teigtaschen als auch als Suppeneinlage und eingelegt als Essigpilz oder süß-sauer als Beigabe zu Antipasti-Tellern oder Brötchen. Köstlich schmecken sie in Butter und Schnittlauch gedünstet. Eingefroren werden Herbsttrompeten am besten, wenn sie zuvor in Butter gedünstet wurden. Allerdings lassen sie sich so einfach trocknen und wiedereinweichen, wobei sie sogar an Aroma gewinnen, dass mir einfrieren überflüssig erscheint.

Hallimasch
Armillariella mellea

Der Hallimasch wird im Volksmund auch „Honigtrichterling" genannt, was sich jedoch nicht auf sein Aroma, sondern auf seine Farbe bezieht. Sein 3–20 cm breiter, blass honigbrauner bis dunkelbrauner Hut ist erst kugelig, dann flach gewölbt und in der Mitte leicht eingesunken. Junge Exemplare haben in der Hutmitte oft einige faserige Schuppen. Die Lamellen an der Hutunterseite sind erst weiß, dann gelblich, aber niemals schwefelgelb oder grünlich. Junge Exemplare haben an der Hutunterseite eine weißliche, gespinstartige Haut, die die Lamellen verbirgt und später zur flockigen, gelb-rotbraunen Manschette am Stiel wird. Der Stiel ist im Verhältnis zum Hut schlank und bis zu 20 cm hoch,

erst weiß, dann gelblich und holzig. Das Fleisch ist weiß, von leicht bitterem Geschmack und riecht eher unangenehm pilzig. Geruch und Geschmack verbessern sich jedoch nach dem Kochen deutlich.

Der Hallimasch (Bild S. 135) ist ein **Baumparasit** und befällt v. a. Fichtenbaumstämme. Er wächst büschelig in dichten „Familienverbänden" als Parasit an deren Stämmen und auch in Hexenringen um vergrabenes Holz. Auch auf Buchen, Weiden, Pappeln und Obstbäumen ist er manchmal zu finden. Er ist ziemlich verbreitet und meist in großen Mengen anzutreffen. Vom Spätsommer bis in den Spätherbst hinein lohnt es sich, nach ihm an alten, morschen Fichtenbaumstrünken Ausschau zu halten. Oft befällt er noch lebende Bäume. Mit seinen weißlichen Lamellen unterscheidet er sich eindeutig vom ansonsten ähnlichen Grünblättrigen Schwefelkopf, dessen Lamellen schwefelgelb bis grünlich sind. Auch bestehen Verwechslungsmöglichkeiten mit den tödlich giftigen Rauköpfen.

• Wichtiges von der *Kräuterfee* •

Es gibt fünf Arten des Hallimaschs. Sammeln und verwenden Sie nur jene, die bei Fichten wachsen! Er sollte keinesfalls roh genossen werden, da er als leicht giftig gilt und bei empfindlichen Menschen Verdauungsstörungen hervorrufen kann. Ich empfehle Ihnen, den Hallimasch auf alle Fälle vor dem Verzehr in Wasser abzukochen, das Kochwasser wegzuschütten und den Pilz erst dann blättrig zu schneiden und zu kochen oder anders weiterzuverarbeiten. So behandelt, ist er ein fester, knackiger Speisepilz, der auch sehr ergiebig ist.

Er passt hervorragend zu Nudelgerichten, etwa Spaghetti. Vorzüglich schmeckt er mit Butter und Knoblauch gebraten, aber auch Eintöpfe und Suppen können mit ihm verfeinert werden. Auch als Mischpilz lässt er sich verwenden. Gut geeignet ist der Hallimasch zum Einlegen in Essig oder Öl, aber auch für Duxelles. Zum Tiefkühlen ist er nicht geeignet. Die holzigen Stiele älterer Exemplare sollten entfernt werden.

Schwarzer Holunder
Sambucus nigra

„Rinde, Beere, Blatt und Blüte, jeder Teil ist Kraft und Güte, jeder segensvoll." So lautet ein altes Sprichwort. Und in der Tat: Holunder ist der Klassiker aus Omas Küche, er verleiht allen Zubereitungen eine kräftige violette Farbe. Egal ob feine Desserts, kräftige Fruchtsuppen oder pikante Saucen zu deftigem Essen, die Zubereitungen aus den schwarzblauen Früchten schmecken köstlich – und viel Vitamin C und Anthocyane machen sie supergesund.

Holunderbeeren (Bild oben) enthalten – vorrangig in unreifem Zustand – eine giftige Substanz namens **Sambunigrin**. Daher müssen die Früchte unbedingt vor dem Verzehr erhitzt werden, dann sind sie gut verträglich. Die Beeren besitzen wertvolle medizinische Eigenschaften, da sie Anthocyane, Flavonoide, Zucker, Fruchtsäuren, Folsäure, Gerb- und Bitterstoffe und v. a. wertvolle ätherische Öle, Mineralstoffe und Vitamine (besonders Vitamin C) enthalten. Der Schwarze Holunder ist **eines der besten Vorbeugungsmittel gegen den Vormarsch der Grippe und die negativen Auswirkungen einer Erkältung**. Mit einem Fruchtmus haben Sie ein starkes Hausmittel bereit, das das Immunsystem stärkt, Rheuma- und Nervenschmerzen lindert und bei bellendem Husten und Heiserkeit hilft. 6–8 EL werden über den Tag verteilt eingenommen, prophylaktisch 3–4 EL.

Hollerbeeren werden zu **Saft, Suppe, Mus, Marmelade, Kompott, Gelee und Schnaps bzw. Likör** verarbeitet und sind eine Wohltat für Gesundheit und Geschmacksnerven. Nach dem Waschen lassen sich die kleinen Beeren leicht mit einer Gabel von den Fruchtständen lösen. Beim Ablösen von Hand können sie leicht platzen und die Finger unerwünscht blau färben. Wenn das passiert, die Hände am besten mit Zitrone reinigen. Holunder kann mit Brombeere, Zwetschke, Apfel, Quitte oder Birne kombiniert werden. Als Gewürze eignen sich Zimt, Nelke und Zitronenschale. Ein Klassiker aus der österreichischen Küche, der diese Zutaten vereint, ist der Hollerröster (siehe S. 136), der gerne zu Süßspeisen wie Kaiser- oder Topfenschmarren gereicht wird.

Schwarzer Holunder wächst gerne in der Nähe von Häusern und hat seit jeher eine innige Verbindung zum Menschen. Seine heilenden Eigenschaften sind seit Jahrtausenden bekannt. Viele volkstümliche und magische Traditionen in Europa kreisen um den Holunderstrauch. Er wurde wegen seiner vielfältigen Anwendung als „Arzneischrank der Natur" bezeichnet und hatte einen festen Platz in Europas Brauchtum, so glaubte man an den Schwarzen Holunder als Schutzpflanze. Er kam während der Christianisierung in Verruf und wurde zum „Baum des Teufels". Möglicherweise war dies der Grund, dass Hildegard von Bingen schrieb, der Holunder würde zur Anwendung beim Menschen nicht taugen. Andere Heilkundige des Mittelalters, wie Paracelsus, priesen seine Heilwirkung dennoch. Übrigens sagt man, es bringe Unglück einen Hollerstrauch zu schneiden oder gar zu fällen, weil in ihm die guten Hausgeister wohnen.

Weißdorn
Crataegus monogyna und *C. laevigata*

Der Weißdorn – in den nördlichen Regionen Europas ursprünglich heimisch, aber mittlerweile fast auf der ganzen Welt verbreitet – ist eine Pflanze voller Mythen. Da diese v. a. mit viel Schlaf und der letzten Ruhe zu tun haben, nannte man ihn im Volksmund auch „Schlafdorn" und es ist auch der Schlafdorn, der als Hecke rund ums Dornröschenschloss gewachsen ist …

Weißdornfrüchtetee ist ein **hervorragendes, mildes Herzmittel**, er harmonisiert die Herztätigkeit, indem er dafür sorgt, dass die Herzkranzgefäße besser durchblutet werden und sie den Sauerstoff besser aufnehmen können. Der Herzmuskel arbeitet so beständiger und gleichmäßiger. Die Lebensqualität wird verbessert und das Altersherz gestärkt. Als Morgengetränk für ältere Menschen ist

• Tipp der *Kräuterfee* — Weißdornfrüchtetee •

3–4 TL Früchte zerstoßen, in 500 ml Wasser über Nacht ziehen lassen, anschließend kurz aufkochen, nochmals 20 Min. ziehen lassen, über den Tag verteilt trinken.

• Tipp der *Kräuterfee* — Dreierlei Weißdorntee •

2 TL getrocknete Blüten und Blätter sowie 1 TL frische Früchte mit 1 Tasse heißem Wasser (250 ml) überbrühen und 20 Min. ziehen lassen. Morgens und abends je 1 Tasse genießen, gerne mit Honig gesüßt.

Diesen Tee können Sie als Kur unbedenklich über längere Zeit trinken. Weißdorn bringt verbrauchte Energie sofort zurück, er ist eine der besten Heilpflanzen für alle, die sich müde fühlen, denen es an Spannkraft fehlt, die schlecht schlafen, schwer atmen, zu Schwindelanfällen, Herzklopfen, Angstgefühlen, Nervosität oder Ohrensausen neigen, kurz: für alle Stressgeplagten. Und erholsamer Schlaf stellt sich wie von alleine ein.

Weißdornfruchttee sehr zu empfehlen! Neben dem Tee regt auch das Mus aus den Früchten die Herztätigkeit an und hilft auch bei Magen-Darm-Grippe. Besonders für Kinder ist es gut einsetzbar. Er senkt außerdem den Blutdruck und wirkt beruhigend bei Übererregbarkeit, das macht den Weißdorn zu einer ganz besonderen Heilpflanze, denn er wirkt messbar, frei von Nebenwirkungen.

Aber sein Wirken ist noch weiter zu fassen: Weißdorn bringt den Menschen wieder mehr Energie und hilft bei nervöser Anspannung, bei Ängsten, Stress, Enttäuschung und altem Schmerz, er tröstet beim Verlust eines geliebten Menschen, selbst für junge Menschen ist er der Herzheiler-Tee Nummer 1 bei Liebeskummer! Wenn Ihnen das

Herz also bis zum Hals schlägt, dann machen Sie einfach eine Teekur mit Weißdorn. Neben den Früchten (Bild unten) können Sie auch Blüten und Blätter als Heilmittel verwenden und Tee daraus kochen. Die Blätter kräftigen das Herz am stärksten, die Blüten wirken etwas schwächer. Am schönsten finde ich eine Teekombination aus allen drei Pflanzenteilen.

Bucheckern
Fagus sylvatica

Mit dem Herbst kommt auch die Erntezeit im Wald. Während Kinder ihre Schultaschen mit Kastanien und Eicheln für den Bastelnachmittag vollstopfen, bleiben die Früchte der Buche oft achtlos liegen. Dabei sind Bucheckern im Vergleich zu Eicheln und Kastanien die mit Abstand leckersten Früchte. Ein gutes Buchenjahr kommt nur alle drei Jahre vor, das nennt der Förster „Vollmast" und das bietet eine gute Gelegenheit, mit den dreikantigen Nüssen am heimischen Herd zu experimentieren.

Bucheckern haben einen Fettgehalt von rund 40 %, außerdem sind sie reich an Mineralstoffen, Zink und Eisen. Als energiereiches Nahrungsmittel für den Menschen sind sie fast in Vergessenheit geraten, in den Notzeiten nach dem Krieg waren sie dagegen in aller Munde. Tatsächlich lassen sich die Eckern recht **vielfältig in der Küche einsetzen**. Zu Mehl geschrotet, können sie zu Brot, Keksen oder anderen Leckereien verbacken werden. Aber auch ganze Bucheckern können gut mit anderen Zutaten kombiniert und für Kuchen und Gebäck verwendet werden.

Die vom Spaziergang mitgebrachten Bucheckern müssen zuerst aus der Schale gekitzelt werden, das ist zum Glück relativ einfach: Dazu bricht man die Spitze und kann dann gleichzeitig eine Seite öffnen, so bekommt man die Frucht ganz leicht heraus. Früchte, die man zusammendrücken kann, sind leer, die Mühe kann man sich sparen. Ich übergieße die Eckern immer mit kochendem Wasser. Dann schwimmen die hohlen Früchte oben und die Schale lässt sich von den verbliebenen Früchten viel leichter entfernen. Die nun „nackten" Bucheckern in eine heiße Pfanne geben und trocken, also ohne Fett, einige Minuten rösten, bis sie duften. Anschließend über den Salat oder ein beliebiges anderes Gericht geben und servieren. Sie schmecken lecker, toll nussig und peppen jeden Salat auf. Man kann sie auch auf Vorrat sammeln, am besten bewahren Sie geröstete Früchte auf, die Sie in den nächsten Monaten verbrauchen.

Rosskastanie
Aesculus hippocastanum

Die Rosskastanie ist ein stattlicher Baum, der mich dreimal im Jahr in seinen Bann zieht: Im Frühjahr, wenn er seine klebrigen, braunen Knospen zu zart grünen, flaumigen Blatthänden entfaltet und diese dem Licht entgegenbreitet, im Frühsommer, wenn er seine Blütenkerzen entfaltet und ich mich in dem Meer aus kleinen, zweierlei Blüten – weiße mit rosa Adern und rosarote mit weißen Adern – ver-

liere, und dann im Herbst, wenn die heiß begehrten, glänzenden, braunen Früchte aus ihrem grünen Stachelkleid blitzend im Gras liegen.

Angeblich wurde ihre Heilkraft entdeckt, weil türkische Belagerer sie ihren keuchenden Pferden fütterten. Blätter, Blüten und Rinde hatten aber schon länger ihren Platz in der Volksheilkunde. Besonders **als Mittel bei Venenerkrankungen mit schweren, schmerzenden und juckenden Beinen** werden Rosskastanienzubereitungen nach wie vor eingesetzt. Verwenden Sie die hausgemachten Auszüge nur äußerlich, um keine Überdosis an Aescin zu bekommen. Für den Auszug muss der Alkohol unbedingt verdünnt werden. Nur gewässerte Alkohole mit max. 20 Vol.-% Alkohol können wirksam die Saponine aus den Kastanien lösen.

Knospen von Balsampappel, Lungauer Balsampappel und Schwarzpappel
Populus balsamifera, Populus trichocarpa 'Lungau' und *Populus nigra*

Aus den Knospen der Pappel wurden schon im Altertum Salben bereitet,

Bis in den Februar hinein können Sie die Knospen von Schwarz- und Balsampappel ernten, dann ist ihr Feuchtigkeitsgehalt am niedrigsten. Jedenfalls sollte die Ernte erfolgt sein, bevor sich die Pappelblätter entfalten. Einzig die harzigen Knospen enthalten die **desinfizierende, entzündungshemmende Propolis!** Nutzen Sie dafür die Äste, die vom Windbruch am Boden liegen. Die Knospen eignen sich sowohl für Ölansätze und zur Cremeherstellung als auch zu Räucherzwecken. Zu all dem müssen die Knospen gut getrocknet sein und viel Harz enthalten, das sehen Sie am besten, indem Sie die Knospen zerpflücken und testen, ob die kleinen Blättchen harzige, orangefarbene Fäden ziehen.

Pappelsalbe, die Salbe mit langer Tradition, die man gut selber machen kann, wurde traditionell mit Schmalz hergestellt: Die Knospen einfach in 50–60 g Schmalz erhitzen, ziehen

so wurde Pappelsalbe bereits vom berühmten Arzt Galen empfohlen. Das pappige Harz wirkt antimikrobiell und heilend. Dazu können eigentlich die Knospen aller Pappeln verendet werden, besonders reich an Inhaltsstoffen sind jedoch die Balsampappeln, da sie besonders stark harzende Knospen besitzen (auch die nordamerikanische Balsam-Pappel). Sie riechen angenehm würzig-balsamisch und schmecken bitter. Medizinisch wertvoll sind jedoch auch die Knospen einheimischer Pappeln wie Zitter-, Schwarz- und Silberpappel. Alle enthalten in Rinde, Knospen, Blättern und Triebspitzen mehr oder weniger konzentriert Substanzen, die effektiv **entzündungshemmend, abschwellend, schmerzstillend, harntreibend, fiebersenkend**

und hautpflegend wirken. Auch die heilende Wirkung der Pappel in Form von Aufgüssen ist dem Menschen nachweislich seit der Antike bekannt.

• **Tipp der _Kräuterfee_ – Ölauszug von Schwarzpappelknospen** •

Ein Glas zu ⅔ mit den zerkleinerten Schwarzpappelknospen füllen, Öl bis zum oberen Rand des Glases zugeben. Die Pflanzenteile dürfen nicht feucht sein, sonst beginnt das Öl innerhalb kürzester Zeit zu gären. Vorsichtig umrühren und schütteln, um verbleibende Luftbläschen an die Oberfläche zu bringen. Es ist wichtig, dass sich alle Pflanzenteile unter der Ölschicht befinden, da sie sonst zu schimmeln beginnen. Nun das verschlossene Glas für mindestens 6 Wochen an einen warmen Ort im Haus stellen, besser länger. Nach spätestens 6 Monaten den Auszug abfiltern, dabei die Pflanzenreste gut ausdrücken.
Die Haltbarkeit des Ölauszuges hängt maßgeblich von Art und Qualität des Ausgangsöles ab. Olivenöl ist beispielsweise ein lange haltbares (2 Jahre) Universalöl. Sie können aber auch Mandel-, Sonnenblumen- oder Sesamöl verwenden, aber bitte alles in Bio-Qualität.

lassen und abfiltern. Ich persönlich halte jedoch von diesem Rezept nicht viel, ich denke, Schweineschmalz war einfach ein gut zu bekommendes Fett und wurde deshalb verwendet, reines Olivenöl aus dem Mittelmeerraum und duftendes Bienenwachs ziehe ich vor. Wegen ihrer grünen Farbe nannte man sie auch einfach „Grüne Salbe". Das hautfreundliche und entzündungshemmende Harz der Pappelknospen löst sich in Öl, darum macht man aus den Knospen zuerst einen Ölauszug, der dann zur Creme verarbeitet wird.

Die beste Zugsalbe, die mir bekannt ist, ist jene aus Schwarzpappelknospen (siehe S. 138), sie vermag auch geschlossene Abszesse zu öffnen und zu desinfizieren. Diese Salbe ist auch die heilkräftigste, die unsere Flora

zu bieten hat, sie reinigt und heilt eiternde, stark entzündete Wunden und Verbrennungen nahezu narbenfrei. Balsampappelcreme (siehe S. 138) hilft bei Problemen der Haut, bei Entzündungen und leichten Verbrennungen und lindert Gelenkschmerzen, Verrenkungen und Verzerrungen. Auch gegen Hämorrhoiden kann sie hilfreich sein. Eine selbst gemachte Salbe mit heilenden Zutaten ist eine Wohltat! Ich gebe zur Heilcreme auch immer Lanolin dazu, das macht eine schöne warme Hülle auf der Haut.

Eicheln
Quercus ssp.

Eichelkaffee! Das ist wohl für die meisten von uns das Erste, was uns zu dieser Pflanze einfällt. Ich habe mich lange gefragt, warum sich denn in

Notzeiten die Menschen Kaffee, ein Luxusgetränk, gemacht haben, bis ich draufkam, wie nahrhaft diese Eichelbrühe ist. Und genau deshalb wurde sie mühevoll zubereitet: Sie bewahrte die Menschen vor dem Hungertod! Übrigens ist der Kaffee auch ein sehr kräftigender Trunk für Kinder und ältere Menschen, Pfarrer Kneipp hat ihn sehr gelobt. Für den **Eichelkaffee** wurden die reifen Eicheln geschält, in kleine Stücke geschnitten und bei schwacher Hitze in einer Eisenpfanne geröstet, bis sie braun waren. Dann wurden sie gemörsert und in einer Kaffeemühle gemahlen.

Ebenso war es mit dem **Eichelmehl**. Dazu wurden die Eicheln geschält und über mehrere Tage eingewässert, wobei das Wasser alle 5 Std. gewechselt wurde. So verlieren sie einen Großteil

• Tipp der *Kräuterfee* — Kaffee aus Eicheln (Muckefuck-Kaffee) •

Die frisch gesammelten Eicheln schälen und in eine weite, etwa 4 cm hohe Kasserolle oder einen Bräter füllen und bei geschlossenem Deckel im Backrohr bei 200 °C unter häufigem Wenden oder Schütteln der Kasserolle so lange rösten, bis sie dunkelbraun und trocken sind. Auskühlen lassen und in einer Dose lagern. Nach Bedarf in einer Küchenmaschine oder Getreidemühle mahlen, den Eichelkaffee wie Bohnenkaffee in einem doppelt verlegten Filter (2 Filter ineinanderstecken) aufbrühen.

Vorsicht! Eichelkaffee niemals in einer Espressomaschine zubereiten! Das stärkehaltige Eichelpulver verstopft die Maschine!

erst zu verkochen bzw. den Tieren zu füttern. Diese Art von Gebrauchswissen eigneten sich die Menschen meist durch Naturbeobachtungen an, in diesem Fall bei Schweinen, die gezielt gekeimte Eicheln zum Fressen suchten … ja, unter den Eichen wächst bekanntlich der beste Speck …

der Bitterstoffe. (Anm.: Genauso gut kann man die Gerbstoffe entfernen, indem man die Eicheln beim Wässern kocht, sie vorher anröstet und schält, das ist von der späteren Verwendung abhängig. Wichtig ist, dass sie so lange gewässert werden, bis das Wasser endlich klar bleibt und sich nicht mehr verfärbt.) Wenn sie genügend gewässert waren, wurden sie getrocknet und zu Mehl gemahlen.

Getrocknete Eicheln können Sie übrigens auch, ohne sie zuvor entbittert zu haben, zu Mehl vermahlen und zum Brotbacken verwenden. Auf 800 g Getreidemehl passen geschmacklich 200–300 g Eicheln. Von den Inhaltsstoffen her ist klar, dass diese reichhaltigen Früchte über Jahrtausende die menschliche Nahrung mitprägten. Sie enthalten 70 % hochwertige Kohlenhydrate, 15 % Öl und 6 % Proteine und sind sehr nahrhaft. Einzig die Gerbstoffe machen Probleme und müssen entfernt werden, da sie Kopfweh und Verdauungsprobleme verursachen können.

Interessant finde ich, dass angekeimte Eicheln die Gerbstoffe verlieren, daher war es auch Brauch, die getrocknet gelagerten Eicheln in Wasser zu legen, bis sie angekeimt waren, und sie dann

MEINE LIEBLINGSREZEPTE

Lavendel
Palatschinken mit frischem Lavendelblütenzucker

4 Eier • 1 Prise Salz
250 g Weizenmehl
2 EL Zucker
Milch nach Bedarf
Butter oder Butterschmalz

Blütenzucker
Einzelblütchen von 4 Rispen Lavendel
8 EL Kristallzucker

Aus den Teigzutaten einen geschmeidigen Teig bereiten und in Butterschmalz oder Butter dünne, goldbraune Palatschinken braten, bis zum Verzehr warm stellen.

Die Lavendelblüten mit dem Zucker in einen Mörser füllen und so lange mörsern, bis eine gleichförmige, duftende, leicht blau-graue Masse entsteht. Diesen Blütenzucker großzügig auf den Palatschinken verteilen, die am besten von Hand gerollt und sofort verspeist werden sollen!

Lavendel-Dusch-Peeling
getrocknete Lavendelblüten
getrocknete Schafgarbenblüten
feines und grobes Meersalz
125 ml kaltgepresstes Olivenöl

Lavendelblüten von den Stängeln abrebeln und Schafgarbe mit der Schere in Einzelblüten zerteilen. Die Blüten abwechselnd mit feinem und grobem Salz in etwa 1 cm dicken Schichten

in ein großes Glas füllen. Wenn es randvoll ist, sollte es zu ⅔ mit Salz und zu ⅓ mit Blüten gefüllt sein (Bild rechts). Verschließen und 6 Wochen ruhen lassen.

Von diesem Ansatz vor dem Duschen eine große Handvoll entnehmen und mit dem Öl so vermischen, dass eine dickflüssige Paste entsteht.

Tipp der *Kräuterfee*

Beginnend bei den Fußsohlen von unten nach oben in kreisenden Bewegungen den feuchten Körper abreiben. Danach wie gewohnt duschen, aber nicht mehr einseifen.

Lavendelhonig

1 EL Lavendelblüten
500 g Löwenzahnsirup, selbst gemacht (ein Beispiel finden Sie im Buch „Wildfrüchte, -gemüse, -kräuter")

Für den Lavendelhonig die Lavendelblüten in ein Gewürzsäckchen oder in einen Teefilter geben. Das Säckchen gut zubinden.

Den Sirup in einen Topf geben, das Säckchen beifügen, den Sirup etwas erwärmen, von der Kochstelle ziehen und zugedeckt 4 Tage durchziehen lassen. Danach den Sirup unter Rühren erwärmen. Das Gewürzsäckchen gut ausdrücken und entfernen.

Den Lavendelhonig so einkochen, dass er dickflüssig ist, in sorgfältig gereinigte Gläser abfüllen und kühl und dunkel lagern.

Lavendelmuffins
ergibt 12 Stück

100 g Butter
je 3 EL frische Lavendel- und Rosenblüten oder 2 TL getrocknete Blüten
250 g Weizenmehl
180 g Dinkelvollkornmehl
3 TL Backpulver
100 g Rohrzucker
1 Ei
250 ml Buttermilch
Butter (für die Förmchen)

Die kalte Butter in kleine Stückchen schneiden, weich werden lassen, das Backrohr auf 180 °C vorheizen.

Lavendel- und Rosenblüten sehr fein schneiden oder mit dem Wiegemesser wiegen. In einer Schüssel beide Mehlsorten mit Backpulver, den gehackten Blüten und dem Zucker gut durchmischen. In einer anderen Schüssel das

dem alkoholischen Auszug beinahe ebenbürtig ist.

schöne, kräftige, gesunde Stängel einer mindestens 2 Jahre alten, blühenden Pflanze
flüssiger Honig

Alle Pflanzenteile – bei sonnigem Wetter geerntet – möglichst fein schneiden, in ein Glas mit Schraubverschluss geben, mit flüssigem Honig auffüllen, das Glas verschließen und den Ansatz 4–6 Wochen in der Sonne stehen lassen, dabei das Glas gelegentlich auf den Kopf drehen, damit eine gute Durchmischung erfolgt. Den Honig durch ein Sieb filtern, in kleine Gläschen füllen und kühl lagern.

Verwendungstipp der *Kräuterfee*
Kinder bekommen 3 Mal täglich ½ bis 1 TL, Erwachsene nehmen 1 EL voll ein. Man kann damit Getränke süßen oder den Honig pur verabreichen.

Immunsystemstärkender Blütentee
je 1 Handvoll Holunderblüten, Spitzwegerich, Echinacea-Zungenblüten (vom Rand des Blütenkopfes), Gundelrebenkraut, Sonnenblumenblütenblätter, Apfelschalen, Hagebutten und Holunderbeeren

Die Zutaten – alle gut getrocknet und zerteilt – miteinander mischen und in Gläsern trocken lagern.

Den Tee mit heißem Wasser aufgießen und 15 Min. ziehen lassen. Heiß und mit etwas Honig und Zitrone trinken!

Ei verquirlen und mit Buttermilch und weicher Butter mit dem Mixer verrühren.

Die Muffinförmchen mit flüssiger Butter ausstreichen. Die Buttermilchmasse vorsichtig unter die Mehlmischung heben, dabei aber nicht zu lange rühren, damit die Masse danach schön locker bleibt. Sofort in die Förmchen füllen (zu ⅔ voll) und die

Lavendelmuffins im heißen Backrohr 20–25 Min. goldgelb backen (Bild links).

Echinacea
Echinacea-Honig
Der Honigauszug ist eine der wenigen Möglichkeiten, ohne Alkohol ein Frischpflanzenheilmittel herzustellen, wobei er in seiner Wirkungsintensität

Echinacea-Frischpflanzentinktur

Für eine Frischpflanzentinktur schöne, kräftige Stängel einer mindestens 2 Jahre alten, blühenden Pflanze von Juli bis September bei sonnigem Wetter abschneiden, etwas zerkleinern und in klaren, neutral schmeckenden Obstschnaps, Wodka oder Korn legen. Dafür ein Glas mit Schraubverschluss verwenden. Das Glas verschließen, 4–6 Wochen in der Sonne stehen lassen, dabei die reifende Tinktur oft schütteln. Dann durch einen Kaffeefilter filtrieren, zum Aufbewahren in eine braune Flasche füllen und beschriften. Zum Einnehmen in ein 100-ml-Tropfenfläschchen füllen.

Verwendungstipp der *Kräuterfee*

Bei Infektionskrankheiten, zur Immunsystemstärkung bei Grippe, Erkältungen, Entzündungen, Drüsenschwellung. 3–5 Mal täglich 20 Tropfen in wenig Wasser nehmen.

Auch vorbeugend zur Steigerung der Abwehrkräfte 3 Wochen lang 3 Mal täglich 20 Tropfen in Wasser einnehmen, dann 1 Woche Pause machen. Kinder nehmen 3 Mal täglich 1 Tropfen pro Lebensjahr.

Für Umschläge bei Drüsenschwellungen, Eiterungen, Brandwunden oder Insektenstichen Umschläge mit verdünnter Tinktur machen (Verhältnis 1 Teil Tinktur : 4 Teile Wasser). Die Tinktur **(Bild unten)** kann auch in Wundsalben gemischt werden!

Sonnenblume
Sonnenblumenblütentinktur

Frische oder getrocknete Sonnenblumenblütenblätter in ein Glas mit Schraubdeckel geben und großzügig mit Schnaps oder Wodka übergießen, sodass der Alkohol die gelben Blätter bedeckt. Das Glas 3 Wochen an einem hellen Platz stehen lassen, täglich schütteln, anschließend abgießen und filtern.

Kühl und in einer dunklen Flasche aufbewahrt hält die Tinktur etwa 6 Monate. Sie fluoresziert leicht – ähnlich wie Chinin. 3 Mal täglich 20 Tropfen dieser Tinktur helfen bei sommerlichen Erkältungen, auch mit Fieber, und stärken das Immunsystem.

Sonnenblumen-Reinigungspackung
2 TL Honig
etwas warmes Wasser
1 TL Sonnenblumenöl (Bio-Qualität)
1 TL Schlagobers
1 Handvoll frische, gemahlene Sonnenblumenkerne

Honig im warmen Wasser auflösen, Öl und Obers zugeben und mit den gemahlenen Kernen zu einer Paste verrühren. 30 Min. auf Gesichts- und Halsbereich einwirken lassen, dann mit lauwarmem Wasser abspülen.

Kapuzinerkresse
Kapuzinerkresse-Kapern

2 Handvoll noch grüne, junge Kapuzinerkressesamen
250 g Salz • Gewürzessig

Die Samen für einige Stunden zum Ziehen ins Salz legen, anschließend im heißen Essig aufkochen, abseihen und in kleine Gläser füllen. Mit dem neuerlich aufgekochten Essig aufgießen und gut verschließen!

Grüner Immunsystem-Kick

je 1 Handvoll Kapuzinerkresseblätter, Spitzwegerich und Franzosenkraut
1 Banane • 1 Apfel
1 Stk. Ingwerwurzel
½ Zitrone mit Schale
Kapuzinerkresseblüten (auch Echinaceablüten) als essbare Deko

Alle Zutaten gut miteinander vermixen und die belebende Kraft des Smoothies (Bild rechts) genießen.

Resistenztropfen

Die Resistenztropfen enthalten Kapuzinerkresseblätter und -blüten als pflanzliches Antibiotikum für die Atemwege, Sonnenhut in Form von Blatt, Blüte und Stängel zur Resistenzsteigerung, Spitzwegerichblätter als pflanzliches Antibiotikum, Holunderblüten zur Immunsystemsteigerung und gegen Gliederschmerzen, Mädesüßblüten und -blätter zur Fiebersenkung, Schmerzlinderung und Entzündungshemmung sowie Gun-

delrebenkraut zur Lymphdrüsenstärkung und Anregung. Lassen Sie beim Mischungsverhältnis Ihrem Feingefühl freien Lauf und fügen Sie von jeder Zutat so viel bei, wie es Ihnen passend erscheint.

Von Ende Mai (beginnend mit den Hollerblüten) bis September die Pflanzen bei sonnigem Wetter ernten, etwas zerkleinern und in ein Glas mit Schraubverschluss geben, mit klarem, neutral schmeckendem Obstschnaps, Wodka oder Korn übergießen. Das

Glas dazwischen stets gut verschlossen halten. Wenn alle Pflanzen im Glas sind, 4–6 Wochen in der Sonne stehen lassen, dabei die reifende Tinktur oft schütteln. Dann durch ein Teesieb abschütten, zum Aufbewahren in braune Tropferfläschchen füllen und kühl lagern.

Rezept-Tipp der *Kräuterfee*

Sie können die Tinktur auch mit den getrockneten Pflanzen ansetzen, dann lasse ich sie allerdings 12 Wochen an einem warmen Platz im Haus ziehen.

Franzosenkraut
Franzosenkrautpasta

250 g Spaghetti
2 Frühlingszwiebeln
Olivenöl
500 g Franzosenkraut
100 g getrocknete Tomaten
Salz, Pfeffer
Knoblauch und Thymian
nach Geschmack
250 ml Schlagobers
Blüten nach Belieben

Nudeln nach Packungsanleitung zubereiten.

Für die Sauce Frühlingszwiebeln schneiden und in etwas Öl anschwitzen. Franzosenkraut hacken und zusammen mit den gewürfelten, getrockneten Tomaten in die Pfanne geben. Mit Salz, Pfeffer, Knoblauch und Thymian nach Geschmack würzen und mit Schlagobers verfeinern. Vor dem Servieren mit Herbstblüten garnieren.

Franzosenkrautsalat mit Avocado

2 Handvoll Franzosenkraut
½ Kopf Eiskopfsalat
1 TL Zitronensaft
2 TL Wasser
2 TL Olivenöl
2 Zehen Knoblauch
Salz
2 Avocados
1 Orange
50 g Sonnenblumenkerne
5 getrocknete Tomaten

Franzosenkraut in mundgerechte Stücke zupfen, Salatkopf waschen und in feine Streifen schneiden und mit einer Vinaigrette aus Zitronensaft, Wasser, Öl, Knoblauch und 1 Prise Salz übergießen. Avocados schälen, würfeln und über den in Streifen geschnittenen Salat geben, die Orange schälen und in mundgerechte Stücke schneiden, mit den Sonnenblumenkernen und den gehackten Tomaten bestreut servieren.

Minze
**Nervenstärkender Tee bei
Stress und Nervosität**

2 Teile Hopfenzapfen
1 Teil Pfefferminze
1 Teil Schafgarbe
1 Teil Zitronenmelisse

Den beruhigenden, entkrampfenden Hopfen mit der gedankenerfrischenden Minze, der widerstandsfähigen Schafgarbe und der nervenstärkenden, harmonisierenden Zitronenmelisse mischen. Den mit heißem Wasser aufgegossenen, 8 Min. gezogenen Tee mit Honig und etwas Zitronensaft trinken!

Kühlender Minze-Beifuß-Fußbalsam
*je 1 TL getrocknete Salbei-
und Minzeblättchen*
2 TL Beifußkraut
1 EL Rosmarin
20 g Mandelöl
5 g Bienenwachs
20 g Kakaobutter
3 Tropfen ätherisches Minzöl

Kräuter über Nacht in das angewärmte Öl legen, am nächsten Tag noch einmal erhitzen. Dann die Kräuter abgießen, gut ausdrücken. Im Öl Wachs

und Kakaobutter schmelzen, zum Schluss das ätherische Öl einrühren und die Creme (Bild links) in Töpfchen füllen.

Tipp der *Kräuterfee*

Massieren Sie die Creme nach dem Fußbad oder der Dusche in die feuchten Füße ein oder tragen Sie sie als Packung am Abend vor dem Schlafengehen dicker auf. Kühlt und beruhigt die Füße und macht die Haut geschmeidig.

Hallimasch
Pilztascherl
ergibt 4 Portionen
Füllung
1 kleine Zwiebel
1 Knoblauchzehe
4 EL Butter
50 g Rohschinken
500 g gemischte Herbstpilze (Hallimasch, Champignons, Schopftintling etc.)
Salz, Pfeffer
3 EL Salbeiblätter
1 EL Petersilie
1 EL Schafgarbe
etwas Rosmarin

Tascherl
600 g Blätterteig (am besten vom Bäcker)
etwas Mehl
1 Ei

Salatbett
3 Handvoll Vogelsalat
1 Orange
1 Frühlingszwiebel
kaltgepresstes Olivenöl und Balsamicoessig
etwas Salz

Für die Fülle die feingehackte Zwiebel und die Knoblauchzehe in der Butter anrösten, dann die Schinkenwürfel und die geputzten, in mundgerechte Stücke geteilten Pilze beifügen. Etwa 10 Min. garen, die Pfanne vom Herd nehmen, salzen, pfeffern und die fein gehackten Kräuter untermischen.

Das Backrohr auf 220 °C vorheizen. Den Blätterteig auf einer bemehlten Fläche ausrollen und in vier Quadrate teilen, die etwa 20 x 20 cm messen. Die Pilzfüllung in die Mitte der Teigstücke geben und die vier Ecken der Teigstücke zur Mitte hinlegen, sodass die Ränder etwa 1 cm überlappen. Die fertigen Taschen auf ein bebuttertes Backblech setzen und mit dem verquirlten Ei bestreichen. Im Backrohr etwa 15 Min. knusprig-braun backen.

In der Zwischenzeit das Salatbett vorbereiten: Vogelsalat waschen und auf vier Tellern verteilen, die geschälte, in Scheiben geschnittene Orange daraufgeben, mit der fein geschnittenen Frühlingszwiebel bestreuen, mit Öl und Essig beträufeln und leicht salzen. Die warmen Blätterteigtascherl in diesem Salatnest servieren!

Herbsttrompete
Süß-sauer eingelegte Herbsttrompeten

250 g Herbsttrompeten, frisch oder getrocknet und über Nacht eingeweicht
200 ml Wasser oder Einweichwasser der Pilze
40 g Apfelessig
60 g Honig
1 Zweig Rosmarin
je 1 TL Koriander und Kardamompulver
10 Gewürznelken • etwas Salz
2 süße Birnen

Die Pilze und alle anderen Zutaten mit Ausnahme der Birnen 30 Min. leicht kochen, dann die in Spalten geschnittenen, vom Kerngehäuse befreiten Birnen je nach Festigkeit ca. 3 Min. mitkochen und dann entnehmen (sie sind nur Aromaträger).

Die Pilzmischung, ohne Birnen, nun heiß in Gläser füllen, mit der Flüssigkeit übergießen und einige Tage, zumindest aber über Nacht, ziehen lassen, bevor man sie verzehrt.

Rezept-Tipp der *Kräuterfee*

Süß-sauer eingelegte Herbsttrompeten passen hervorragend auf einen gemischten Antipasti-Teller mit frischem Weißbrot, auf exquisite Brötchen mit Camembert, aber auch aut Salatteller.

Mürbteigschiffchen mit Pilzen
ergibt 8 Schiffchen

2–3 Frühlingszwiebeln oder Schalotten
4 EL Butter
50 g Champignons, fein geschnitten
300 g frische Herbsttrompeten oder 40 g getrocknete (einige Stunden eingeweicht)
1 EL Mehl
3 Tropfen Tabasco
Salz, Pfeffer
1 EL gehackte Petersilie oder Giersch
8 Mürbteigschiffchen vom Bäcker

Zwiebeln in der Butter andünsten, bis sie halb gar sind, Champignons und Herbsttrompeten zufügen und braten, bis die Zwiebeln gar sind. Mehl einrühren und die Mischung noch 2 Min. weitergaren.

Anschließend unter ständigem Rühren tropfenweise so viel Flüssigkeit (Milch oder das Einweichwasser der Pilze) einrühren, bis eine dickflüssige Mischung entsteht. Mit Tabasco, Salz, Pfeffer und Petersilie würzen. Die Pilzmischung in die Mürbteigschiffchen füllen, im vorgeheizten Backrohr bei 190 °C etwa 10 Min. backen, bis sie goldbraun sind.

Die Herbsttrompeten-Schiffchen frisch und noch warm aus dem Backrohr servieren.

Schwarzer Holunder
Hollerlikör aus Frucht und Blüte

1 kg Holunderbeeren
1 l Wasser
350 g Kristallzucker
40 g Vanillezucker
4 Gewürznelken
1 kleines Stk. Zimtrinde
30 ml Zitronensaft
300 ml Wodka
getrocknete Holunderblütenstände

Für den Holunderlikör Beeren sorgfältig verlesen und waschen. Gemeinsam mit Wasser aufwallen lassen, danach ca. 50 Min. weiterkochen. Die Beerenmasse abseihen und fein pürieren bzw. passieren. Den so gewonnenen Holundersaft mit Zucker und Gewürzen sowie Zitronensaft vermischen und weitere 20 Min. leicht köcheln lassen. Den Holunderbeerensaft abkühlen lassen, anschließend mit Wodka vermischen.

Den fertigen Holunderlikör in Flaschen abfüllen, in jede Flasche 2 getrocknete Holunderblütenstände geben, und ihn ca. 4 Wochen an einem dunklen, kühlen Ort stehen lassen.

Klassischer Hollerröster

2 kg Hollerbeeren (abgerebelt)
2 l Wasser
50 g Zucker
Nelken- und Zimtpulver
1 kleiner Apfel, geschält und sehr fein geschnitten

Alle Zutaten in einem hohen Topf bei niedriger Hitze langsam köcheln lassen, bis der Röster schön dick eingekocht ist (etwa 2 Std.), dabei immer wieder umrühren. Den Hollerröster noch kochend heiß in vorbereitete Schraubgläser randvoll einfüllen und sofort verschließen.

Rezept-Tipp der *Kräuterfee*

Ein Klassiker der österreichischen Küche zu Kaiserschmarren!

Holunder-Rotwein-Sauce

je 75 g Karotten, Sellerie und
rote Zwiebel
250 g Holunderbeeren
3 EL Sonnenblumenöl
4 EL brauner Zucker
1 EL Tomatenmark
350 ml Rotwein
4 Zweige Thymian
Salz, schwarzer Pfeffer

Gemüse putzen und fein würfeln und
zusammen mit den abgerebelten Hollerbeeren im Öl andünsten. Zucker
beigeben und einziehen lassen, Tomatenmark beigeben und gut verkochen.
Mit Rotwein löschen, Thymianzweige
beifügen und offen bei mittlerer Hitze
köcheln lassen, bis die Früchte zerfal-
len und die Sauce eindickt.

Eventuell noch etwas Rotwein oder
Orangensaft beifügen. Salzen, pfeffern
und lauwarm zu scharf angebratenen
Garnelen oder Fisch servieren.

Weißdorn
Herzlikör

200 g Weißdornfrüchte
abgeriebene Schale von 1 Zitrone
je 4 EL getrocknete Mädesüßblüten und
Weißdornblüten
1 Zimtstange • 100 g Kandiszucker
700 ml Schnaps

Alle Zutaten in ein großes Gefäß geben, an einen warmen Platz im Haus
stellen und 6 Wochen ziehen lassen.
Anschließend abseihen und für weitere
3 Monate reifen lassen. Vom fertigen
Herzlikör täglich 1 Stamperl genießen.

Weißdornmus

500 g frische Weißdornfrüchte
500 g Äpfel, in Stücke geteilt
Wasser

Die Früchte in etwas Wasser kurz
aufkochen, durch die Flotte Lotte drehen und das entstandene Mus weitere
10 Min. einkochen. Heiß in Gläser
mit Schraubverschluss füllen.

Weißdorn-Herzwein zum Einschlafen

2 Teile Weißdornblätter, -blüten und
-früchte • 2 Teile Zitronenmelisse •
1 Teil Ysop • 1 Flasche guter Rotwein

Alle Kräuter in ein Glas mit Schraubverschluss geben – es sollte etwa zu
¾ voll sein. Dann mit dem Rotwein
auffüllen und den Ansatz für 3 Wochen an einen sonnigen Platz stellen.
Danach abseihen, abfüllen und den
Herzwein likörglasweise genießen.

Tipp der *Kräuterfee*
Die Zitronenmelisse wirkt hier beruhigend und aufmunternd und Ysop
bringt die Würze in diesen Wein.

Rosskastanie
Kastanien-Waschlauge

5 frische Rosskastanien
1 l Wasser
3 EL Apfelessig

Die Kastanien in kleinere Stücke
schneiden, mit dem Stabmixer in einem Kübel mit dem Wasser vermixen,
den Ansatz 1 Std. ziehen lassen, dann

die Flüssigkeit abseihen. Den Essig
zugeben.

Die Waschlauge ins Waschmittelfach
der Maschine füllen und im gewohn-
ten Programm waschen oder von Hand
waschen. Die abgeseihten Kastanien
können 2–3 Mal angesetzt werden.

Tipp der *Kräuterfee*
Im Zeitalter der Waschnüsse kann man
sich auch nach heimischen waschakti-
ven Pflanzen umsehen.

Kastanieneinreibung
zur Venenstärkung

Diese Einreibung ist ein beliebtes und
sehr wirksames Hausmittel, es erweitert die Blutgefäße und erhöht ihre
Spannkraft.

10 Stk. frisch aus der Schale
gesprungene Rosskastanien
700 ml 25%igen Alkohol (muss ver-
dünnt werden, weil nicht erhältlich)

Zur Herstellung der Kastanieneinrei-
bung die reifen Kastanien vierteln,
in ein 1-l-Schraubglas füllen und mit
dem verdünnten Alkohol übergießen
(mit 25 Vol.-%). Um 700 ml 25%igen
Alkohol zu erhalten, etwa 180 ml
95%igen Alkohol (bspw. Weinbrand)
mit 520 ml Wasser vermischen. Die
Mischung 4–6 Wochen ziehen lassen,
dann abseihen und in dunklen Flaschen (mit Tropferverschluss) lagern.

Verwendungstipp der *Kräuterfee*
Massieren Sie die Einreibung mit leichten Bewegungen in die Beine ein.

Knospen von Balsampappel und Schwarzpappel

Schwarzpappelknospen-Heilsalbe

Heilsalbe zu kochen ist eine Art Zauber. Lassen Sie sich gut Zeit beim Rühren und Mischen und stellen Sie sich dabei die Pflanze, die Sie beerntet haben, und ihre Heilkraft vor.

30 ml Ölauszug von Schwarz-
pappelknospen (siehe S. 127)
8 g Lanolin, braun
4 g Bienenwachs, Bio-Qualität

Den Ölauszug erhitzen und am besten noch 1 Handvoll frische, trockene Schwarzpappelknospen einlegen, die für 30 Min. im heißen, keinesfalls jedoch kochenden Fett liegen bleiben. Am bequemsten ist dies im Wasserbad. Nun das Öl durch einen Teefilter abgießen, die Pflanzenteile gut ausdrücken. Das Öl mit Lanolin und Bienenwachs mischen und noch einmal erhitzen, bis sich eine homogene Flüssigkeit gebildet hat. Die noch flüssige Salbe in Cremetöpfchen füllen, abkühlen lassen und erst dann verschließen.

Balsampappelsalbe

Zur Herstellung einer Hautpflegecreme nehme ich (Lungauer) Balsampappelknospen und gehe nach dem o. g. Rezept vor, allerdings ohne Lanolin beizufügen, stattdessen nehme ich etwas mehr Bienenwachs. Sie ist zur täglichen Hautpflege genauso geeignet wie zur Unterstützung der Hautheilung bei kleinen Verletzungen und Insektenstichen.

25 g Balsampappelknospen
(stark duftend)
125 ml Olivenöl
ca. 25 g Bienenwachs

Knospen in ein sauberes Glas füllen, Öl dazufüllen, das Glas verschließen, 2 Wochen die harzige Substanz ausziehen lassen (dazu das Glas an die Fensterbank stellen). Nach 2 Wochen das Öl-Knospen-Gemisch leicht erwärmen, damit sich das Harz besser im Öl löst.

Durch ein feines Sieb abseihen, Öl mit Bienenwachs (kosmetische Reinheit) erwärmen. Nachdem das Wachs geschmolzen ist, in ein sauberes Glas oder eine Dose abfüllen. Bei Bedarf die Haut damit bestreichen.

Pappelmilch

Eine kulinarische und gesundheitliche Delikatesse: „Pappelmilch"! Dazu einige Knospen in Milch bis auf 45 °C erwärmen, 15 Min. ziehen lassen, abseihen und nach Wunsch süßen.

Eicheln

Eichelcracker

150 g helles Weizenmehl
150 g gekochte Kartoffeln
200 g Eichelmehl
125 g brauner Zucker
25 g Butter
1 Prise Salz
1 Ei
etwas Wasser
1 Eiklar zum Bestreichen
etwas Mohn zum Bestreuen

Alle Zutaten miteinander vermischen und so viel Wasser hinzugeben, bis ein fester glatter Teig entsteht. Dann den Teig ausrollen und daraus Kekse ausstechen. Ein Backblech mit Backpapier auslegen und die Kekse darauflegen, mit Eiklar bestreichen und mit etwas Mohn bestreuen. Nun das Blech in den Ofen schieben und die Kekse kurz bei 180 °C backen, bis sie schön braun sind.

Eichel-Vollkornbrot

100 g geschälte, gemahlene Eicheln
240 g Weizenvollkornmehl
340 g Dinkelvollkornmehl
500 ml handwarmes Wasser
je 1 EL Salz und Kümmel
1 Würfel Germ (42 g)

Variante 1: Die Eicheln aus ihrer harten Schale herauslösen und dünn schälen, halbieren und in einer großen Schüssel mehrmals wässern, bis das Wasser völlig klar ist. Erst dann sind die Gerbstoffe ausgewaschen. Die Früchte abtropfen lassen, auf einem Backblech ausbreiten; im Backofen bei 50 °C für etwa 2 Std. trocknen lassen. In einer Getreide- oder Kaffeemühle fein mahlen und 100 g abwiegen.

Variante 2: Die getrockneten Eicheln schälen und in einer geeigneten Mühle vermahlen, 100 g abwiegen.

Eichelmehl, Mehl, Wasser sowie Gewürze in eine große Schüssel geben. Germwürfel zerbröseln, alles miteinander vermischen und gut durchkneten. Den Teig an einen warmen Ort stellen und so lange gehen lassen, bis er ordentlich an Volumen gewonnen hat. Zwischenzeitlich den Backofen auf 200 °C vorheizen. Den Teig nochmals durchkneten und eine runde, backofengerechte Form einfetten und den Teig hineinlegen. Die Oberseite mit etwas Wasser glatt streichen und mit einem Messer quer einige oberflächliche Schnitte setzen. Das Brot in den Ofen schieben und etwa 50 Min. backen; sollte die Oberseite allzu braun zu werden drohen, vor Ende der Backzeit mit Alufolie abdecken. Auskühlen lassen (Bild rechts).

Bucheckern
Bucheckern-Birnen-Kuchen
Mürbteig
200 g Staubzucker
1 Pkg. Vanillezucker
500 g Mehl
230 g Butter
1 Prise Salz
2 Eier
1 TL Milch, falls nötig

8 reife Birnen
125 g Zucker
3 Eier
2 Eidotter
75 g Bucheckern, geschält und grob gehackt
100 g Mehl
100 g Butter

Für den Mürbteigboden Zucker, Mehl, Butterstückchen und Salz mit den Händen zu feinen Streuseln verreiben, dann mit den Eiern verkneten.

Falls nötig, ganz wenig Milch zugeben. Den Teig zu einer Kugel formen und 30 Min. zugedeckt kaltstellen.

Den Teig auf wenig Mehl ausrollen und in eine mit Backpapier ausgelegte Springform legen. In der Zwischenzeit die Birnen schälen, achteln, entkernen und kreisförmig auf den Mürbteigboden legen. Für den Bucheckern-Biskuit Zucker, 3 Eier und 2 Eidotter im Wasserbad schaumig schlagen. Die gehackten Bucheckern, das gesiebte Mehl und die zerlassene Butter unter den Eischaum heben und über den Birnen verteilen. Im vorgeheizten Backofen bei 160 °C etwa 40 Min. backen. Mit Staubzucker bestäuben und lauwarm servieren.

Spätherbst

MEIN SPÄTHERBSTSTREIFZUG

„Sobald auch die Wildbäume (Stieleiche, Rosskastanie) ihr Laub abwerfen, beginnt der Spätherbst. Das Wintergetreide geht auf. Mit Absinken der Temperaturen wird in der Landwirtschaft die Arbeit allmählich eingestellt. Mit dem Ende des Laubfalls endet der Spätherbst meist Mitte / Ende November. "

• **Tipp der** *Kräuterfee* — **Herbstabend-Tee** •

2 Teile Kamille • 2 Teile Spitzwegerich • 2 Teile Lindenblüten
1 Teil Beifuß • 1 Teil Ringelblumenblüten

Diese Teemischung wirkt wärmend, beugt Erkältungen vor und schmeckt sehr kräftig.

Das ist für mich jene Zeit, die zugegebenerweise etwas trostlos und abgestorben wirkt. Die bunte Zeit ist vorüber, der Winterzauber noch nicht da. Aber die Fülle des üppigen Herbstes ist noch zu spüren an all den Früchten, Wurzeln und getrockneten Kräutern, die ihrer Verarbeitung harren. Genießen Sie die letzten warmen Herbsttage in vollen Zügen und tanken Sie die herbstkalte, frische Luft! Sammeln Sie Schönes fürs Haus: Fruchtbehangene Zweige und bunte Blätter, Nüsse und Samenstände bringen Stimmung in die kalte Jahreszeit. Und manche Wurzeln warten noch in der Erde, bis sie von mir heraufgeholt werden, um im Cremetopf ihre Wirkung zu entfalten.

Manche Samen der Brennnessel lasse ich ganz bewusst bis zum Saisonschluss an den Trieben, sie sollen alle Wetterimpulse und Naturkräfte einfangen und speichern, damit sie eine kräftige Brotwürze ergeben.

Seit Urzeiten danken die Menschen im Herbst Mutter Erde für all ihre Gaben – für die angepflanzten und die wilden Früchte, für das Korn, die Kräuter und Wurzeln. Jeder Landstrich nach seiner eigenen Art. So können auch Sie sich Ihr ganz eigenes Ritual zum Dank für die Schätze der Natur überlegen. Zum Beispiel mit einem Mandala aus Naturmaterialien, dem Schmücken Ihres Lieblingsbaumes oder Lieblingsplatzes, der einfach nur mit einem gemütlichen Abend mit Freunden begleitet von Tee und herbstlicher Wildkräuterküche, frisch gebackenem Brot und den Gedanken an unsere wunderbare, reichhaltige Natur begleitet wird.

Wenn nach schönen Herbststreifzügen der Nebel aus den Senken heraufzieht, ist es Zeit heimzugehen. Vielleicht erwartet Sie dort ein warmer Apfelkuchen (ein wunderbares Rezept für einen versunkenen Apfelkuchen finden Sie auf dieser Seite links unten) oder ein heißes Bad …

Oft regnet es jetzt aber auch in Strömen und die Nachmittage sind trüb und farblos. Umso gemütlicher ist es dann im warmen Haus, besonders in der Küche, wo in vielen Töpfen und Gläsern Ansätze und Verkochungen reifen, hier gibt es noch eine Menge zu werkeln, Öle werden abgeschüttet, Liköransätze abgefüllt, Cremen werden gerührt und viele Flaschen und Gläser etikettiert. Süßer und pikanter Duft durchzieht das Haus und verheißt so manches kulinarische Abenteuer.

• **Tipp der** *Kräuterfee* — **Versunkener Apfelkuchen** •

180 g Butter • 150 g Zucker • 4 Eier • 300 g Mehl
3 TL Backpulver • 3 EL Milch
1 kg Herbstäpfel in Spalten und ohne Gehäuse

Butter, Zucker und Eier miteinander schaumig rühren, das mit Backpulver versiebte Mehl und die Milch zugeben. Die Masse in eine gefettete Springform mit ca. 26 cm Durchmesser füllen und die Apfelspalten kreisförmig in den Teig drücken. Den Kuchen bei 180 °C 45 Min. backen, mit etwas Zimtzucker bestreuen und lauwarm servieren.

JETZT ANGESAGT

Wildkräutersalze mischen

Wildkräuter und -blüten lassen sich auf vielfältigste Weise zu Gewürzsalzen kombinieren. Spannend daran ist, dass sie ganz anders wirken als Gewürzsalze aus Kulturkräutern. Ich finde, hier merkt man, dass es sich bei diesem Rezept um eine traditionelle Konservierungsmethode für Wildpflanzen handelt, die seit langer Zeit praktiziert wird. Auch nichtaromatische Pflanzen wie die Brennnessel haben hier ihren ganz wichtigen Stellenwert, denn sie dienen als Geschmacksverstärker.

• Tipp der _Kräuterfee_ — Kräutersalz herstellen •

Die Herstellung von Kräutersalz ist wirklich einfach und es können frische oder getrocknete Kräuter verwendet werden. Das Mischverhältnis variiert von 2 Teilen Kräuter auf 1 Teil Salz bis 9 Teile Salz auf 1 Teil Kräuter. Da heißt es ausprobieren, verkosten und den eigenen Stil finden.

Für die Herstellung von Kräutersalz können Sie grundsätzlich alle gängigen Salzsorten verwenden, grobes Meersalz eignet sich jedoch am besten. Das liegt daran, dass die Kräuter mit dem Salz in der Küchenmaschine (alternativ in einer Kaffeemaschine) oder im Mörser verrieben werden, wodurch normalkristallines Speisesalz zu pulverig wird. Welche Kräuter Sie in Ihr Salz mischen, hängt von Ihrem persönlichen Geschmack bzw. von dem Gericht ab, das Sie gerne kochen möchten. Die gängigsten Kulturkräuter sind: Thymian, Salbei, Petersilie, Liebstöckel (Maggikraut), Wacholderbeeren, Knoblauch, Oregano, Rosmarin, Bohnenkraut, Kerbel, Dill, Estragon, Lorbeer, Majoran, Sellerie und Schnittlauch. Die gängigsten Wildkräuter sind eigentlich alle, die Sie in diesem Buch finden!

Wie erwähnt, können Sie sowohl getrocknete als auch frische Kräuter verwenden. Möchten Sie frische Kräuter selbst trocknen, hängen Sie diese in einem dunklen, gut durchlüfteten Raum bei niedriger Luftfeuchtigkeit auf, vielleicht in einem Dachboden. Oder legen Sie die Kräuter zum

Trocknen auf Tücher auf, verwenden Sie hierzu aber keine Obstschachteln, denn diese können Schadstoffe enthalten. Bei schlechtem Wetter trocknen Sie sie, indem Sie sie auf ein Backblech legen, dieses bei 40–50 °C ins Backrohr schieben und bei geöffneter Tür über Nacht da belassen. Kräuter sind erst dann richtig trocken, wenn sie keinerlei Restfeuchte mehr enthalten, sich also gut bröseln lassen und dabei rascheln wie Herbstlaub.

• Wichtiges von der
Kräuterfee •

Achtung! Kräuter sollten niemals in der Sonne getrocknet werden, weil dadurch die Aromen verloren gehen.

Zur Herstellung des Kräutersalzes die gewünschten Kräuter mit dem Salz in der Küchenmaschine, in einer alten Kaffeemühle oder im Mörser gut verreiben. Wenn ich große Mengen verarbeite, mache ich dies oft auch händisch mit Lederhandschuhen in einer riesigen Schüssel. Wer frische Kräuter verwendet, muss das Kräutersalz nach dem Mischen einige

Tage auf einem Teller oder Backblech trocknen lassen. Ich persönlich verwende allerdings immer getrocknete Kräuter, was daran liegt, dass diese bis zur Verwendung „gut hängen" und ich so keinen Zeitdruck bei der Verarbeitung habe. Der Vorteil von Frischpflanzenverarbeitungen ist, dass Salz und Zucker Geschmacksstoffe, Wirkstoffe und Farbstoffe von frischen Kräutern aufnehmen, die beim vorherigen Trocknen der Kräuter verloren gehen würden. Ein mit getrockneten Kräutern zubereiteter Kräuterzucker oder ein Kräutersalz schmeckt einfach anders als mit frischen. Probieren Sie es aus!

Das frisch hergestellte Kräutersalz sollte im Anschluss in einen luftdichten Behälter bzw. Salzstreuer umgefüllt werden und an einem trockenen und vor Sonne geschützten Ort gelagert werden. Mischen Sie ein paar Blüten oder gröber gehackte Kräuterstücke unter, dann schmeckt das Salz nicht nur gut, sondern sieht auch schön aus.

Samenernte und Brot backen

Unter buntem Laub und in den letzten warmen Sonnenstrahlen sind viele Wildtiere jetzt damit beschäftigt, für die bevorstehende, kalte Jahreszeit Vorräte zu sammeln und sich Fettpolster anzufressen. Auch in unserer Kultur war der Spätherbst davon geprägt, die letzten Sammel- und Erntemöglichkeiten, wichtige Lebens- und Überlebensmittel in kargen Zeiten, zu nutzen und unter Dach zu bringen.

• Tipp der *Kräuterfee* — Meine liebsten Kräutersalze •

Gartenklassiker-Salz

50 g Meersalz • 3 g Bohnenkraut • 3 g Rosmarin • 3 g Thymian • 3 g Salbei

Bitterkräuter-Salz

100 g Meersalz • je 12 g Schafgarbe, Bohnenkraut, Beifuß, Giersch und Brennnessel

Aromatisches Würzsalz

80 g Salz • 4 g Majoran oder Oregano • 3 g Liebstöckel • 6 g Schnittlauch oder Bärlauch • 3 g Basilikum • 2 g Giersch • 1 g Kerbel • 1 g Thymian

Kapuzinerkresse-Salz

2 Triebe Kapuzinerkresse mit Blüten und Knospen • 250 g Salz

Balsamico-Kräutersalz

6 EL Fleur de sel • 6 EL Creme di Balsamico • 4 TL gemischte Gartenkräuter fertig getrocknet (Thymian, Rosmarin, Oregano, Giersch oder Petersilie)

Hierfür alle Zutaten gut miteinander verrühren. Diese Masse dann auf eine Etage des Dörrautomaten (3 Std. auf Stufe 3 bei 75 °C) oder ein mit Backpapier belegtes Backblech verstreichen und bei leicht geöffnetem Rohr auf 50 °C trocken dörren, dann abkühlen lassen und pulverisieren.

• Tipp der *Kräuterfee* — Tassenbrot mit Brennnesselsamen •

1 Ei • 300 ml Milch • 1 TL Salz • 1 gehäufter EL Backpulver
200 g Weizenmehl Type W1600 (D 1050) • 40 g Wildkräuter und
40 g Brennnesselsamen • 50 g Sonnenblumenkerne
100 g weiche Butter (ergibt 4–5 Tassenbrötchen)
1 EL Öl zum Einölen der Emailletassen

Den Ofen auf 190 °C vorheizen. Ei und Milch mit Salz verquirlen, zum Bestreichen beiseitestellen. Die Tassen leicht einölen. Backpulver gleichmäßig unter das Mehl mischen, Kräuter, Samen und Körner untermischen. Butter und Eiermischung (ein wenig übriglassen) dazugeben, mit einer Gabel stetig vom Rand her vermischen, bis keine Mehlnester mehr vorhanden sind. Nicht mit einem Handmixer rühren und nicht kneten!
Arbeitsfläche und Teig leicht bemehlen. Den sehr „fluffigen", aber stabilen Teig vorsichtig und locker mit bemehlten Händen auf die Arbeitsfläche setzen. Behutsam in 4–5 gleich große Stücke teilen und die Tassen zu ⅔ damit befüllen. Die Oberfläche mit der restlichen Eiermischung einpinseln, die Tassen auf ein Backblech setzen, im oberen Drittel des Ofens backen. Nach 10 Min. nachschauen, ob alle Brote gleichmäßig braun werden, ansonsten die Tassen tauschen, weitere 5–10 Min. fertig backen.
Dieses Rezept können Sie auch sehr unkompliziert auf einem Kohlegrill backen. Verwenden Sie dafür flache Tassen und füllen Sie sie zu ⅔.

Unter den Wildkräutern kommen hier v. a. Brennnessel- und Springkrautsamen in Frage, aber auch Hasel- und Walnüsse, Amarant und Wildfrüchte, die getrocknet im Brotteig mitgebacken werden wie Hagebutten-, Speierling- oder Holunderfruchtmehl. Die dazu passenden Rezepte finden Sie im Folgenden und im Kapitel Winter.

Die Bedeutung eines Laibes Brotes ist in unserer „Backbox-Zeit" leider etwas verloren gegangen, und selbst der Bäcker im Ort kann uns die Frage „Was ist denn alles drinnen im Brot?" nicht mehr genau beantworten, denn Backmischungen sind allgegenwärtig. Und vielleicht deshalb gibt es immer mehr Menschen, die trotz des Zeitaufwandes gerne wieder selber backen. Gutes Brot braucht Zeit, gutes Mehl und Wasser, Germ macht es lockerer, Salz charmanter und Ihre knetenden Hände machen es geschmeidig und backfähig. Gewürze und (wild wachsende) Kräuter, gemahlene oder ganze Körner runden den Teig geschmackvoll ab. Die Dosierung liegt bei etwa 1 EL pro 1 kg Mehl. Für viele Brote nutze ich eine ausgewogene, klassische Mischung aus Fenchel, Anis, Kümmel und Koriander. Gewürze wie Schabzigerklee, Gewürznelken, Bärlauch und Petersilie machen das Brot nicht nur schmackhafter, sondern auch bekömmlicher. Getrocknete Kräuter können mit heißem Wasser überbrüht werden, dieser Auszug wird anschließend anstatt Wasser zur Teigherstellung eingesetzt.

Auch süße Germteige vertragen Beigaben, wie gemahlene Wildfrüchte. Spannend ist es, zu den oben genannten Beigaben auch einmal Urgetreide wie Dinkel, Kamut, Emmer oder Einkorn zu verbacken und so einen Laib Brot wieder als Teil meiner Alpenkultur zu erfahren. Ein sehr einfaches Rezept, das immer gut gelingt, ist das Rezept mit Backpulver links.

Duftende Kräuterkissen für lange Herbstabende

Kräuterkissen sind eine gemütliche und wohltuende Art, Heilpflanzen zu verwenden. Sie eignen sich auch besonders gut für Anwendungen bei Kindern. Als Zutaten eignen sich getrocknete und nur grob zerteilte Kräuter, Gartenpflanzen und Gewürze (z. B. Steinklee, Hopfen, Waldmeister, Thymian, Rosenblüten, Kamille, Duftgeranie, Lavendel, Zitronenmelisse, Minze, Ringelblumen, Beifuß), Schafwollvlies, Dinkel- oder Haferspreu, raschelnde Blätter. Einfach die getrockneten Pflanzen nach persönlicher Vorliebe zu einer wohlriechenden Duftkomposition mischen und mit den Gewürzen abrunden. Den Kissenbezug aus Baumwolle oder Seide mit dem Schafwollvlies auskleiden, mit der Kräutermischung, Dinkel- und/oder Haferspreu befüllen und zunähen.

Beim Auf-dem-Kissen-Liegen werden durch die Körperwärme und das Drücken des Kissens Duftstoffe frei, die schlaffördernd und beruhigend wirken.

Kleinere **Kräutersäckchen** können über Wasserdampf erwärmt und auf wärmebedürftige Körperstellen aufgelegt werden. Sie müssen nach jeder Anwendung wieder getrocknet und können 4–5 Mal verwendet werden. Oder Sie wärmen das Kräutersäckchen trocken, indem Sie es zwischen zwei heiße Wärmeflaschen legen, in diesem Fall kann es 10 Mal verwendet werden. Um solche Kräutersäckchen herzustellen, verwenden Sie Baumwolle, Leinen oder Seide im Format 15 x 15 cm und füllen Sie es mit 100–150 g Kräutern sowie Dinkelspelzen und Rohwolle. Das Säckchen kann zugenäht oder zugebunden werden.

MEINE SPÄTHERBSTPFLANZEN

Ringelblume
Calendula officinalis

Das Schönste an Ringelblumen ist, dass sie bis zum ersten Frost unermüdlich blühen und daher habe ich sie zum Spätherbst gestellt, einer Zeit, in der frische Blüten schon rar geworden sind. Sie finden sich in meinem Garten verteilt zwischen Salatköpfen und Kohl, im Bohnenbeet und am Gartenzaun, überall überraschen sie mit ihrer knalligen Erscheinung. Aber auch ihre Inhaltsstoffe sind toll: Flavonoide, ätherische Öle … all diese machen die orangen Blüten (Bild unten) zu einer uralten volksmedizinischen

Heilpflanze, besonders zur **Hautpflege**. Ringelblume wirkt kühlend, entzündungshemmend, desinfizierend und zusammenziehend, sie fördert die Wundheilung, wirkt hautpflegend und fördert die Bildung neuer Hautzellen. Traditionell wird im Alpenraum die Ringelblumencreme (siehe S. 155) mit Schweineschmalz zubereitet, ich persönlich ziehe Olivenöl vor. Innerlich angewandt regt sie die Selbstheilungskräfte von Leber und Galle an, Hildegard von Bingen empfahl sie zur Entgiftung. Bei Menstruationsbeschwerden hilft Ringelblumentee mit Honig.

Übrigens gelten Ringelblumen als **Wetterboten im Bauerngarten**: Wenn sich die Blütenköpfchen, die sich abends immer schließen, um sich am nächsten Morgen schon bei Dämmerung wieder zu öffnen, dies auch tun, wird es ein sonniger Tag, sind sie am späteren Morgen noch geschlossen, kommt Regen. An solchen Tagen beeilten sich die Bauern ihre Arbeit vor dem Regeneinbruch zu erledigen.

Duftperlargonie
Pelargonium ssp.

Zu den Duftpelargonien gehören eine ganze Reihe von Sorten aus der Gattung der Pelargonien, die sich alle durch ihren intensiven Duft auszeichnen. Sie duften nach Minze, Rosen, Zitronen, Kiefern oder anderen Gewürzen. Am bekanntesten ist

Pelargonium odoratissimum, die Zitronengeranie, die mit nach Zitronen duftenden Blättern begeistert! Beim Einwintern der Pelargonien (Bild rechts) bin ich wieder einmal so begeistert von den verschiedenen Düften, die sie hervorbringen, dass ich nochmals zum Kochlöffel greifen muss. Gut eignen sich nun die Wild- und Gartenfrüchte, um die besonderen Aromen zu konservieren. Zu Quitten passen gut die Sorten mit Zitronenduft, Zwetschken lassen sich schön mit den nach Rosen duftenden Pelargonien veredeln, Äpfel und Birnen lassen sich schön mit nach Minze duftenden Sorten veredeln und die letzten Feigen des Jahres koche ich mit der balsamisch riechenden Weihrauch-Pelargonie ein. Aber nicht nur das Blatt kann verwendet werden, natürlich habe ich den ganzen Sommer über die aromatischen, zart duftenden, bunten und sehr dekorativen Blüten geerntet und frisch als essbare Deko eingesetzt. Auch als verzuckerte Blüten kommen die aromatischen Blüten gut zur Geltung!

Bohnenkraut
Satureja hortensi und *Satureja montana*

Das Sommerbohnenkraut, *Satureja hortensis*, und das Winterbohnenkraut, *Satureja montana*, sind zwei bei uns erhältliche Bohnenkräuter, die sich wenig im Aroma, aber in der Lebensdauer unterscheiden: Ersteres ist einjährig und zweiteres mehrjährig, es hat derbere, fast ledrige Blätter und schmeckt intensiver. Beide gehören zur Familie der Lippenblütler und werden als Heil- und Gewürzpflanze verwendet.

Bohnenkraut ist in Mitteleuropa seit der Römerzeit belegt. Als Tee wird es eingesetzt zur **Förderung der Verdauung**, als Appetitanreger, es gilt als eine **nährende und stimulierende Pflanze für das Nervensystem** und v. a. als wärmende, stärkende Pflanze für das Verdauungssystem. Der Geschmack von Bohnenkraut ist kräftig und herb mit einer leicht scharfen Note – entfernt vergleichbar mit einer Mischung aus Rosmarin und Thymian. Verantwortlich für den intensiven Geschmack sind die enthaltenen ätherischen Öle, allen voran Thymol und Carvacrol. Seinen Namen hat es von der Verwendung: Es wurde immer zur Zubereitung von Hülsenfrüchten verwendet. Bohnenkraut sollte nicht erst zum Schluss beigefügt, sondern mitgekocht werden, dadurch kann es seine Wirkung voll entfalten.

Ein Tee, zubereitet aus dem frischen oder getrockneten Kraut (Frischkräuter ca. 10 Min. und getrocknete ca. 5 Min. ziehen lassen), hat einen krampflösenden Effekt und hilft durch den hohen

Gerbstoffanteil auch gegen Durchfall. Ebenso wirksam ist Bohnenkraut bei Husten – hierfür wird mit abgekühltem Tee gegurgelt. Ich liebe Bohnenkraut auch als Kräutersalz gemischt und fein vermahlen, es gibt ein scharf-würziges Salz, das gut zu allen Eintöpfen und Hülsenfrüchten passt.

Beifuß
Artemisia vulgaris

Beifuß ist wohl meine Lieblingspflanze und es gibt unter den vielen Kräutern keines, das ich so gleichmäßig durch das Jahr verwende wie ihn. Schon al-

lein deshalb, weil ich die Kräuterkissen in meinem Bett alle mit Beifuß gefüllt habe, bin ich täglich mit der „Hüterin der Schwelle", wie er auch heißt, in Verbindung …

Nach einem spätherbstlichen Streifzug, wenn die Kälte draußen zunimmt, ist die typische Beifußzeit. Die mit Beifuß gefüllten Kissen entfalten ihre wärmende Wirkung so überzeugend, dass ich auf warme Socken verzichten kann. Von dieser „zur dritten Potenz" wärmenden Kraft kommt der volkstümliche Name „Mugwurz", abgeleitet vom germanischen Wort *mug* = wärmen. Seine Wärme dringt bis tief in das Zellgewebe ein, weshalb er in gepresster Form in der chinesischen Medizin auch als **Moxapflanze** verwendet wird. Jetzt beginnt auch die **Zeit zum Räuchern** mit meiner Spezialmischung „Winterwärme", die das alte Jahr abschließt und das neue in Freude vorbereitet.

• Tipp der *Kräuterfee* — Kräuterbad •

Besonders in der kalten Jahreszeit ist Bohnenkraut hervorragend für wärmende, entspannende Kräuterbäder geeignet. Dafür 1 dicken Handstrauß Bohnenkraut mit heißem Wasser aufgießen und 15 Min. ziehen lassen, dann den Tee ins Badewasser geben und das Vollbad genießen, anschließend trocken tupfen und 30 Min. ruhen!

• Tipp der *Kräuterfee* — Räuchermischung •

Für eine Räuchermischung Beifuß, Rainfarn, Fichtenharz, Johanniskraut, Mädesüß, Wacholderbeeren, Rinde der Purpurweide und Kiefernspäne zu gleichen Teilen mischen und auf frische Glut aufstreuen.
In der dunkleren Jahreszeit hat die Phantasie große Flügel und mit ein paar feinen Düften und dem gemütlichen Knistern der verglühenden Kräuter und Harze werden sie zu großen Schwingen heranwachsen.

Beifuß (Bild unten) ist **das wichtigste Räucherkraut** unserer Breiten und wohl eine unserer stärksten und machtvollsten Schutz-, Heil- und Zauberpflanzen. Früher zählte er sogar zu den wichtigen Wetterpflanzen, die verräuchert wurden, wenn sich die Menschen vor einem herannahenden Gewitter schützen wollten. Im angelsächsischen Neunkräutersegen aus dem 11. Jh. steht er an erster Stelle und es heißt: „Erinnerst Du Dich, Beifuß, was du verkündest? Was du anordnest in feierlicher Kundgebung? Una heißt du, das älteste der Kräuter. Du hast Macht gegen drei und gegen dreißig. Du hast Macht gegen Gift und gegen Ansteckung. Du hast Macht gegen das Übel das über das Land dahinfährt."

Kennt man all seine besonderen Eigenschaften und Wirkungen, scheint es unfassbar, dass dieses Kraut in der heutigen Kräuterheilkunde kaum mehr Bedeutung findet. Den botanischen Namen *Artemisia* bekam der Beifuß in Gedenken an die griechische Göttin Artemis verliehen, die Beschützerin der wilden Tiere, Göttin der Jagd und Schutzgöttin der Gebärenden. Bei den Römern gleich in der Bedeutung war er der Göttin Diana geweiht. Beifuß ist also eine **typische Frauenpflanze** – er wird bei Menstruationsbeschwerden zur Entspannung und Entkrampfung eingesetzt, wird aber auch eingesetzt, um die Wehentätigkeit während der Geburt voranzutreiben. Er wirkt sehr **entspannend auf die Füße** (Fußbad aus Beifußtee oder Beifußöl zum Massieren) und in der Hildegardmedizin wird er als zentrale Pflanze bei allen Magen- und Darmbeschwerden eingesetzt – da er

• Tipp der *Kräuterfee* — Beifuß-Fußbad und Beifußtinktur •

Für das Fußbad 2 Handvoll getrocknete Beifußblätter und -blüten mit kochendem Wasser übergießen. Abkühlen lassen und die müden, verspannten Füße darin baden. Dieses Bad wirkt wunderbar entspannend und beruhigt übermüdete Beine. Für ein wärmendes Bad je 3 EL Beifuß und Wiesenlabkraut mit heißem Wasser aufgießen, 10 Min. ziehen lassen und dann ins Badewasser geben.
Für die Tinktur ein Schraubglas zu ⅓ mit frischer, klein gehackter Beifußwurzel füllen. Mit hochprozentigem Alkohol aufgießen. Das verschlossene Glas 2–3 Wochen in die Sonne stellen. Danach die Flüssigkeit abseihen und in einer dunklen Flasche aufbewahren. 3 Mal täglich sollte man ein Glas Wasser mit 5 Tropfen der Tinktur trinken. Das hilft sehr gut bei Magen und Darmproblemen. 1 : 1 verdünnt bietet diese Tinktur ein gutes Einreibemittel für müde Beine, bei Muskelkater oder bei Neuralgien.

die Verdauung anregt und durch ihn verstärkt Verdauungssäfte gebildet werden. Er enthält Gerbstoffe, Bitterstoffe, ätherische Öle und Thujon. „Die Blätter des Beifußes können wie Fahnen hundertfach Segen herberufen", lautet ein chinesisches Sprichwort.

Wegerich
Plantago ssp.

„Den Wegerich hat der liebe Gott an alle Wege gestreut, in alle Wiesen und Raine gesetzt, damit wir ihn stets bei der Hand haben, denn er ist unstreitig das erste, beste und häufigste aller Heilkräuter." (Kräuterpfarrer Künzle)

Mit dem Namen Wegerich sind in der Flora Deutschlands, Österreichs und der Schweiz der Spitz- (*Plantago lanceolata*), der Mittlere (*P. media*) und der Breitwegerich (*P. major*) gemeint. In den Alpen über 1.800 m kommt noch der Alpenwegerich und an den Küsten der Strandwegerich hinzu. In gut sortierten Kräutergärtnereien wird eine alte kultivierte Sorte als Wintergemüse angeboten, der Hirschhornwegerich. Wie wichtig die Pflanze in früheren Zeiten für die Menschen war, zeigt der Brauch, im Zentrum des Kräutergartens Salbei, Weinraute und Wegerich zu pflanzen. Seine Heilwirkung gilt für alle Wegericharten, der alpine Wegerich hat die stärksten Kräfte.

Bevor wir die wissenschaftlich beweisbaren Eigenschaften der Wegeriche aufzählen, blicken wir in die

• Tipp der *Kräuterfee* — „Erste Hilfe" •

Sie sind im Freien unterwegs und benötigen eine blutstillende, keimhemmende, abschwellende, entzündungs-, schmerz- und/oder juckreizlindernde „Erste Hilfe" bei Insektenstichen, toxischen Vergiftungen der Haut, Hieb-, Stich- oder Schnittverletzungen? Greifen Sie auf die traditionelle Volksheilkunde zurück, pflücken Sie frische, saubere Spitzwegerichblätter und zerreiben Sie diese auf irgendeine Art (zerkauen, mit dem Daumen in der hohl geformten Handfläche oder auf Steinen zerreiben, elegant mit dem Smoothiemixer oder dem Mörser). Tragen Sie den ausgetretenen grünen Saft auf die zu behandelnde Fläche auf. Keine Angst, der Saft brennt nicht, er ist absolut hautverträglich und Juckreiz und Schmerz lassen sofort nach.

alten Mythen, die mit dem grünen **Herrscher und Kenner der Wege** in Beziehung stehen. Der Weg zum nährenden Feld war in der Kultur unserer Ahnen bis zurück zum Neolithikum nicht nur wirtschaftlich notwendige Transportschneise, sondern ein sakraler Kultpfad, auf dem nach dem Frühlingsäquinox (Tages- und Nachtgleiche der Sonne) die Fruchtbarkeitsgöttin aus der Unterwelt zurückkehrte. Auch ihr himmlischer, licht- und ideen-(samen-)spendender Geliebter wandelt sich im Jahreslauf vom Jüngling zum reifen Mann. In der griechischen Mythologie ist es beispielsweise Persephone, die Tochter Demeters, der Göttin der Fruchtbarkeit, die von Hades, dem Gott der Unterwelt, beim Spiel auf der Blumenwiese in die Innenwelten der Erde gezogen wird und deretwegen dann Demeter das Wachstum einstellte, bis Hades Persephone wieder entließ. In der alpenländischen Kultur ist es „Frau Holle", die sich im Laufe des Erdenjahres von der weißen Lichtgöttin zur roten Liebeskraftgöttin

und im Herbst zur schwarzen Erntegöttin wandelt.

Den Mythen nach ist es der Pflanzengeist des Wegerichs, der den Pilgern auf dem Weg ins irdische Leben und zurück den grünen Teppich auslegt und gegen die Widrigkeiten des Reisens schützend und heilend behilflich ist. Ein alter Name für Wegerich, der im Mittelalter noch gebräuchlich war, ist *Herba proserpinacia*. Proserpina ist ein Synonym für Persephone. Wenn ein Kind geboren wird, so ist der Übergang auch für die Mutter eine gefahrenvolle Wegstrecke. Germanische Frauen hielten deshalb bei der Geburt eine Wegerichwurzel in der linken Hand, damit die Schwingung dieser Pflanze vor Geburts- und Kindbettkomplikationen bewahrte.

Wegerich galt als **Mutter aller Heilpflanzen** den Lachnern (alte Bezeichnung für Heiler) als Allesheilmittel. Die Heileigenschaften: **blutreinigend, wundheilend, kühlend, zusammen-**

ziehend, zerteilend, harntreibend.
Es ist ein schönes Bild (nach Pfarrer
Kneipp), wenn man sagt, er zieht
wie mit Goldfäden jede Wunde in
kürzester Zeit zusammen und ver-
hindert Fäulnis, Eiterung und aller-
gische Reaktionen. Wegerich enthält
Schleimstoffe, Gerbstoffe, Flavone,
Aucubin, Mineralien wie Silicium,
Eisen, Kalium und Zink, sowie die
Vitamine A, C und K in optimalem
Verhältnis zueinander, das erklärt seine
Universalheilkraft analytisch. Da die
enthaltenen Schleimstoffe nicht hitze-
verträglich sind, verwendet man We-

> • Tipp der *Kräuterfee* — **Spitzwegerich-Hustensirup** •
>
> In ein 1,5- bis 2-l-Weckglas mit Gummi und aufklappbarem Bügelverschluss-
> deckel 2 Handvoll saubere und fein geschnittene Spitzwegerichblätter füllen,
> darauf eine gleich dicke Schicht Rohrohrzucker geben. Die Schichten wie-
> derholen, bis das Glas voll ist, den Abschluss bildet eine Zuckerschicht. Das
> Glas dicht schließen, lichtdicht abdecken und in einem zimmerwarmen Raum
> 2–3 Monate stehen lassen. Danach sollte der Inhalt bräunlich und der Zucker
> durchfeuchtet sein.
> Den Glasinhalt in einen Topf geben, erhitzen, bis evtl. noch vorhandene Zu-
> ckerkristalle schmelzen, durch ein Sieb schütten und dabei die Pflanzenreste
> gut drücken, die entstandene Flüssigkeit nochmals für 10–15 Min. auf mindes-
> tens 70 °C erhitzen. Danach den fertigen Sirup in kleine Twist-off-Gläser oder
> Flaschen füllen. Im Bedarfsfall mehrmals täglich 1 TL langsam genießen oder
> den Tee damit süßen **(Bild links unten)**.

gerich stets frisch. Frisch zerkaut oder
zerrieben auf Wunden oder Insekten-
stiche gegeben, wirkt er **desinfizierend, schmerz- und juckreizstillend**
sowie **heilungsfördernd**.

In meinem Gemüsegarten stehen
heuer gleich neben dem Johanniskraut
mitten im Zentrum ein Spitz- und ein
Breitwegerich (das schönste Exemplar,
das ich je gesehen habe), sie sind bei
uns nicht nur Zierde, sondern auch
wichtiges Notfallmittel. Die Wege-
richwirkstoffe helfen auch besonders
gut bei Entzündungen der Atemwege
und wirken dabei stark **antibiotisch
und hustenreizlindernd** und er-
leichtern das Abhusten. Insbesondere
Kinder sprechen besonders gut auf die
Behandlung mit Spitzwegerichsirup
an. Hier bewahrheitet sich wieder das
Schema der traditionellen Medizin. Im
Spitzwegerich sah man die Bündelung
der Kräfte von Mond und Merkur

sowie Saturn. Die Mondkräfte wirken
mit beim Wachstum des Kindes,
haben Beziehung zu den Körpersäf-
ten wie Milch, Lymphe und Schleim.
Merkur und Saturn beherrschen mit
ihren kosmischen Kräften die Atmung, die Lunge und die Haut.

Auch alkoholische Auszüge konser-
ven die Heilkräfte des Wegerichs und
machen ihn zur praktischen Naturarz-
nei, die einfach anzuwenden ist: Bei
leichten Verletzungen und Insektenstichen einfach auftragen und leicht
einreiben. Einen derartig einsetzbaren
Auszug können Sie auch mit Apfelessig
herstellen, indem Sie ein Büschel in
ein dunkles Glas (z. B. Joghurtglas)
füllen und mit Essig übergießen.

Der Wegerich gehört zu meinen
liebsten Wildkräutern, ich verwende
ihn sehr oft als Genuss-Teemischung,
als Zutat zu Mischsalaten, als Blatt-

grün für Cremesuppen und als sehr wichtige Notfallmedizin für die ganze Familie. Es ist für mich immer eine Freude, wenn meine Kinder oder auch Gastkinder bei kleinen Verletzungen von sich aus beginnen, den Wegerich im Garten zu suchen, denn dann merke ich, dass ich Gebrauchswissen vermitteln konnte, das „von den Jungen" weitergetragen wird.

Fichtenreizker, Lachsreizker, Echter Reizker
Lactarius deterrimus, L. salmonicolor, L. deliciosus

Der Fichtenreizker wächst in Symbiose mit Fichten (*Picea abies*), der Lachsreizker bei Weißtannen (*Abies alba*) und der Echte Reizker nur bei Kiefern (*Pinus sylvestris*). Alle drei Arten wachsen in großen Gruppen und können ab Juli bis Oktober gesammelt werden. Es gibt wegen ihres orangen Milchsaftes keine Verwechslungsmöglichkeiten, allerdings kommt es manchmal vor, dass Personen allergisch auf ihren Genuss reagieren. Das kann aber auch daran liegen, dass Pilzgerichte grundsätzlich schwer verdaulich sind. Alle drei Reizkerarten haben eine Huthaut mit lichten orangeroten, grünlich-gefleck

ten, konzentrischen Kreisen. Ausgewachsene Exemplare sind in der Mitte des Hutes vertieft, der Hutrand steht steil nach oben, sodass bei seitlicher Betrachtung schon die leicht brüchigen Lamellen, die am Stiel hinablaufen, sichtbar sind. Der Stiel ist zylindrisch, wie der ganze Pilz matt orange und eher kurz und drall, bei ausgewachsenen Exemplaren innen hohl (Bild S. 158).

Leider sind oft schon junge Reizker von Pilzmaden befallen, es empfiehlt

sich daher, die Pilze schon am Fundort zu halbieren und zu untersuchen und ausschließlich schöne Exemplare mitzunehmen. Alle drei Reizkerarten sind sehr beliebte Speisepilze, wobei der unter den Pilzsammlern begehrteste der Echte Reizker ist. Alle besitzen eine knackige Konsistenz bei nicht allzu ausgeprägtem Geschmack. Sorgfältig zubereitet, sind sie vorzügliche Speisepilze. Bevor sie verarbeitet werden, sollten sie geputzt, auf Maden untersucht und im Ganzen 3–5 Min. in kochendem Salzwasser geschwenkt werden, um ihren bitteren Geschmack zu nehmen. Nun können sie entweder blanchiert in Salaten mit Essig und Öl verarbeitet oder gebraten werden. Sie eignen sich weniger zum Kochen oder dünsten. Eine kulinarische Besonderheit sind in Essig eingelegte Reizker!

• Wichtiges von der *Kräuterfee* •

Alle drei erwähnten Reizker sind unverwechselbar mit Giftpilzen, wenn man auf das Merkmal achtet, dass sie aus Verletzungen einen orangeroten Milchsaft ausstoßen. Der ungenießbare Birkenreizker hingegen hat eine weiße Mich! Verwenden Sie niemals jene Exemplare mit weißer Milch, da dies falsche Doppelgänger sind!

Am besten schmecken sie mir mit Salz und Pfeffer, ohne Stiel in einer heißen Pfanne scharf angebraten oder auch gegrillt oder auf der heißen Steinplatte geröstet. Auch in Butter gegart sind sie nicht zu verachten. Ein pikantes Pilzgulasch ist ebenfalls sehr empfehlenswert. Reizker lassen sich auch gut tiefkühlen und, wie im hohen Norden üblich, einsalzen.

Wacholder
Juniperus communis

Der Wacholder stammt aus der Familie der Zypressengewächse. Die Hauptlieferländer für Wacholderbeeren befinden sich in Europa, am Balkan, in Spanien und Italien. Erstaunlich finde ich, dass die Früchte, die eigentlich keine Beeren, sondern ein aus drei Teilen zusammengefügter Fruchtzapfen sind, 3 Jahre brauchen, um auszureifen. Mir ist keine Frucht bekannt, die eine so lange Reifezeit hat. Dann sind sie dunkel schwarz-blau, weich, angenehm süß und bekömmlich, während unreife Früchte reizende Stoffe beinhalten. Erntet man selbst Wacholderbeeren, muss man darauf achten, die Äste der Pflanzen nicht zu beschädigen. Die Beeren sollten anschließend an einem schattigen Ort luftgetrocknet und danach als ganze Beeren in einem lichtundurchlässigen

• Tipp der *Kräuterfee* — Wacholderbeerentee und -schnaps •

Für den **Tee** 1–2 TL Beeren zerstoßen bzw. quetschen, mit 250 ml siedendem Wasser überbrühen, 10 Min. zugedeckt ziehen lassen, nach dem Erkalten abseihen und wieder trinkfähig erwärmt 1–2 Tassen pro Tag trinken. Dieser Tee erzielt bei der Behandlung von Verdauungsbeschwerden, Rheuma und Harnwegsinfektionen und zur Erhöhung der Wasserausscheidung sehr gute Ergebnisse.

Der **Schnaps** eignet sich zur Magenanregung. Dazu ca. 100 g Wacholderbeeren – frisch geerntete, schön blaue –, 1 Stück Zimtrinde und 1 etwa 5 cm langes Stück Ingwer in 1 l Wodka einlegen und 3–4 Monate stehen lassen, ab und zu schütteln. Der Schnaps wird nach und nach immer brauner und hat am Ende etwa die Farbe von Cognac. Anfangs ist er noch recht herb, lässt man ihn aber noch weitere 3 Monate reifen, wird er schön rund und vollmundig.

und fest verschlossenen Gefäß aufbewahrt werden. Erst kurz vor der Weiterverarbeitung bzw. Anwendung sollen sie zerkleinert werden.

Wacholderbeeren werden besonders für aromatische Speisen verwendet, da sie einen starken Würzeffekt und sehr viel Eigengeschmack haben. Sehr sparsam einsetzen! Sie **fördern die Verdauung, regen den Appetit an** und sind daher ein beliebtes Gewürz für schwer verdauliche Speisen. Wenn Magen- und Darmerkrankungen vorliegen, können sie lindernd wirken. Der wichtigste Wirkstoff der Früchte sind die enthaltenen ätherischen Öle und das Vitamin C. Positive Wir-

kungen entfaltet die Anwendung von Wacholderbeeren äußerlich (z. B. als Bad) bei Rheuma und Gicht, innerlich (z. B. als Geist) bei Verdauungsbeschwerden sowie zur Erhöhung der Wasserausscheidung und zur Harnwegsdesinfektion. In der Volksmedizin wird Wacholder auch zur Blutreinigung, Durchblutungsförderung und als Wehenmittel eingesetzt. Es war Sebastian Kneipp, der die Beeren zur Behandlung von Rheuma und Gicht empfohlen und die Wacholderbeerenkur in die Volksmedizin eingeführt hat. Dazu kaut man täglich mit ansteigender Anzahl 1–7 Beeren, dann mit absteigender Zahl, bis man wieder bei 0 ist.

• Wichtiges von der *Kräuterfee* •

Vorsicht! Leicht kann der echte Wacholder von ungeübten Sammlern mit dem giftigen Sadebaum (*Juniperus sabina*) verwechselt werden!

Physalis
Physalis alkekengi und P. peruviana

Herbstzeit ist Physaliszeit! Und ich bin da gleich doppelt beglückt, denn im Garten zwischen den herbstlichen Stauden leuchten die orangeroten Lampionfrüchte der heimischen Blasenkirsche *Physalis alkekengi* (Bild unten) und im Glashaus ist der Früchtetisch so reich gedeckt, dass ich den ganzen Winter über mit Heißhunger über die täglich nachreifenden Früchte herfallen kann: Bis 3 m hoch ist die Andenbeere *Physalis peruviana* gewachsen und übervoll mit den köstlich gefüllten Lampions … Sie schmückt heute fast jedes Büfett und mein persönlicher Luxus ist es, sie hier in meinem Garten zu kultivieren. Die kirschgroßen Beeren sitzen in einem ähnlich aufgeblasenen Kelch wie bei der Blasenkirsche, jedoch ist er hellbräunlich-grün. Die Beeren schmecken leicht säuerlich und sind sehr delikat.

Viele Menschen denken, sie könnten nur die exotischen Andenbeeren essen, aber unsere heimischen orangeroten Physalis, die in leuchtend orangefarbenen Lampionhüllen stecken, sind ebenfalls gesund und essbar, wenn auch nicht so aromatisch wie die peruanische Verwandte, die von Seefahrern als Anti-Skorbutmittel nach Europa gebracht wurde. Genau betrachtet sehen die kugeligen Früchte aus wie kleine Tomaten, besonders wenn sie angebissen sind und ihr Fruchtfleisch zur Schau stellen: mit kleinen Samen wie eine Cocktailtomate. Diese Ähnlichkeit sollte nicht weiter verwundern, denn beide Pflanzen sind Nachtschattengewächse und daher dürfen auch nur die reifen Früchte, keinesfalls die grünen Pflanzenteile, verwendet werden! *Physalis alkekengi* und *Physalis peruviana* enthalten **jede Menge Vitamin C** und eignen sich hervorragend zum Frischverzehr, aber auch als ausgefallene Deko mit Schokoladenüberzug.

Die ursprünglich in Mittel- und Südeuropa verbreitete Lampionblume ist bei uns stellenweise verwildert vorzufinden. Über lange, unterirdische Ausläufer vermag sie sich großflächig auszubreiten, aber darauf warte ich in meinem Garten noch vergebens … Im Mittelalter glaubte man laut Signaturenlehre, dass die Frucht der Blasenkirsche in ihrem aufgeblasenen Fruchtkelch einem Blasenstein gleicht und demzufolge auch diese Krankheit zu heilen vermag. Tabernaemontanus, der große Arzt und Botaniker aus

dem 16. Jh., schreibt über die „Schlutten", wie die Blasenkirschen damals genannt wurden: „Von den Schlutten die Kirschen gegessen … reinigen die Nieren und Blasen / und treiben den Stein und Harn …" Unsere heimischen Physalis wurden in der Volksheilkunde in der kargen Winterzeit als Vitamin-C-Lieferant verabreicht, aber auch als schmerzstillendes, entzündungshemmendes, blutreinigendes und leicht beruhigendes Mittel bei Nieren- und Blasenerkrankungen wurde ein Ansatz aus in Wasser oder Wein zerquetschten und angesetzten Früchten löffelweise eingenommen.

Preiselbeere
Vaccinium vitis-idaea

Preiselbeeren gelten als das Gold der Alpen. Schwer sind sie zu finden für den, der nicht die Platzerln kennt, mühsam zu ernten und dann ist noch der rechte Zeitpunkt zwischen Vollreife und erstem Schneefall zu erwischen … aber was gibt es Köstlicheres als frische, selbst eingekochte Preiselbeermarmelade zu Schwammerlgulasch?

Die Preiselbeere gehört zu den wenigen Pflanzen, die noch per Hand aus Wildbeständen gesammelt werden. Kommerzielle Anbaugebiete gibt es weltweit nicht viele, daher sind Preiselbeerprodukte auch selten auf dem Markt zu finden. Industriell angebaute Verwandte aus der Gattung der Heidelbeeren (Cranberrys) haben ihr den Rang abgelaufen, dennoch ist sie nicht in Vergessenheit geraten. Rohe Beeren schmecken herb und sauer. Deshalb werden sie überwiegend zu Gelee, Marmelade, Saft oder Kompott verarbeitet. Benzoe-, Ascorbin- und Salicylsäure sind für das charakteristische Aroma der Früchte verantwortlich. Der Anteil an Benzoe- und Salicylsäure sorgt dafür, dass Erzeugnisse wie Säfte und Marmeladen aus Preiselbeeren ohne chemische Konservierungsmittel haltbar bleiben, Ascorbinsäure wirkt zusätzlich antioxidativ.

Preiselbeeren enthalten **Carotin, B-Vitamine und Vitamin C.** Dazu Kalium und Natrium in einem so günstigen Verhältnis, dass es Wasseransammlungen im Körper entgegenwirkt, Magnesium und v. a. Eisen. Dazu kommt ein hoher Gehalt an

• **Tipp der** *Kräuterfee* **— Meine Lieblingspreiselbeermarmelade** •

1 kg Preiselbeeren • 150 ml guter Rotwein • 50 ml Portwein
1 Stange Zimt • 600 g Gelierzucker

Die verlesenen, gewaschenen Preiselbeeren trocken tupfen und in eine Schüssel geben. Rotwein, Portwein, Zimt und Gelierzucker miteinander verkochen und über die Früchte gießen. Die Mischung mit einem Teller beschweren, sodass die Früchte in der Flüssigkeit zu liegen kommen, und über Nacht stehen lassen. Am nächsten Tag die Früchtemischung zum Kochen bringen, 1 Min. kochen lassen, die Zimtstange entfernen und sofort in vorgewärmte Gläser abfüllen, diese gut verschließen.

darmmobilisierenden Fruchtsäuren, Gerbstoffen, Flavonoiden wie Quercetin und antioxidativen Farbstoffen wie den Anthocyanen und Proanthocyanidinen. Diese spezielle antibakterielle Wirkung der Beeren kann auch bei Gastritis genutzt werden, da die Wirkstoffe auch gegen das Bakterium *Helicobacter pylori* wirken und wer unter Verdauungsproblemen leidet, sollte fleißig Preiselbeerkompott essen, da die Anthocyane auch günstig bei negativen Bakterienbesiedlungen im Darm helfen.

Bereits im 12. Jh. empfahl die Benediktiner-Äbtissin Hildegard von Bingen (1098–1179) die Anwendung der Preiselbeere bei schmerzhafter, stockender Regelblutung. Die Indianer nutzten die Beeren des nordamerikanischen Verwandten des Preiselbeerstrauches, der Cranberrys, als Umschläge zur Wundversorgung. Noch heute verwenden die Menschen in Russland Früchte zur Stärkung des Immunsystems, gegen Erkältungs-

krankheiten, Harnwegsinfektionen, Mudigkeit, Parodontose, Stomatitis und Gingivitis. Preiselbeerblätter verwendet die Volksmedizin gegen Blasenentzündungen sowie gegen Durchfall, wobei v. a. die Gerbstoffe zur Wirkung kommen. Sie enthalten ähnlich wie Bärentrauben- oder Heidelbeerblätter Arbutin, ein in größeren Mengen giftiges Glykosid. Die Wirkung beruht darauf, dass dieses Arbutin in der Niere aufgespalten wird und dabei Hydrochinon entsteht, das eine **desinfizierende Wirkung auf die Harnwege** hat. Wenn also bereits eine Harnwegsinfektion aufgetreten ist, kann man natürlich auch Preiselbeersaft trinken, wirkungsvoller ist aber in diesem Fall, einen Tee aus den Blättern zuzubereiten.

• **Tipp der** *Kräuterfee —*
Preiselbeerblättertee •

1 TL der getrockneten Blätter mit 1 Tasse heißem Wasser überbrühen, 5 Min. ziehen lassen, abseihen.

MEINE LIEBLINGSREZEPTE

Ringelblume

Ringelblumenölansatz

Mehrere Hände voller schön erblühter Ringelblumen in einer Flasche mit breiter Öffnung mit gutem, kaltgepresstem Olivenöl aus biologischem Anbau ansetzen, für 6 Wochen in die Sonne stellen. Immer wieder durchschütteln. Dann das Öl abseihen, den Blütenrückstand gut auspressen (kann zu Kugeln geformt als Badezusatz weiterverwendet werden). Das Öl in dunkle Flaschen füllen und kühl lagern. Es ist die perfekte Basis für Cremen und Massageöle.

Die beste Ringelblumencreme

6 g Mandelöl
6 g Ringelblumenölansatz
5 g Bienenwachs
3 Tropfen ätherisches Rosenöl

Mandel- und Ringelblumenölansatz erwärmen, Bienenwachs beifügen, damit es schmelzen kann, und ätherisches Öl einrühren. Eine Härtungsprobe machen: Dazu 1 Tropfen der Crememischung auf ein Tellerchen geben und aushärten lassen. Die Creme sollte sich leicht streichen lassen, aber nicht zu flüssig sein. Wenn die Streichfähigkeit für Sie passend ist, die Creme in Cremetöpfchen abfüllen, etwas abkühlen lassen, dann erst verschließen (sonst kann sich Kondenswasser am Deckel bilden – Schimmelgefahr!).

Sollte die Konsistenz nicht passend sein, entweder etwas mehr Bienenwachs beifügen, um die Creme fester zu machen, oder noch etwas Öl, um sie etwas flüssiger zu machen.

Verwendungstipp der *Kräuterfee*

Diese Ringelblumencreme können Sie zur Gesichtspflege ebenso wie zur Handpflege verwenden.

Ringelblumen-Lippenpflegebalsam

2 g Bienenwachs
8 g Ringelblumenöl
4 g Kakaobutter

Alle Zutaten miteinander in einem kleinen Porzellantopf schmelzen und in sehr kleine Cremetiegel füllen.

Duftpelargonie

Beim Einwintern der Pelargonien bin ich ein letztes Mal so überwältigt von den verschiedenen Düften, die sie hervorbringen, dass ich nochmals zum Kochlöffel greifen muss.

Quittenmarmelade mit Duftpelargonien

1 kg reife Quitten
Saft und Schale, fein abgeschält,
von 1 Orange
300 ml Pfefferminztee
400 g Gelierzucker
3–4 Blätter der Duftperlargonie

Die Quittenviertel mit Orangensaft und Tee in einen flachen Topf geben und 30–45 Min. leicht köcheln lassen.

Danach im Mixer pürieren, Gelier-zucker und die fein gehackte Orangenschale dazugeben und langsam aufkochen lassen und 3–4 Min. auf dem Siedepunkt gut durchrühren. Die fein gehackte Duftpelargonie beigeben, kurz ziehen lassen, in saubere Gläser abfüllen und gut verschließen.

Die Quittenmarmelade auf frischem Brot genießen (Bild links).

Zwiebelsuppe mit Duftpelargonie

ergibt 4 Portionen

500 g gehackte Zwiebeln
60 g Butter
300 ml Gemüsebrühe
300 ml Milch
100 ml Schlagobers
70 g frische Semmelbrösel
Salz, Pfeffer
40 g Butter
2 Scheiben Toastbrot ohne Rinde
5 Duftpelargonienblätter

Zwiebeln bei schwacher Hitze in Butter 1 Std. zugedeckt weich dünsten, ohne sie Farbe nehmen zu lassen. Brühe, Milch, Schlagobers und Semmelbrösel beifügen und aufkochen. Dann mit dem Stabmixer fein pürieren und evtl. noch etwas verdünnen. Salzen, pfeffern und nochmals aufkochen.

In der Zwischenzeit in einer Bratpfanne 40 g Butter zergehen lassen, die Weißbrotwürfel darin goldbraun rösten, die Duftpelargonienblätter fein hacken, mit den Brotwürfeln mischen und separat zur Suppe servieren.

Bohnenkraut
Bohnenkrautölansatz

Mehrere Hände voller Bohnenkraut in einer Flasche mit breiter Öffnung mit gutem, kaltgepresstem Olivenöl aus biologischem Anbau ansetzen, für 6 Wochen in die Sonne stellen. Immer wieder durchschütteln.

Dann das Öl abseihen, dabei den Pflanzenrückstand gut auspressen! Das Öl in dunkle Flaschen füllen und kühl lagern. Es ist sehr stark wärmend und durchblutungsfördernd und eignet sich hervorragend als Massageöl.

Wärmendes Massageöl
100 ml süßes Mandelöl
100 ml Bohnenkrautölansatz
je 3 Tropfen ätherisches Öl von Zitronenmelisse und Rosengeranie

Alle Zutaten gut miteinander mischen, dazu in eine dunkle Flasche füllen, den Deckel verschließen und gut schütteln, mindestens 3 Wochen reifen lassen.

Tipp der *Kräuterfee*
Es kann mit kreisenden Bewegungen in die Haut massiert werden und ist wunderbar tiefenwärmend und entspannend.

Beifuß
Wärmender Kräuteressig für ein starkes Immunsystem

In diesem Rezept kombiniere ich schleimhautschützende Pflanzen mit stoffwechselaktivierenden Kräutern, die ich in gutem Apfelessig ansetze.

Es gibt diese Art des Kräuterauszuges in verschiedensten Rezepturen, z. B. als „Essig der 4 Räuber", der sogar – regelmäßig getrunken oder als Mundspülung verwendet – vor der Pest geschützt haben soll. Er stärkt die Schleimhautflora und damit die Infektabwehr.

10 Salbeiblätter
je 3 Stängel Schafgarbe und Beifuß
5 Zweige Bohnenkraut
6 Scheiben Galgantwurzel oder
1 TL Galgantpulver
10 Wacholderbeeren
2 Scheiben Ingwerwurzel
1 l Apfelessig von guter Bio-Qualität

Alle Zutaten in eine große, bauchige Flasche geben, mit Essig auffüllen und 4 Wochen an einem warmen Platz im Haus ziehen lassen.

Verwendungstipp der *Kräuterfee*
Verwenden Sie den Essig regelmäßig zur Zubereitung von Salaten oder trinken Sie als 6-wöchige Kur täglich auf nüchternen Magen folgende Mischung: 1 TL Kräuteressig, 1 TL Honig auf 1 Glas lauwarmes Wasser.

Beifußöl
Frisches Beifußkraut, das vor der Blüte gesammelt wird, in ein verschließbares Glas geben und mit hochwertigem, biologischem Pflanzenöl (z. B. Sonnenblumenöl) aufgießen. Alle Pflanzenteile sollen dabei gut bedeckt sein. Das Glas verschließen und etwa 3 Wochen an einem sonnigen Platz stehen lassen.

Mehrmals schütteln. Nach 3 Wochen abfiltern, abfüllen und kühl lagern.

Tipp der *Kräuterfee*
Dieses Öl wirkt wunderbar wärmend und entspannend, wenn man die Füße nach einer langen Wanderung oder nach langen Stehzeiten massiert. Eine Bauchmassage mit Beifußöl wirkt lindernd bei Magenbeschwerden, aber auch bei Menstruationsbeschwerden.

Wegerich
Wegerichsalbe bei Insektenstichen
250 ml Sheabutter
2 Handvoll frische Spitzwegerichblätter

Sheabutter in einen Emailletopf geben, kleingeschnittene Spitzwegerichblätter beifügen und 10 Min. leicht vor sich hin simmern lassen. Zudecken und die Mischung 2 Tage ziehen lassen, dann nochmal kurz erhitzen, abseihen, die Blätter gut ausdrücken und die Mischung heiß in kleine Gläser mit Schraubverschluss füllen. Kühl und dunkel lagern! (Bild unten: Breitwegerich)

Spitzwegerich-Wacholder-Sirup
aus einem Haushaltsbuch von 1901

Einen Kessel voll mit grünem oder gedörrtem Wegerich mit 1–2 Handvoll Wacholderbeeren oder grünem Wacholderkries (Wacholderästchen) 3 Std. in viel Wasser sieden, dann das Kraut abseihen und die Brühe mit Zucker oder besser Honig nochmals kochen (2 oder mehr Std.). Diesen Saft in Flaschen oder Krüge gießen und im Keller verwahren. Fleißig davon trinken, besonders morgens nüchtern.

Spitzwegerichsüppchen
Immer wieder erwähnen sollte man, wie köstlich und gesundheitspflegend ein Cremesüppchen aus Spitzwegerichblättern ist.

Dazu mit 1 EL Butter und 1 EL Mehl eine lichte Einbrenn machen, mit Wasser aufgießen, 1 Handvoll Spitzwegerich- oder Breitwegerichblätter hinzufügen, die Suppe einmal aufkochen lassen, mit dem Stabmixer pürieren und etwas Schlagobers und Salz einrühren.

Spitzwegerich-Hustenzuckerl
500 g Zucker
250 ml Spitzwegerichsirup
1 mittlere Zwiebel, gerieben

Den Zucker mit dem Sirup so lange kochen lassen, bis die Masse honiggelb ist, sie darf dabei nicht zu dunkel werden, sonst wird der Zucker bitter. Nun eine schon vorher fein geriebene, mittelgroße Zwiebel zugeben und gut in der Zuckerlösung verkochen. Die Masse auf ein ölbestrichenes Blech gießen, mit einem Messerrücken kleine Karos eindrücken, während sie noch heiß ist, und erstarren lassen. Man kann nun die Zuckerl leicht auseinanderbrechen. Sie halten sich, in einer Blechdose luftdicht aufbewahrt, lange frisch und wirken schleimlösend, der Zwiebelgeschmack vergeht nahezu ganz.

Spitzwegerichtinktur
30 frisch gepflückte Wegerichblätter
250 ml Bauernschnaps

Wegerichblätter nudelig schneiden, in eine Flasche mit weitem Hals geben, mit dem Schnaps aufgießen und den Ansatz im Halbschatten am Balkon oder in der Küche 3–4 Wochen ziehen lassen. Dann abseihen und in kleine dunkle Flaschen füllen.

Tipp der *Kräuterfee*
Spitzwegerichtinktur hilft bei entzündeter Haut, z. B. nach Insektenstichen, kann aber auch zum Gurgeln bei Zahnfleischproblemen und zum Abtupfen kleiner Wunden verwendet werden.

Fichtenreizker, Lachsreizker, Echter Reizker
Gegrillte Reizker
Pro Person etwa 7 geputzte Reizkerhüte, etwas Öl und brauner Zucker, Knoblauch in Zitronensaft gepresst, Salz.

Die Pilzhüte mit den Lamellen nach oben auf einen Grill oder eine heiße Steinplatte legen und mit etwas Öl bestreichen, mit Zucker bestreuen und immer wieder mit Knoblauch-Zitronensaft bepinseln und salzen. Nach etwa 10 Min. sind die Pilze gar und essfertig.

Tipp der *Kräuterfee*
Es bildet sich im Hut eine pikante Sauce, welche auf alle Fälle aufgetunkt werden sollte!

Salat von jungen Reizkern
250 g junge, madenfreie Reizker
Mostessig oder Weinessig
Salz, Pfeffer nach Geschmack
Estragon, Petersilie und Thymian nach Geschmack
Olivenöl

Die ganzen Reizker in kochendes Salzwasser einlegen und etwa 5 Min. darin schwenken. Dann die Pilze zum Abkühlen beiseitestellen und in fingerdicke Streifen schneiden.

Essig mit Gewürzen und Olivenöl erhitzen und heiß über die Pilze gießen. Die Pilze im Sud abkühlen lassen und als Beilage zu Wildgerichten oder zu Fleischterrinen und Wildpasteten servieren.

Reizkerkücherl
500 g Echte Reizker
4 EL Butter
1 große, gekochte Kartoffel
1 EL Mehl
2 verquirlte Eier
60 g frisch geriebener Parmesan
1 EL Petersilie
Salz, Pfeffer

Ei und Semmelbrösel zum Panieren
Öl zum Braten

Die geputzten Pilze in schmale Streifen schneiden und diese 1 Min. in kochendem Salzwasser blanchieren, Wasser abgießen, Pilze gut abtropfen lassen. Anschließend in heißer Butter braten, bis aller Saft verdampft ist.

Die Kartoffel zerstampfen und mit Mehl, 1 Ei, Parmesan und gehackter Petersilie vermengen, sodass ein Teig entsteht. Würzen und die Pilze einarbeiten. Den Teig in 10 gleich große Kugeln teilen, flach drücken. Die so entstandenen Küchlein in Ei und Semmelbröseln wälzen und im heißen Öl goldbraun braten.

Wacholder
Brotsalat mit Endivien, Wacholderbeeren und Blauschimmelkäse
ergibt 4 Portionen

4 dicke Scheiben helles Brot
2 EL Wacholderbeeren • Salz, Pfeffer
je ¼ TL Koriander, Fenchel und Anis, im Mörser zerstoßen
2 Frühlingszwiebeln • 1 Knoblauchzehe
8 Endivienblätter
4 EL Apfelessig • 1 EL Birnensaft
2 EL Butter • 4 EL Sonnenblumenöl
Petersilie und Wildkräuter, fein gehackt
1 große Williamsbirne
120 g Blauschimmelkäse

Butter in einer Pfanne schmelzen, das würfelig geschnittene Brot einlegen, Gewürze zugeben und goldbraun rösten. Frühlingszwiebeln in Ringe, Knoblauch in kleine Stückchen schneiden und kurz mitanrösten, alles in eine große Schüssel geben.

Die Endivienblätter klein zupfen, mit Essig, Birnensaft, Öl, Salz, Pfeffer und Kräutern marinieren.

Die Birne in appetitliche Spalten, den Käse in mundgerechte Würfel schneiden und unter den Salat mischen, die Brotwürfel unterheben und sofort servieren.

Physalis
Physalismarmelade
ergibt 4 Gläser mit je 200 ml

500 g Physalis
250 g Gelierzucker
abgeriebene Schale von ½ Zitrone
1 TL fein gehackter Ingwer
Saft von ½ Orange
etwas Zitronenverbene oder Melisse,
fein gehackt

Die halbierten Physalisfrüchte mit Zucker, Zitronenschale, Ingwer und Orangensaft in einem Topf vermischen, 1 Std. ziehen lassen und langsam zum Kochen bringen. 8 Min. kochen, dann die fein gehackten Kräuter einrühren. Die Marmelade heiß in saubere Gläser füllen, gut verschließen.

Schneegestöber mit Physalis
ergibt 4 Portionen

300 ml Schlagobers
300 ml Vanillejoghurt
500 g Physalis
60 g Baiser

Das Schlagobers steif schlagen, vorsichtig das Vanillejoghurt unterheben. 4 schöne Physalis beiseitelegen, die restlichen Früchte aus der Hülle lösen, halbieren, ⅓ davon pürieren und halbierte Früchte unterrühren. Das Baiser grob zerbröseln. Die Joghurt-Schlagobers-Mischung, die Fruchtmasse und das Baiser abwechselnd und ganz locker in Gläser schichten. Vor dem Servieren mindestens 20 Min. kalt stellen.
   Eine Augen- und Gaumenweide!

Physalislikör

2 Handvoll Physalisfrüchte ohne Hülle
2 Handvoll Kandiszucker
1 Zimtstange
1 Ingwerwurzel, geschält und in Scheiben geschnitten
500 ml Schnaps

Alle Zutaten in eine große Flasche mit breiter Öffnung geben und den Schnaps darübergießen. Den Ansatz an einem warmen Ort im Haus etwa 6 Wochen ziehen lassen, dann ist er genussreif.

Preiselbeere
Rotkrautsalat mit Preiselbeeren
ergibt 4 Portionen

500 g Rotkraut
1 Stange Stangensellerie
1 kleiner, süßer Apfel
Saft von 1 Orange
2 EL Preiselbeerkompott
1 EL Sultaninen
je 4 EL roter Balsamicoessig und Olivenöl
1 Prise Nelkenpulver
1 Msp. Orangenabrieb
Salz, Pfeffer nach Geschmack

Das Rotkraut in einzelne Blätter teilen, Strünke herausschneiden, diese sehr fein hacken und die Blätter in dünne Streifen schneiden. Auch den Stangensellerie und den entkernten Apfel fein schneiden. Rotkraut, Sellerie, Orangensaft, Preiselbeeren, Sultaninen und Apfelstückchen in einer großen Schüssel mischen. Essig, Öl, Nelkenpulver, Orangenabrieb ver-

mixen, salzen, pfeffern und den Salat damit veredeln.

Rezept-Tipp der *Kräuterfee*
Lassen Sie diese köstliche Herbstspeise zumindest 15 Min. marinieren.

Süß-sauer eingelegte Preiselbeeren

180 g brauner Zucker
250 ml Portwein
100 ml Rotweinessig
500 g Preiselbeeren
3 EL Honig

Zucker, Portwein und Essig aufkochen, bis sich der Zucker aufgelöst hat, die Preiselbeeren hineingeben. Kurz aufkochen und 8 Min. ziehen lassen. Danach mit einem Lochschöpfer die Preiselbeeren herausnehmen und in Gläser füllen. Die Flüssigkeit mit dem Honig aufkochen und heiß über die Beeren gießen, sofort verschließen und bei 95 °C 15 Min. im Wasserbad sterilisieren, dann herausnehmen und abkühlen lassen.

Preiselbeergelee mit Birnensaft

1 kg Preiselbeeren
100 ml Rotwein
500 ml frisch gepresster Birnensaft
1 kg Gelierzucker

Die Preiselbeeren verlesen, waschen und in einem flachen Topf mit dem Rotwein langsam erhitzen, bis die Früchte kochen und alle Beeren aufgeplatzt sind. Danach zugedeckt im Topf erkalten lassen. Den Topfinhalt durch die Flotte Lotte drehen und mit Birnensaft und Gelierzucker unter Rühren zum Kochen bringen. Abschäumen, 4 Min. weiterkochen und heiß in saubere Gläser füllen, gut verschließen.

Rezept-Tipp der *Kräuterfee*

Dieses Preiselbeergelee erinnert an Kompottbirne mit Preiselbeere und passt sehr gut zu Wild- und Pilzgerichten, aber auch zu herbstlichen Süßspeisen.

Winter

MEIN WINTERSTREIFZUG

„Im Winter haben alle Bäume ihr Laub verloren (abgesehen von frühjahrsabwerfenden Bäumen, wie manche Eichen oder Buchen und vereinzelten wintergrünen Laubgehölzen). Das Wintergetreide läuft auf. Im Übrigen herrscht weitgehend Vegetationsruhe. Der phänologische Winter geht ungefähr von Ende November/Anfang Dezember bis Mitte/Ende Februar."

Der Garten ruht, die Natur ist im Schnee versunken und so sehnsüchtig wir schon zu Weihnachten darauf warten, so schön und erfüllend ist es dann, wenn eine leise, weiße Schneedecke das Leben entschleunigt hat. In den Hecken meines Gartens finden sich dennoch bunte Früchte, Hahnendorn und Asperln lassen sich auch gut eingefroren vom Strauch pflücken und gleich vernaschen … und auch im Gemüsegarten grabe ich noch fleißig nach Topinamburknollen, die dick und fleischig in der kalten Erde ruhen.

In dieser Zeit sind die Wintervorräte wirklich wichtig. Und so wie unsere Vorfahren greife ich zu Eingekochtem und Getrocknetem und lasse mit den wertvollen Aromen der konservierten Pflanzen, Schwammerln und Früchte die vergangenen Jahreszeiten wieder erwachen.

JETZT ANGESAGT

Winterzeit ist Teezeit

An den langen, düsteren Nachmittagen und Abenden finde ich nun auch Zeit, die Teemischungen für den Winter zu kreieren. Und das macht jede Menge Spaß, kann ich Ihnen sagen! Duftende Blätter und Blüten, die ich aus den sortenrein gelagerten Säckchen und Gläsern nehme und in großen Schüsseln ganz nach Lust und Laune zu farblich und geschmacklich stimmigen Kompositionen zusammenmische, machen einfach gute Laune! Dabei duftet es und raschelt es und der ganze vergangene Sommer zieht wieder vor mir auf … und natürlich achte ich dabei auch auf die Wirkung der einzelnen Zutaten. Zu meinen beliebtesten Basispflanzen für Hausteemischungen gehören Himbeer-, Brombeer- und Erdbeerblätter, aber auch Zitronenmelisse und Brennnessel. Dazu mische ich dann nach Lust und Laune – und Gefühl – jene Blüten und Kräuter, die die Wirkung ausmachen: Für morgens eher anregende, aromatische Pflanzen und für einen Abendtee eher entspannende, harmonisierende. Getrocknete Früchte und Fruchtschalen sind ebenso wie Beeren sehr gute Aroma- und Farbspender und tun auch ihre entsprechende Wirkung, beispielsweise als Vitaminspender.

Wenn Nebel und Kälte draußen bestimmen und der Sommer nur noch Erinnerung ist, ist es wie ein Zauber, der sich entfaltet, wenn die getrockneten, sortenrein gelagerten Kräuter und Blüten hervorgeholt werden und zu köstlichen, aromatischen und auch heilsamen Mischungen komponiert werden. Ich verwende dazu große Porzellanschüsseln oder Weidlinge, in die

• Tipp der *Kräuterfee* — Tees richtig aufgießen •

Grundsätzlich braucht es auf 500 ml Wasser 1–2 EL Teemischung, die ich nur mit heißem, nicht mit kochendem Wasser aufgieße. Frische Kräuter und Blüten gieße ich überhaupt nur mit handwarmem Wasser auf. Dadurch lösen sich auch die feinen, leicht flüchtigen Aromastoffe und ätherischen Öle der Kräuter, die sonst verdampfen würden. Ich finde, dass die Qualität der selbst gemischten Tees sehr viel besser ist als die der gekauften.

• Tipps der *Kräuterfee* — Meine Lieblingstees •

Winterfrüchtetee

Hagebutten, zerkleinert, Apfelstückchen, Orangenschalen, Zitronenmelisse und Erdbeerblätter zu gleichen Teilen mischen, etwas Gewürznelken beigeben. Die Mischung kühl und trocken aufbewahren.
Für 1 Tasse 1 EL der Mischung in kaltem Wasser ansetzen, kurz aufkochen, 10 Min. ziehen lassen und in Tassen füllen!

Wohlfühltee

Ringelblumen, Süßholz, Waldmeister, Zimtrinde, Matetee, Zitronenmelisse, Brombeerblätter, Lindenblüten, Rosenblüten zu gleichen Teilen mischen.
Pro Tasse 1 kleinen TL voll Kräuter mit heißem Wasser übergießen, dann den Ansatz zudecken und den Tee 5 Min. ziehen lassen, abseihen und an einem Wohlfühlplatz genießen …

Blütentee

Getrocknete Rosenblüten, Lindenblüten, Kamille, Bohnenkraut und Ringelblumen zu gleichen Teilen mischen.
Für 1 Tasse Tee 1 TL Blütenteemischung mit heißem Wasser aufgießen und 15 Min. ziehen lassen.

ich die Zutaten aus den einzelnen Gläsern nach und nach einstreue und immer wieder durchmische. Die richtige Mischung ist in der Kräuterfeenküche immer Gefühlssache, wobei auch Duft und optischer Reiz der Teemischung entscheidend sind. Tee selbst zu mischen hat viele Vorteile. Zuerst weiß ich genau, wo ich die Pflanzen gesammelt habe, die ich für die Mischungen verwende, dann kann ich die Pflanzen und deren Mischungsverhältnis selbst bestimmen und zu guter Letzt weiß ich genau, wie alt meine Teemischungen sind. Pfefferminze, Kamille und Thymian befinden sich bei mir nie in

Teemischungen, denn diese Pflanzen setze ich als Heilmittel in Reinform ein. Minze kühlt zudem sehr stark und passt deshalb meiner Meinung nach nur im Hochsommer auf unseren Teeplan. Ich persönlich verwende ausschließlich Blüten und Blätter für meine Tees, Wurzeln und Hölzer verwende ich nicht, denn ich ziehe die dem Licht zugewandten Pflanzenteile den erdigen und verholzten vor.

Winterzeit ist Punsch- und Likörzeit!

Obwohl ich dem Alkohol nicht viel an geschmacklichen Genüssen abgewin-

• Tipp der *Kräuterfee* — Schlehenpunsch zum Wärmen und Stärken – mit Alkohol •

750 ml Rotwein • 300 ml Schlehen-Orangen-Mus (siehe S. 183)
250 ml frisch gepresster Orangensaft • 500 ml ungesüßter Holunderbeerensaft
200 g brauner Zucker • Zimtrinde • Gewürznelken • Kardamom
Schale jeweils von 1 unbehandelten Orange und 1 Zitrone (in Stückchen)
1 Pkg. Vanillezucker

Alle Zutaten in einem großen Topf 5 Min. leicht köcheln und 15 Min. ziehen lassen. Dann die Gewürze abseihen und heiß servieren (**Bild links**). Schlehenpunsch ist ein stärkendes und wärmendes Getränk, das gut nach dem Rodeln, Skifahren und Schneewandern serviert werden kann. Auch zu Silvester ist er beim Feuerwerk im Freien ein vorzügliches Mitternachtsgetränk.

• Tipp der *Kräuterfee* — Johanniskrautlikör •

Dieser Likör hebt die Stimmung in der dunklen Jahreszeit, er kann sowohl schon im Sommer aus den frischen Pflanzen als auch später im Jahr mit den getrockneten Kräutern angesetzt werden.

25 g Johanniskraut • 20 g Zitronenmelissenkraut • 10 g Lavendelblüten
1 l Obstschnaps • 300 g brauner Kandiszucker • 1 l Weißwein

Alle Zutaten in eine große Flasche mit breitem Hals füllen, verschließen und 4 Wochen an einen warmen Platz im Haus stellen, im Sommer gerne in die Sonne am Balkon, später im Jahr in Heizungs- oder Herdnähe. Dann abseihen und in kleinere Flaschen füllen.
Weitere Likör- und Punschrezepte finden Sie in den folgenden Kapiteln.

nen kann, stelle ich gerne Liköre und Punsche aus Wildfrüchten her. Diese sind, wie ich finde, echte Heil- und Stärkungsmittel aus der Wildfruchtküche. Besonders Holunder, Schlehe und Quitten, aber auch gemischte Wildfrüchte setze ich liebend gerne zu Likören an und es ist schon ein besonderer Vorrat, der dann zum Verkosten bereitsteht, denn manche Mischungen reifen mehrere Jahre, wie beispielsweise der Schlehenlikör.

Kekse und Brot aus Wildfrüchten und Samen

Über Kekse will ich gar nicht zu viele Worte verlieren, sondern einfach mein liebstes Rezept gleich hier vorstellen. Brotrezepte im Rezeptteil (ab S.181).

Kräuterfeenkekse

150 g Butter • 100 g Zucker
400 g Mehlmischung aus Dinkel-
und Weizenmehl im Verhältnis 1 : 2
1 TL Backpulver • 2 Eidotter
3–4 EL kaltes Wasser
2 EL gemischte Gartenkräuter

Belag
2 Eiklar
200 g gemahlene Walnüsse
200 g Staubzucker • etwas Zimt
Walnusshälften zum Belegen

Alle Zutaten schnell mit einem breiten Messer so lange fein zerteilen und zusammenschieben, bis alles gleichmäßig vermischt ist. Dann mit den Händen schnell zu einem glatten Teig ver-

kneten und dabei 2 EL Gartenkräuter einarbeiten, dann rasch zu einer Kugel formen, zudecken und 1 Std. in den Kühlschrank stellen. Währenddessen Eiklar, gemahlene Nüsse und Staubzucker zu einem sämigen Brei verrühren und mit Zimt abschmecken. Den Mürbteig zügig ausrollen und runde Kekse ausstechen, mit einem TL der Nussmischung toppen und obenauf eine Nusshälfte legen.

Die Backzeit im vorgeheizten Backrohr beträgt etwa 10 Min. bei 180 °C.

Verarbeiten der getrockneten Kräuter zu Kräuterkosmetik

In Anbetracht der Tatsache, dass Weihnachten nicht mehr lange hin ist, mache ich mir schon mal eine Liste, wem ich mit meinen selbst gemachten Kräuterprodukten eine Freude machen möchte. Dabei ist die Palette groß: Süßes aus Wildfrüchten als Konfekt, Marmeladen, Teemischungen, Chutneys, Pestos, aber auch selbst gemachte Kräuterkosmetik erfreuen an kalten Wintertagen! Hautpflegende Badepralinen und Badesalze, aromatisches Rasierwasser, duftendes Haarwasser oder auch selbst gekochte Cremen sind etwas ganz Besonderes unter dem Weihnachtsbaum!

Rasierwasser
Rasierwasser kann beispielsweise aus Salbei und Bohnenkraut hergestellt werden, indem schon im Sommer Salbei als Alkoholauszug angesetzt wird –

Salbei sorgt für einen würzigen Duft, desinfiziert und wirkt antiseptisch. Dann werden Hamameliswasser und Bohnenkrautstängel beigefügt. Hamameliswasser ist ein sehr beliebter und qualitativ sehr hochwertiger Zusatz in der Kräuterkosmetik, es ist ebenfalls eine Tinktur aus Blättern, Blüten und Rinde des Hamamelisstrauches. Die herb duftende Flüssigkeit enthält Gerbstoffe und Schleimstoffe und wirkt heilend, tonisierend, entzündungshemmend und adstringierend. Nach der morgendlichen Rasur wird das Rasierwasser (Bild rechts) gut in die Haut eingerieben. Es durchblutet und erfrischt die Haut; durch das antiseptisch wirkende Bohnenkraut werden kleine Schrammen und Wunden desinfiziert. Der Salbei sorgt darüber hinaus für einen angenehm würzigen Duft. Das genaue Rezept für ein Salbeirasierwasser finden Sie im Kapitel Salbei (S. 79).

Haarwasser
Haarwasser ist eine herrliche Erfindung! Es duftet kräftig nach Kräutern, eine Einreibung damit ist eine Wohltat und darüber hinaus ist es auch noch stärkend und erfrischend für die Kopfhaut! Es kann bei nassem und trockenem Haar angewandt werden. Meist ist es eine Mischung aus Kräutertinkturen, Hamameliswasser und ätherischen Ölen. Die Zutaten werden in eine dunkle Flasche gefüllt und gut miteinander vermischt. Aus Brennnesseltinktur kann beispielsweise ein sehr heilendes und pflegendes Haarwasser

gemacht werden, das bei Schuppen, fetter und entzündeter Kopfhaut oder Haarausfall den Haarboden stärkt und heilt, indem Sie ihn täglich damit einreiben. Das Haarwasser wirkt darüber hinaus durchblutungssteigernd, sanft desinfizierend und klärend (siehe Brennnesselkopfwasser im Kapitel Brennnessel, S. 52). Selbstverständlich können auch andere Tinkturen wie Rosenblütentinktur, Spitzwegerichtinktur oder auch Thymiantinktur mit Hamameliswasser oder Rosenwasser zu Haarwasser gemischt werden. Versuchen Sie doch einfach, Ihr persönliches Rezept zu kreieren!

Cremen kochen

Sie werden schnell erfahren, wie besonders selbst gemachte Cremen auf Haut und Wohlbefinden wirken. Allein die ausgewählten Zutaten, völlig reduziert auf das Wesentliche, und die selbst gesammelten Kräuter und Blüten, die ihre reine Wirkung entfalten, machen schon viel aus. Dazu kommt das Fehlen jeglicher Zusatzstoffe und Konservierungsmittel, künstlicher Aromastoffe etc. Um eine gute Salbe zu kochen, brauchen Sie nichts weiter als ein paar Küchenzutaten: Ein gutes Pflanzenöl in Bioqualität, ich nehme gerne Olivenöl oder Mandelöl, einen Härter für die Creme, damit sie nicht flüssig bleibt, hier verwende ich Bienenwachs oder Kakaobutter, und die Pflanzen, die Sie verarbeiten möchten, frisch, getrocknet oder als Tinktur angesetzt. In Heilsalben gebe ich noch etwas Lanolin, das auf der Haut

• Tipp der *Kräuterfee* — Johanniskrautölpackung •

Diese Packung ist ein hervorragendes Hautpflegemittel bei Hautreizungen und -irritationen, trockener Winterhaut, aber auch bei Sonnenbrand und sonnenirritierter Haut. Sie wird ähnlich wie Mayonnaise zubereitet.

2 EL Johanniskrautöl mit dem Handmixer tropfenweise in 1 frischen Eidotter einrühren, bis eine feste Creme entsteht, dann kommt 1 Spritzer Zitronensaft dazu. In kleine Cremetöpfchen gefüllt muss die Packung gut gekühlt aufbewahrt werden und hält 14 Tage.

Die Packung mit einem weichen, breiten Pinsel auf das gut gereinigte Gesicht und Dekolleté auftragen. Nach 30 Min. Einwirkzeit mit viel lauwarmem Wasser abwaschen. Diese Packung glättet und beruhigt und bewahrt bei regelmäßiger Anwendung die Elastizität der Haut, sie kann beliebig oft bei alternder, sensibler, nervöser und trockener Haut angewandt werden.

einen Wärmefilm bildet, auch ätherische Öle können nach Wunsch und Wirkung beigefügt werden. Hier ist zu beachten, dass die Crememischung dann noch reifen muss, um in einigen Wochen ihren Duft zu entfalten.

Gundelrebenhand- und -fußcreme

1 Handvoll Gundelrebe
1 Handvoll Ringelblumen
4 EL kalt gepresstes Olivenöl
1 EL Lanolin
2 EL Gundelrebentinktur
(siehe Kapitel Gundelrebe, S. 27)
etwas Bienenwachs

Die Pflanzen in zimmerwarmes Öl legen und 2 Tage ziehen lassen. Öl abseihen und Kräuter auspressen. Öl erwärmen und Lanolin darin auf kleiner Flamme schmelzen. Gundelrebentinktur einrühren, etwas abkühlen lassen und mit Wachs nach gewünschter Festigkeit aushärten. Zum Schluss noch warm in saubere Cremetöpfchen abfüllen. Nach dem Waschen Hände und/oder Füße damit einreiben. Macht die Haut schön weich und geschmeidig, rissige Stellen werden geglättet.

Gel

Gel hat eine stark kühlende Eigenschaft und zieht augenblicklich ein. Es eignet sich besonders bei frischen Sport- und Arbeitsverletzungen, Verbrennungen und Insektenstichen. Mit Quittensamen lässt sich ganz einfach ein Gel herstellen, da die Samen so viel Pektin enthalten, dass Flüssigkeiten sehr schnell gelieren.

Bedecken Sie die Samen etwa 1 cm hoch mit Wasser oder einem Kräutertee mit spezieller Wirkung (z. B. Spitzwegerichsud bei Insektenstichgel oder Schafgarbentee bei Verletzungen) und lassen Sie sie 10 Min. quellen. Nun die Samen herausfischen und das Gel im Kühlschrank lagern.

Es ist sehr wirkungsvoll, aber leider nur 2–3 Tage haltbar. Grundsätzlich könnten Sie auch ein anderes Geliermittel wie etwa Agar-Agar verwenden, das Sie nach Packungsbeilage mit dem gewünschten Pflanzentee als Flüssigkeit zubereiten.

Badewellness – hausgemacht!

Badepralinen aus Küchenzutaten sind nicht nur besonders rein und unbelastet von den Inhaltsstoffen her, sondern auch ganz besonders hautpflegend. Ich selbst könnte keinen Winter mehr ohne sie überstehen.

Duftende Kräuterbäder

Wo kann man besser abschalten und sich vom Alltag und einer ungesunden Körperhaltung erholen als in der Badewanne? Mit einem Bad gönnt man sich Entspannung, Körperpflege und seelisches Wohlbefinden sowie ein wenig Zeit für sich selbst in einem. Waschen Sie sich den Tag mit einem duftenden Kräuterbad ab!

Das klassische Kräuterbad wird aus getrockneten oder frischen Kräutern wie Lindenblüten, Rosmarin, Rosenblüten, Lavendel oder Thymian hergestellt. Dazu 50–100 g Kräuter in 1 l Wasser 5–10 Min. aufkochen und

• Tipp der *Kräuterfee* — **Badepralinen mit Blüten und Kräutern** •

200 g Natron • 100 g Milchpulver • 100 g Zitronensäure
100 g Kartoffelstärke • 300 g Kakaobutter
ätherisches Öl nach Wunsch • getrocknete Blüten und Kräuter

Natron, Milchpulver, Zitronensäure und Kartoffelstärke vermischen. Kakaobutter schmelzen und die zuvor vermischten Zutaten einrühren, zum Schluss ätherisches Öl und getrocknete Blüten und Kräuter zugeben, aus der Masse kleine Kugeln formen und auf einem Backblech oder Teller 1–2 Tage trocknen lassen. Danach kühl und trocken aufbewahren.

dann dem Badewasser beifügen. Eine andere Möglichkeit ist, die Kräuter in ein Säckchen zu füllen und das zugebundene Säckchen unter den heißen Wasserstrahl der Badewanne zu hängen. Fügen Sie dem Kräuterbad 1 EL Schlagobers und 1 EL Honig zur Hautpflege bei.

• Tipp der *Kräuterfee* — Fichtenbad •

Was gibt es Einfacheres, als die Nadeln des Weihnachtsbaumes zu sammeln und daraus duftende Bäder zur Nervenstärkung zu machen?

Dazu 2 Handvoll Fichtennadeln in einen Waschlappen füllen, zubinden, in einem Topf mit kochendem Wasser übergießen und 20 Min. ziehen lassen, damit die ätherischen Öle zur Entfaltung kommen. Anschließend die Flüssig-keit samt dem Waschlappen ins schon vorbereitete Vollbad gießen. Dieses Bad ist sehr nervenstärkend und hilft bei Muskel- und Nervenschmerzen.

• Tipp der *Kräuterfee* — Wohltuendes Fußbad •

Fußbäder sind besonders bei kalten und gereizten Füßen zu empfehlen. Ein Rosmarinfußbad wirkt z. B. Wunder bei kalten Füßen und Durch-blutungsstörungen.

Verwenden Sie 2 EL Meersalz, 8 Tropfen ätherisches Rosmarinöl oder 1 Büschel frisches oder getrocknetes Kraut und 4 EL Milch. Die Kräuter mit kochendem Wasser aufgießen, 15 Min. ziehen lassen und dem Wannenwasser beifügen. Die Füße etwa 20 Min. im heißen Wasser baden, danach schön warm halten.

MEINE WINTERPFLANZEN

Passionsblume
Passiflora caerulea

Kurz vor Weihnachten blüht die Passionsblume im Glashaus besonders schön. Ich habe sie sehr spät von der Sonnenterrasse hierher übersiedelt, um noch länger frische Blüten und Blätter ernten zu können. Die großen Blüten der Passionsblume sind wunderschön anzusehen und es gibt sie in vielen verschiedenen Farben und Arten.

Die ursprünglich in wärmeren Gegenden Amerikas heimische Kletterpflanze wird in Mitteleuropa gerne als Topfpflanze kultiviert, weil sie so schön aussieht. Zehn Blütenblätter für die Apostel ohne Judas und Petrus, eine violette Nebenkrone als Sinnbild für die Dornenkrone Jesu, fünf Staubgefäße als Zeichen für seine Wunden und drei Griffel als Symbol für die Kreuznägel. Diese oder ähnliche Assoziationen veranlassten im 17. Jh. Jesuiten bei ihren Missionsreisen durch Süd- und Mittelamerika, die dort bis dahin unter dem Namen Maracuja bekannte Pflanze mit der extravaganten Blüte kurzerhand auf den Namen Passionsblume umzutaufen (Bild rechts). Die Marajuca, die Frucht der Passionsblume, ist in einer Hinsicht besonders: Je schrumpeliger und unansehnlicher sie aussieht, desto aromatischer ist der Inhalt!

Ganz ohne Verbindung mit der Leidensgeschichte Jesu kann man mittlerweile diese „leidenschaftliche" Frucht aber auch in unseren Breiten genießen. Die Passionsblume liebt viel Sonne und Wärme, braucht aber in der Sommersaison auch enorm viel Wasser. Jetzt im Winter kommt sie mit wenig Wasser aus. *Passiflora incarnata* ist angeblich winterhart, das trifft jedoch nicht für die Alpenländer zu.

Die **beruhigende Wirkung** der Passionsblume war schon den amerikanischen Ureinwohnern bekannt, die sie gerne als Heilpflanze verwendeten. Auch in der europäischen Heilpflanzenkunde wird die Passionsblume gerne gegen Schlafstörungen verwendet. Sie wirkt auch krampf- und angstlösend, sodass sie auch gegen nervös bedingte Gesundheitsbeschwerden eingesetzt wird, v. a. in homöopathischer Form bei Kindern.

> • **Tipp der** *Kräuterfee* – **Blütenwasser** •
>
> Ich bevorzuge Blütenwasser, das noch dazu schön aussieht! Legen Sie dazu einfach eine der wunderschönen Blüten über Nacht in eine Karaffe mit Wasser.

Wilder Vogerlsalat
Valerianella locusta

Hierzulande findet sich wilder Vogerlsalat, der zur Unterfamilie der Baldriangewächse gehört, auf ziemlich trockenen, locker bewachsenen Standorten wie Wegrändern, Gräben und häufig in Weinbergen. Er verträgt Frost und zählt daher, trotz seines zarten Erscheinungsbildes, zu den klassischen Wintergemüsen, die vom Herbst bis zum Frühsommer wachsen und geerntet werden können. Durch den hohen Gehalt an ätherischen Ölen hat er einen angenehmen, leicht nussigen Geschmack. In seiner Kulturform ist Feldsalat ein bekanntes **Wintergemüse** und wird als Blattsalat gegessen. Verwenden Sie ihn auf alle Fälle frisch und roh, denn als Kochgemüse verliert er seinen feinen Geschmack und viel von seinen Inhaltsstoffen. Als Smoothie oder fein püriert, als Salatdressing oder grüne Sauce hingegen lässt er sich auch gut servieren!

Als einjährige Pflanze sät sich der Vogerlsalat selbst aus und wandert durch den Garten, wie es ihm gefällt.

• Tipp der *Kräuterfee* — Kräuterkissen •

Stellen Sie einmal ein Kräuterkissen (siehe S. 145) aus reinem Thymian her, es wirkt als warme Kompresse entspannend bei Magen-Darm-Beschwerden und Regelschmerzen. Dazu wird das Kräuterkissen im Dampfkochtopf erhitzt und warm auf die betroffene Stelle gelegt.

Nicht nur im Gemüsegarten, auch auf anderen kahlen Stellen, wo im Herbst Mist oder Kompost ausgebracht wurde, entwickelt sich bis zum Frühling ein hübsch anzusehender, grüner Flor, der je nach Kältegrad mehr oder weniger schnell wächst und beerntbar ist. Mancherorts wird er auch Rapunzelsalat genannt, was aber nicht korrekt ist, denn Rapunzel ist eigentlich der Blattschopf einer Glockenblumenart, die ebenfalls als Salat gegessen wurde.

Samen des Vogelsalates wurden schon in steinzeitlichen Pfahlbauten gefunden, was darauf schließen lässt, dass er den Menschen bereits zu dieser Zeit als Wildgemüse bekannt war. Wundern Sie sich nicht, wenn Ihre Katzen oder die des Nachbarn Ihre Vogelsalatbeete genüsslich niederwalzen und zerstören, denn als Baldriangewächs hat er zwar weniger ätherische Öle als echter Baldrian, aber doch genug, um Katzen in seinen Bann zu ziehen. Er wirkt **blutreinigend**, durch seinen hohen Vitamin-C-Gehalt **stärkt** er **die Abwehrkräfte** und hilft bei Frühjahrsmüdigkeit. Er wirkt harmonisierend auf die Nerven und **regeneriert den Körper** nach Infektionen … ein Rund-um-Genuss also!

Sand-Thymian
Thymus serpyllum

Sand-Thymian oder Quendel ist eine meiner liebsten Winterpflanzen. Natürlich habe ich einen kleinen Vorrat getrockneter Pflanzen, aber den Großteil meiner „Winterration" hole ich mir frisch aus dem Garten. Das ist deshalb möglich, weil Thymian ebenso wie Salbei immergrün ist. Es wird den beiden Pflanzen nachgesagt, dass sie die Sommerwärme speichern und dann im Winter an uns weitergeben, aber eben nur die frischen Pflanzen. Quendel ist wirklich weit verbreitet und wer zur Blütezeit im Mai aufmerksam die Landschaft beobachtet hat, der hat die stark rosa blühenden Flecken sicherlich entdeckt und sich gemerkt, wo er pflücken kann!

Als Hausmittel hat Quendel in jeder Darreichungsform innerlich wie äußerlich eine starke **antibakterielle und pilzhemmende Wirkung**. Quendeltee **stärkt die Abwehrkräfte und die Nerven** und ist allgemein **entkrampfend, verdauungsfördernd und entblähend**. Er hilft bei festsitzendem Husten, Erkältungen, Atemwegserkrankungen, Mandelentzündungen, Magen-Darmbeschwerden und Regelschmerzen, großteils lauter Beschwerden, die uns die kalte Jahreszeit beschert.

Wer im Sommer aus dem blühenden Kraut eine Thymiantinktur (Herstellung wie Salbeitinktur, siehe S. 79) hergestellt hat, der kann nun im Bedarfsfall aus ihr einen Sirup herstellen, indem er die Tinktur zum Kochen bringt, sodass der Alkohol verdampft, und auf 125 ml Tinktur 125 g Zucker mitkochen lässt. Die Mischung wird eingeköchelt, bis ein zähflüssiger Sirup entstanden ist. Diesen können Sie nun in kleine Fläschchen füllen, um ihn haltbarer zu machen. Auch als Gurgelwasser lässt sich konzentrierter Quendeltee oder Quendeltinktur (verdünnt) für Hals und Mund einsetzen.

Wie viele aromatisch duftende Pflanzen schrieb man in alten Tagen auch dem Quendel eine geisterwidrige Wirkung zu. Es gibt im Volksbrauch-

tum eine Vielzahl von Sprüchen, die besagen, wie er die „Hex'" und den „Teuf'l" in die Flucht schlägt … Verwenden Sie **zum Räuchern** den gesamten oberirischen Teil ohne Blüten, die Räucherung wirkt wärmend und schützend!

Austernseitling
Pleurotus ostreatus

Der Austernseitling ist ein Baumpilz und wächst von November bis März bevorzugt auf Buchenholz. Bei der Suche nach den Pilzen ist es gut, alte Baumstämme oder -strünke schon im Sommer abzusuchen und sie im Kopf zu behalten, aber auch Holzstapel, die im Wald zurückgelassen wurden, sind gute Fundstellen. Sein kurzer Stiel, der sich nicht in der Hutmitte, sondern am Rand des Pilzes befindet (daher sein Name „Seitling"), macht seine besondere Form aus. Der Hut sieht so aus wie ein Vordach. Da die Pilze immer in Gruppen übereinander und etwas versetzt umeinander wachsen, sieht der bewachsene Baumstamm wie die Dachlandschaft mit lauter Erkern in einer Zwergenstadt aus (Bild links). Es gibt zwei Farbschattierungen. Die Farbe der 5–15 cm breiten Hüte wechselt

in sich von grau bis blauviolett, bei manchen Exemplaren von ockergelb bis graubraun. Die Hutunterseite ist mit gummiartigen, erst weißen, dann cremefarbenen Lamellen bewachsen, die weit den kurzen Stiel hinunterwachsen. Der Stiel fällt gar nicht als eigener „Körperteil" auf. Die Gattung der Seitlinge beherbergt keine Giftpilze, doch sind die meisten von ihnen klein und wertlos.

Der Austernpilz ist bei uns der wohl am zweithäufigsten (nach dem Champignon) angebotene Kulturpilz. Er lässt sich sehr leicht im eigenen Garten auf Holzstämmen kultivieren. Sein Geruch und Geschmack sind sehr angenehm, in der Qualität zart wie Kalbfleisch, in Deutschland wird er daher „Kalbfleischpilz" genannt. Jedoch sind nur junge Exemplare zart, ältere werden zäh. Die Pilze zeichnen sich insgesamt jedoch weniger durch ihr Aroma, als vielmehr durch ihre vielfältigen Verwendungsmöglichkeiten aus. Mit Knoblauch in Butter gebraten ergeben sie eine köstliche Beilage, aber auch paniert, frittiert, in Suppen oder in Rahmsauce ergeben sie schmackhafte Speisen. Das Einlegen in Öl bringt nur zufriedenstellen-

de Ergebnisse, wenn die Pilze zuvor 12 Std. im Essigsud gebeizt wurden. Zum Trocknen eignet sich der Austernseitling nicht. Kleinere Exemplare sind grundsätzlich vorzuziehen, da sie weniger zäh und wässrig sind.

Brennnesselsamen
Fructus urticae

Brennnesselsamen übertreffen die unter den Wildkräutern als heimisches „Superfood" bekannten Brennnesselblätter (Bild oben) noch bei weitem. Seit Ovid werden sie als Aphrodisiakum geschätzt, der römische Dichter empfahl zu diesem Zweck die (ayurvedisch) heiße Kombination aus

Brennnesselsamen und Pfeffer im Verhältnis 1 : 1. Beim Schlucken kratzen sie leicht im Hals, weshalb es sich empfiehlt, sie zu kulinarischen Zwecken in einem Mörser oder Mixer frisch zu zerstoßen. Dies sollte man erst kurz vor dem Verzehr tun, damit die wertvollen Inhaltsstoffe nicht oxidieren. In Suppen, Brotaufstrichen, als Beigabe in einem würzigen Saatenbrot oder einer Quiche stellen die Samen als „Vitalbooster" eine wertvolle Bereicherung dar. Sie können **sowohl frisch als auch getrocknet** eingesetzt werden. Jeder kann sie selbst ernten, indem sie einfach vom Samenstand abgestreift werden. Frische wie getrocknete Samen können einfach über Salate, Suppen und Saucen gestreut oder fürs Müsli und als Belag fürs Butterbrot genutzt werden. Der nussige Geschmack erinnert an Leinsamen.

Brennnesselsamen zeichnen sich durch ihre **wertvollen fetten Öle** aus. Sie machen bis zu 30 % des Samens aus. Darunter sind viele ungesättigte Fettsäuren wie Linolsäure (74 bis 83 % und 0,9 % Linolensäure). Hinzu kommen die Vitamine C, E und A sowie Carotinoide (Vorstufe des Vitamins A) und Polysaccharide. Vitamin E ist geschätzt als Radikalfänger. Die Kombination dieser Inhaltsstoffe macht aus den Samen ein Powerpaket, das allgemein kräftigend wirkt und bei Erschöpfung und zur Rekonvaleszenz nach überstandener Krankheit genutzt wird, auch Leistungsknicks können damit überbrückt werden. Die Brennnesselsamenwirkung wird seit

Tausenden von Jahren auch auf die sexuelle Leistungsfähigkeit bezogen, und so gilt das kleine Früchtchen als **Aphrodisiakum**, das die Potenz bei Mann und Frau steigern soll, wie oben schon beschrieben. Sie stärken in einer solchen Intensität, dass im Mittelalter für Mönche ein Verzehrverbot für Brennnesselsamen galt – um deren Keuschheitsgelübde nicht zu gefährden. In den Samen finden sich nämlich hormonähnliche Substanzen und Vitamine, die dafür bekannt sind, einer Leistungsschwäche der Geschlechtsorgane zuvorzukommen bzw. eine solche beheben zu können. Doch werden von den winzigen Brennnesselsamen nicht nur Libido, Potenz und Zeugungsfähigkeit auf Vordermann gebracht, sondern auch die Milchproduktion stillender Mütter.

Schlehe
Prunus spinosa

Feste Gartenhandschuhe, denn sie schützt sich mit langen und sehr spitzen Dornen, und eine Tüte oder einen Korb sollte man bei einem Spaziergang durch die spätherbstliche Landschaft immer dabeihaben. Denn an Waldrändern und Feldwegen, in Hecken und Gebüschen locken an den kahlen Zweigen nun Wildfrüchte aller Art in Hülle und Fülle, darunter auch die **zwetschkenblauen, kugelrunden, prallen Früchte des Schlehdorns** (Bild S. 162 ganz links). Gesammelt werden Schlehen von Mitte Oktober bis Ende November – wenn die Temperatur in der Nacht schon unter den Ge-

frierpunkt gesunken ist. Roh sind sie jedoch fast ungenießbar – sie haben einen ausgesprochen herben Geschmack und hinterlassen ein pelziges Gefühl im Mund. Frostige Nächte mildern das strenge Aroma, können die harschen Schlehen aber nicht in Genussfrüchte verwandeln, die direkt vom Strauch schmecken. Wenn die ersten Fröste zu lange auf sich warten lassen oder Vögel die Sträucher als Futterplatz entdeckt haben, kann man die Früchte auch früher pflücken und ein paar Tage in die Tiefkühltruhe legen, bevor man sie weiterverarbeitet. Dort halten sie sich bis zu 6 Monaten hervorragend.

Mit der Schlehe hat die Natur uns Menschen ein wunderbares Geschenk gemacht. Ihre Beeren sind die letzten des Jahres und wahrscheinlich besitzen sie gerade deshalb so viele wertvolle Vitalstoffe, die uns in der kalten Jahreszeit stärken und unserer Gesundheit zuträglich sind. In der Volksheilkunde wird die Kraft des Schlehdorns schon seit Jahrhunderten geschätzt. Vor allem nach schweren Krankheiten und in der Erkältungszeit wurden die Früchte in Form von **Saft, Mus oder Sirup zur Blutreinigung, Stärkung und Rekonvaleszenz** verabreicht. Was die Menschen damals wussten, ist heute wissenschaftlich nachgewiesen: Die herben Beeren enthalten reichlich **Vitamin C**, **Fruchtsäuren** und **Pflanzenfarbstoffe**, die das Immunsystem in Schwung bringen und bei Müdigkeit und allgemeiner Schwäche den gesamten Organismus kräftigen. Außerdem besitzen die Früchte sehr viele **Gerbstoffe**. Diese Substanzen sind für den herben Geschmack verantwortlich und haben eine reizlindernde und zusammenziehende Wirkung auf die Schleimhäute im Magen-Darm-Bereich. Daher hat man früher in der Naturheilkunde das schön violette Schlehenmus v. a. für Kinder empfohlen, die unter Verdauungsschwierigkeiten litten. Aber auch bei Erwachsenen soll es nach Hildegard von Bingen „Unrat und Schleim vom Magen abführen" und so entzündliche Prozesse schneller abklingen lassen.

Ein ganz besonderes Präsent ist deshalb **selbst gemachter Schlehenlikör** (Rezepte dazu sind in meinen bereits erschienenen Büchern zu finden) oder **Schlehenpunsch** (siehe S. 185), der die Verdauung reguliert und – im Gegensatz zu einem Magenbitter – gleichzeitig köstlich schmeckt. Wer ihn verschenken möchte, sollte ihn so früh wie möglich kochen und ansetzen: Je länger diese Getränke in der Flasche nachreifen können, umso besser wird ihr Aroma. Bei der Herstellung des Früchtetees sollte man bedenken, dass das Trocknen der Früchte seine Zeit in Anspruch nimmt. Wenn sie noch Feuchtigkeit enthalten, fängt die Mischung schnell zu schimmeln an.

Die Schlehe lässt sich übrigens **im Garten als Heckenpflanze** sehr gut kultivieren, ihr dichtes und dorniges Gesträuch bietet vielen Tieren Zuflucht und kleinen Vogelarten einen sicheren Brutplatz. Und uns Menschen

erfreut der Busch nicht nur im Herbst mit seinen vitaminreichen Früchten, sondern auch schon sehr zeitig im Frühling mit einer duftenden Wolke aus zauberhaften weißen Blüten.

Asperl
Mespilus germanica

Das Asperl, auch Mispel genannt, ist ein Rosengewächs und hat **kugelige, schokoladenbraune, behaarte Früchte** mit auffallend großem, fransigem Blütenrest an der stielabgewandten Seite. Gegen Ende Oktober, Anfang November werden die Früchte reif. Ihre raue Schale färbt sich gelb- bis orangebraun, zu diesem Zeitpunkt sind die Früchte allerdings steinhart und schmecken sehr herb. Erst durch Frosteinwirkung wird das Fruchtfleisch weich und angenehm säuerlich, die Frucht ist dann mürbe, weich und mehlig, maroniartig im Geschmack. Die Frucht selbst besitzt einen **hohen Pektingehalt** und kann daher zur Herstellung von Gelees ohne zusätzliches Geliermittel verwendet werden. Die unreifen Früchte, aber auch Rinde und Blätter enthalten übrigens Gerbstoffe, die früher zum Gerben genutzt wurden.

Im Orient kultivierte man die Mispel schon vor 3.000 Jahren. Ursprünglich stammt sie aus den östlichen Mittelmeerländern, sie wurde von den Römern nach Nordeuropa gebracht. Im Mittelalter und noch bis vor 100 Jahren war sie als Obstgehölz in vielen Bauerngärten und wohl in jedem

Klostergarten zu finden, doch dann geriet sie fast völlig in Vergessenheit. Als baum- oder strauchartig wachsender Kleinbaum wird sie bis 6 m hoch, entwickelt im Alter eine wunderschöne, weit ausladende Krone und ist eine richtige Gartenzier.

In der Volksmedizin kommen die vollreifen Früchte wegen ihrer **entzündungshemmenden Wirkung** zur Linderung von Nieren- und Harnwegentzündungen zum Einsatz. In der Hildegardmedizin ist das Asperl hoch geschätzt, Hildegard empfahl den Verzehr zur Blutreinigung und Stär-

Baumharze von Fichte, Lärche, Weißtanne

Harze dienen dem Baum als Wundverschluss. Daher sollten Sie darauf achten, dass Sie beim Entfernen des Harzstückes an der Rinde nicht erneut Wunden aufreißen. Oftmals kann man aber leicht und ohne Schaden anzurichten die von weiter oben herabgeronnenen Tropfen von der Rinde kratzen. Um Harz räuchern zu können, muss es vollständig abgetrocknet sein, was oftmals recht lange dauern kann.

Geräuchertes **Fichtenharz** klärt den Geist, fördert die Konzentration und erwärmt das Herz. Es reinigt die Atmosphäre und erweitert Brust und Atmung. Fichtenharz wurde früher auch als Kaupech bezeichnet. **Kiefernharz** wirkt beim Räuchern desinfizierend und herzerwärmend, reinigt die Atmosphäre und hilft bei der Trauerbewältigung. Es eignet sich besonders gut zur Balsamherstellung, der bei Einschlafproblemen einen erholsamen Schlaf bringt, indem er vor dem Zubettgehen auf die Brust gestrichen wird. Es hilft auch bei Bronchialleiden, Durchblutungsstörungen, Rheuma und Hautleiden. Die heilende Wirkung von **Tannenharz** (Weißtanne) beschreibt v. a. Hildegard von Bingen. Sie geht in ihrer „Physica" insbesondere auf die Verwendung des Tannenharzes ein, das als sehr hilfreich zur Behandlung von frischen Wunden beschrieben wird; es soll diese nicht nur heilen, sondern auch zusammenhalten. Sie schrieb: „Die Tanne ist mehr warm als kalt und enthält viele Kräfte. Sie ist ein Sinnbild der Stärke. Geister hassen Tannenholz und vermeiden Orte, an denen sich solches befindet. Wenn jemand … Herzbeschwerden bekommt, muss er sich zuerst über dem Herzen … mit einer Salbe einreiben." Das Tannenharz, als „Elsässer Terpentin" in guten Naturkostläden erhältlich, war hochgeschätzt, gekaut sollte es vor Zahnverfall schützen und das Zahnfleisch kräftigen. **Balsam** nenne ich eine **Salbe auf Harzbasis**, die generell gute Zugeigenschaften besitzt, erwärmend wirkt und bei Erkältungen hilft. Je nach Verfügbarkeit und Bedarf können Sie Fichtenharz, Kiefernharz oder das Harz eines anderen Nadelbaumes verwenden. Da Kiefer und Fichte sehr häufig zu finden sind, ist deren Harzgewinnung wohl am einfachsten. Fichtenpech (siehe S. 186) ist überhaupt ein Klassiker im Alpenraum. Harze sind häufig voller Rindenstückchen und sollten zu Beginn des Cremekochens erst gereinigt werden. Dazu erhitzen Sie ein Gefäß mit dem Harz im Was-

kung: „Die Früchte des Mispelbaumes sind nützlich und gut für gesunde und kranke Menschen, wie viel man auch davon isst. Sie reinigen das Blut und lassen das Gewebe wachsen." Wegen des hohen Gehaltes an Gerbstoffen ist die Mispel harntreibend und verdauungsfördernd. Besonders hervorzuheben ist die heilende Wirkung auf den Darm. Der Verzehr wirkt auf natürliche Weise gegen Entzündungen des Darmtraktes.

Mispeln eignen sich übrigens auch als Brutgehölz für die heimische Tierwelt. Ihre pollenreichen Blüten werden gern von Pillenwespen, Pelzbienen, Honigbienen und anderen Insektenarten angeflogen und die Früchte sind bei Vögeln wie Kernbeißer, Amsel und Ringeltaube beliebt.

> • Tipp der *Kräuterfee* — **Wunden reinigen** •
> Um Holzsplitter ohne Salbe aus der Haut zu befördern, kann man eine kleine Harzkugel mit einem Pflaster auf die betroffene Stelle kleben. Dieses Pflaster soll auch gegen Hühneraugen helfen.

Hahnendorn
Crataegus crus-galli

Der Hahnendorn ist ein kleiner Baum mit einer Wuchshöhe von 5 bis 7 m. In der Fruchtreife bilden sich pro Blüte zumeist zwei rundliche, fleischige und hellrote Apfelfrüchte. Sie sind mit 1–2 cm Durchmesser relativ groß und erscheinen im Spätsommer zuerst orange, später leuchtend rot und bleiben sehr lange nach Weihnachten noch am Strauch und können da auch tiefgekühlt geerntet und wie ein Zuckerl gelutscht werden. Das etwas ledrig anmutende Laub ist glänzend grün und bleibt häufig ebenfalls bis weit in den Winter an dem Strauch haften.

serbad. Wenn es flüssig ist, können Sie es durch einen Teefilter abgießen.

Zierquitte
Chaemomeles ssp.

Zierquitten stammen ursprünglich aus dem östlichen Asien und ihre Sorten werden als Zierpflanzen und Wildobst in Parks und Gärten verwendet, in Europa werden sie bereits seit Ende des 18. Jh.s als Ziersträucher kultiviert. Der dornige Strauch gilt als industriefest (d. h. schadstoffverträglich) und ist mit einer Höhe von 80 bis 120 cm auch gut als Heckenpflanze geeignet. Es gibt eine dornenlose Sorte namens 'Cido' oder auch 'Nordische Zitrone'. Die ungefähr 5 cm großen Früchte können ebenso vielfältig wie Quitten verwertet werden und sind auch in reifem Zustand sehr hart, sodass sie sich **zum Rohverzehr nicht eignen**, sie

ergeben aber nach den ersten Herbstfrösten ein gut schmeckendes Gelee. Erst wenn die Früchte eine sattgelbe oder rötliche Farbe angenommen haben, sind sie erntereif. Der Reifegrad ist auch am aromatischen Duft der Früchte zu erkennen. Zierquitten enthalten nur wenig Zucker und viel Pektin, daher können sie als **Gelierhilfe** eingesetzt werden. Der saure Saft/Sirup kann als Ersatz für Zitronensaft dienen.

Hahnendorn eignet sich sehr gut als Heckenpflanze, zumal der Fruchtschmuck sehr auffällig und zudem kulinarisch nutzbar ist! Die Früchte schmecken **wie Weißdornfrüchte mehlig-apfelartig**, aber auch leicht **säuerlich und fruchtig**. Sie sind relativ fest und haben im Inneren drei längliche Kerne. Das Fruchtmus aus Hahnendorn ist geschmacklich zwischen Sanddorn und Hagebutte angesiedelt und lässt sich gut zu Obstkäse und Konfekt verarbeiten. Besonders schön ist Hahnendorn als weihnachtliches Arrangement mit anderen Früchten und Granatäpfeln.

Walnuss
Juglans regia

Der Walnussbaum wird bis zu 30 m hoch und mit 200 Jahren sehr alt, erst mit etwa 20 Jahren beginnt er Früchte zu tragen, welche unter dem Namen „Walnüsse" bekannt sind und im Herbst reifen. Sie sind von einer harten, hellbraunen Schale geschützt, die von einer fleischigen, grünen Außenschale umgeben ist. Die Früchte sind reif, wenn diese grüne Außenhaut auf-

• Tipp der *Kräuterfee* — Rezeptideen •

Walnüsse finden in Europa in nahezu jeder Art von Speise Verwendung. Sei es als Snack, als schmackhafte Zutat in Aufläufen und in Pasta, Salaten, Suppen und Desserts oder natürlich in Brot, Kuchen und Plätzchen. So ist eine Versorgung mit den gesunden Inhaltsstoffen das ganze Jahr über sichergestellt.

platzt. Diese grünen Schalen und das Nusslaub haben die Eigenschaft, die Wurzelbildung anderer Pflanzen zu behindern, sodass Pflanzenwachstum in unmittelbarer Nähe von Walnussbäumen schlecht möglich ist. Blätter und Schalen finden auch Verwendung als Haarfärbemittel oder als Holzbeize. Braunen Haaren soll eine Spülung mit dem Tee neue Kraft und strahlenden Glanz verleihen. Halbreif geerntet dienen die Früchte samt grüner Schale zur Herstellung von Likören oder Schnäpsen. Die in der harten Schale sitzenden Kerne sind eine beliebte Zutat bei der Herstellung von Kuchen und Kleingebäck.

In der Naturheilkunde wird die Walnuss u. a. aufgrund ihres hohen Gehalts an lebensnotwendigen, mehrfach ungesättigten Fettsäuren geschätzt. Sie besitzt **unter allen Nüssen den höchsten Gehalt an Omega-3-Fettsäure** (= Alpha-Linolensäure). Außerdem ist das Verhältnis der für das Herz gesunden Omega-3-Fettsäure und der Omega-6-Fettsäure (Alpha-Linolsäure) zueinander mit 1 : 4 ideal. Erstere senken Blutdruck und Cholesterinspiegel deutlich und hemmen Entzündungen in den Arterien, die Durchblutung in den Gefäßen wird verbessert und

die Gefahr von Arteriosklerose und Herz-Kreislauf-Krankheiten sinkt, ähnlich wie durch den Genuss von Leinsamen und Leinöl. Schon eine Handvoll Walnüsse (rund 30 g) am Tag reicht dazu aus. Durch den hohen Fettgehalt sind Nüsse sehr kalorienreich. Sie sind weiterhin eine gute Quelle für das Schlafhormon Melatonin, das aufgrund seiner **antioxidativen Wirkung** Herz-Kreislauf-Erkrankungen vorbeugen kann. Darüber hinaus enthalten sie auch noch größere Mengen an Vitamin B_6, das unsere Konzentration verbessert und uns vor Müdigkeit und Nervosität schützen kann. Da Walnüsse zudem einen hohen Zinkanteil haben, stärken sie auch unser Immunsystem.

Herkunft und Lagerung sind bei Walnüssen besonders wichtig, denn wenn sie schimmeln, entsteht das äußerst gesundheitsschädliche Aflatoxin. Daher ist es wichtig, die Nüsse luftig zu lagern und zügig zu verbrauchen. Die meisten bei uns im Handel erhältlichen Walnüsse stammen aus Kalifornien, wo sich das weltweit größte Anbaugebiet befindet. Ziehen Sie heimische Nüsse vor, am besten aus dem eigenen Garten, auch wenn sie kleiner und mühsamer auszulösen

sind! Ein besonderer Genuss sind ganz frische Walnüsse, die gepflückt oder unter dem Baum gesammelt werden. Von ihnen lässt sich noch die bittere, gelbe Haut, die den Kern umhüllt, abziehen (die nach dem Trocknen nicht mehr abzulösen ist) und so erhält man die weißen, saftigen Nusskerne.

Eberesche
Sorbus aucuparia

Die Eberesche, ein zierlicher, mittelhoher Baum mit schönen, erbsengroßen, roten Früchten, die in Dolden an den Zweigen hängen, wird auch **Vogelbeere** genannt. Ein Märchen meiner Kindertage, das mir jedes Mal aufs Neue den Zauber der Pflanzenwelt in Erinnerung ruft, ist das Märchen vom verwunschenen Hügel. In einem uralten, zerfallenen Buch, in dem schon meine Mutter als kleines Mädchen blätterte, ist beschrieben, wie stark der Schutzzauber des Ebereschenbaumes wirkt. Wenn ein mit Früchten behangener Herbstzweig verwendet wird, soll er sogar Flüche brechen können.

Ja, die Eberesche ist ein Baum voller Mythen, der seit der Steinzeit auch dem Menschen große Dienste leistet. Als Schutzbaum würde niemandem

• Tipp der *Kräuterfee* — Vogelbeersaft •

Zur Stärkung der Abwehrkräfte, um den Stoffwechsel in Schwung zu bringen und zur Blutreinigung, wird im Alpenraum traditionell ein Saft aus den Ebereschenfrüchten zubereitet.

Variante 1
500 g Ebereschen, nicht zu bitter • Wasser

Die einzelnen Beeren von den Stielen der Fruchtdolden abzupfen. Ein paar Stielreste dürfen noch dranbleiben, denn der Saft wird ja gefiltert. Die Ebereschenfrüchte gründlich waschen und in einen Topf geben, die Früchte mit Wasser bedecken und etwa 30 Min. weich kochen, bis sie schrumpelig aussehen. Ein mit einem Baumwolltuch ausgelegtes Sieb über einen Topf hängen, die fertig gekochten Vogelbeeren mitsamt dem Wasser in das Tuch gießen. Den Saft ein paar Stunden austropfen lassen, dann gut ausdrücken. Der fertige Ebereschensaft ist rot, schmeckt herb und leicht süß. Man kann ihn frisch trinken, in Flaschen füllen und konservieren oder zu Gelee weiterverarbeiten.

Variante 2
1 kg tiefgekühlte Vogelbeeren • 1 l Wasser • 500 ml Birnensirup
½ TL Zimt • 1 Prise Nelken • 1 Bio-Zitrone in Scheiben und Saft von 1 Zitrone

Die aufgetauten Vogelbeeren leicht ausquetschen, in einen Topf geben und in Wasser 30 Min kochen. Dann durch die Flotte Lotte drehen, das Mus mit Birnensaft und den übrigen Zutaten vermischen und nochmals 30 Min. verkochen. Den Saft in saubere Flaschen füllen und kühl lagern.

unter seiner Krone Leid geschehen, Wiegenholz wurde aus Eberesche gewonnen und für Milchsegen schlugen die Bauern ihrem Vieh am 1. Mai mit Ebereschenzweigen auf den Rücken und dem Obstbaum auf den Stamm. Man sagt auch, dass ein Ebereschenzweig das Haus vor Blitzschlag und das Vieh vor Krankheiten schütze.

Schon im August hängen die **leuchtend orangeroten Früchte** (Bild S. 180) an den Zweigen und sie halten bis weit in den Winter an den kahlen Mutterbäumen. Und es empfiehlt sich auch, den Frost abzuwarten, bis die Früchte

• Tipp der *Kräuterfee* — Verwendung der Früchte •
Ich empfehle, die Früchte nur im gekochten Zustand zu verwenden, die rohe Frucht enthält abführende und erbrechenauslösende Parasorbinsäure. Ebereschen sollten auch unbedingt mit anderen Früchten gemeinsam verarbeitet werden, da das Endprodukt ansonsten zu herb wäre.

geerntet werden, denn so werden die Gerbstoffe gemildert und der Zuckergehalt erhöht sich. Man kann die Früchte auch vor der Verarbeitung einfrieren, damit sie ihre Bitterstoffe verlieren.

Heilwirksam sind das enthaltene Vitamin C sowie Gerbstoffe, Sorbitol, Sorbitansäure, Zitronensäure, Apfelsäure, Bernsteinsäure, Weinsteinsäure, Bitterstoffe, Pektin und ätherisches Öl. Durch ihre Bitterstoffe und die Gerbstoffe ist die Eberesche wirksam gegen Probleme des Verdauungssystems, insbesondere der Gallenfunktion. Auch zur **Regulierung der**

Verdauung kann man die Eberesche einsetzen, denn sie hilft sowohl gegen Durchfall als auch gegen Verstopfung. Außerdem wird sie **bei Bronchitis und Lungenleiden** eingesetzt, sogar bei Lungenentzündung kann sie hilfreich sein. Für diesen Zweck verwendet man die Eberesche am besten frisch gepresst als Saft mit Honig. In Zeiten, wo Vitamin C knapp ist, kann sie **gegen Vitamin-C-Mangel** helfen. Die Eberesche bringt den Stoffwechsel in Schwung und reinigt das Blut.

Es gibt verschiedene Sorten der Eberesche. Manche sind sehr bitter und daher nicht so gut für die Mar-

meladenbereitung geeignet, das ist von Baum zu Baum unterschiedlich! Die Sorte 'Mährische Vogelbeere' ist eine Kulturform mit weniger bitteren Früchten und deshalb sehr gut zur Verarbeitung geeignet. Die meisten im Handel befindlichen Produkte sind aus dieser Sorte hergestellt. Sie ist häufig an Straßen und Plätzen in Siedlungen zu finden. Wichtig für das Gelingen der Rezepte ist, dass man vor der Ernte eine der Vogelbeeren vom Baum, den man beernten will, probiert, ob sie extrem bitter und nur herb ist. Für die Marmeladengewinnung eignen sich, wie gesagt, nur die herben Beeren, nicht die extrem bitteren.

MEINE LIEBLINGSREZEPTE

Wilder Vogerlsalat
Winterlicher Kräuter-Smoothie

1 Banane
3 EL Haferflocken
250 ml Wasser
je 1 Handvoll junger Spinat, Wegerich
und Vogelmiere
etwas Bohnenkraut • Oregano
3 Wacholderbeeren

Die Zutaten sorgfältig miteinander
vermixen und den Smoothie genießen.

Gebratene Pastinaken und Kartoffeln mit Vogerlsalatcreme
ergibt 4 Portionen

Vogerlsalatcreme
60 g Vogerlsalat
je 50 ml Sauerrahm und Crème fraîche
1 Spritzer Zitronensaft
4 Zitronenmelissenblättchen
2 EL Haselnussöl
1 TL Honig
1 Knoblauchzehe • Salz, Pfeffer

Pastinaken und Kartoffeln
600 g Pastinaken
2 schöne Ofenkartoffeln
4 EL Rapsöl
2 EL grob gehackte Haselnüsse
1 TL Honig
Salz
1 Spritzer Apfelessig
frische Vogerlsalatblätter zum Garnieren

Den gewaschenen Vogerlsalat für die
Creme mit den anderen Zutaten fein
vermixen und kalt stellen.

Pastinaken und Kartoffeln schälen,
längs halbieren und zu gleich dicken
Stücken schneiden. Das Gemüse
bissfest kochen, gut abtropfen lassen.
Rapsöl in einer Pfanne erwärmen, das
Gemüse und die gehackten Haselnüsse
einlegen, Honig beigeben, salzen, die
Mischung leicht hellbraun anrösten,
mit Essig abschmecken.

Die Vogerlsalatcreme auf 4 Teller
verteilen, das Gemüse daraufsetzen
und mit den frischen Vogerlsalatblät-
tern garnieren.

Sand-Thymian
Heilkräutersirup

1 l Wasser
1 kg Blütenhonig
je 1 große Handvoll getrockneter
Thymian, Oregano, Spitzwegerich
und getrocknete Melisse
3 EL Salbei
40 g Zitronensäure

Wasser mit Honig aufkochen, Kräuter ins heiße Honigwasser einlegen,
Zitronensäure darüberstreuen, einmal
kräftig durchrühren, zudecken und
2–3 Tage ziehen lassen. Dann den Sirup durch ein Sieb gießen, die Kräuter
gut auspressen, den Sirup nochmals
aufkochen und heiß in saubere Flaschen füllen.

Rezept-Tipp der *Kräuterfee*
Verdünnen Sie den Heilkräutersirup
mit warmem oder kaltem Wasser zu
einem leicht süßen Getränk und trinken Sie in der kalten Jahreszeit immer
wieder ein Glas davon. Der Heilkräutersirup eignet sich auch gut zum Süßen
von Tee, er kann aber auch löffelweise
pur bei Erkältungskrankheiten verabreicht werden.

Winterlicher Flammkuchen mit Fenchel, Lachs und Thymian

ergibt 15 kleine Fladen

Teig
600 g Mehl
600 g Grieß
4 Beutel Trockengerm
ca. 30 g Salz
40 g Olivenöl
600 ml Wasser

Belag
500 g würziger Hartkäse
1 Fenchelknolle
1 Bund frischer oder
getrockneter Thymian
350 g Räucherlachs in Scheiben
1 Becher Sauerrahm (250 g)
50 g Kren aus dem Glas
Salz nach Geschmack

Teigzutaten verkneten und zur Kugel formen, 1 Std. im Warmen rasten lassen.

Für den Belag den Käse reiben, den Fenchel waschen, putzen und in dünne Streifen hobeln. Fenchelgrün zusammen mit dem Thymian klein hacken und den Lachs in Streifen schneiden. Sauerrahm, Kren und die Hälfte des fein gehackten Thymian miteinander verrühren, nach Geschmack salzen.

Den Teig nochmals durchkneten, in 15 gleich große Stücke teilen und diese auf einer bemehlten Fläche zu runden Fladen mit etwa 12 cm Durchmesser ausrollen. Die Fladen auf Backbleche verteilen, mit dem Käse bestreuen, Lachs, Fenchel und die Sauerrahm-Kren-Mischung darauf verteilen und die Fladen im gut vorgeheizten Backrohr bei 220 °C Ober- und Unterhitze ca. 15 Min. backen.

Alternativ die Fladen auch auf offenem Feuer oder dem heißen Grill 5–10 Min. kross backen. Die fertigen Fladen mit dem restlichen Thymian bestreuen und heiß servieren.

Bronchialtee

40 g Spitzwegerichkraut
60 g Thymian
je 30 g Königskerzenblüten,
Eibischblätter und Malvenblüten

2–3 TL der Mischung mit etwa 200 ml heißem Wasser übergießen und 5 Min. ziehen lassen. Anschließend abseihen. Am besten die Tasse beim Ziehenlassen zudecken, um zu verhindern, dass die ätherischen Öle des Thymians verdampfen und seine Wirkung so verloren geht.

Passionsblume
Seelen-Sonnen-Tee

40 g Johanniskraut
40 g Passionsblumenkraut
40 g Mateteeblätter
40 g Griechisches Berufskraut
40 g Pfefferminzblätter

4–5 TL des Tees auf 1 l heißes Wasser geben, 5–10 Min. ziehen lassen. Den Tee über den Tag verteilt trinken.

Tipp der *Kräuterfee*

Da er leicht anregend wirkt, sollten Sie den Tee nicht in den Abendstunden genießen.

Austernseitling
Austernpilzsoufflé

6 EL Butter
1 mittlere Zwiebel • 1 Knoblauchzehe
80 g Mehl
1 Prise Backpulver
50 g getrocknete Steinpilze in ½ Tasse warmem Wasser eingeweicht
250 ml Milch • Salz, Pfeffer
Kräuter nach Geschmack
150 g Austernpilze
3 Eidotter • 4 Eiklar

4 EL Butter in einem Topf zerlassen, darin die fein gehackte Zwiebel und den Knoblauch weich dünsten. Das mit Backpulver vermischte Mehl einrühren, die fein gehackten Steinpilze

samt ihrem Einweichwasser beifügen und gründlich durchmixen. Die Milch dazugießen und würzen.

In der Zwischenzeit das Backrohr auf 180 °C vorheizen, die in Streifen geschnittenen Austernpilze in der restlichen Butter weich dünsten und zum Abkühlen beiseitestellen. Die verquirlten Eidotter unter die Soufflémasse ziehen und den steif geschlagenen Eischnee unterheben. Zum Schluss die Austernpilze einrühren und alles in eine bebutterte Auflaufform füllen. Das Soufflé im vorgeheizten Ofen ca. 30 Min. goldbraun backen.

Rezept-Tipp der *Kräuterfee*

Es soll in der Mitte schön weich und außen knusprig sein und sollte direkt aus dem Ofen kommend serviert werden! Gut dazu passt ein Salat mit Äpfeln, Walnüssen und Wildkräutern.

Austernpilzstrudel
Strudelteig
200 g Mehl
1 Ei • 2 EL Öl • Salz
etwas warmes Wasser

Fülle
200 g Austernseitlinge
1 kleine Zwiebel
etwas Butter zum Anrösten
Semmelbrösel nach Bedarf (etwa 6 EL)
Estragon, Salbei • Salz, Pfeffer
40 g sehr weiche Butter
Ei zum Bestreichen

Für den Strudelteig Mehl, Ei und Öl mit etwas Wasser und Salz zu einem geschmeidigen Teig verkneten. Die Teigkugel mit etwas Öl bestreichen und zugedeckt zum Rasten beiseitestellen. Die streifig geschnittenen Pilze mit den zuvor goldbraun gerösteten Zwiebeln in etwas Butter etwa 10 Min. anrösten, mit Semmelbröseln binden, fein gehackte Kräuter beifügen, salzen und pfeffern.

Den ausgezogenen Strudelteig nun mit weicher Butter bestreichen, dann die Pilzfülle darauf verteilen. Auf einer Teigseite einen breiten Rand ohne Fülle übrig lassen, so kann der Strudel leichter verschlossen werden!

Den belegten Teig zum Strudel einrollen, das unbelegte Ende weit darüberschlagen. Das obere und untere Ende einbiegen, sodass kein Saft ausrinnt, und den Strudel auf ein bebuttertes Backblech legen. Den Strudel mit reichlich versprudeltem Ei bestreichen und im vorgeheizten Backrohr bei 220 °C etwa 40 Min. goldbraun backen. Warm als Hauptspeise mit Salat oder zu Wild- und Geflügelgerichten servieren.

Brennnesselsamen
Frühstücksmüsli-Smoothie
½ Apfel
1 Handvoll Beeren nach Wahl
250 ml Joghurt
2 EL Frühstücksmüsli
1 EL Brennnesselsamen
Zucker oder Honig nach Geschmack
Wasser

Alle Zutaten sorgfältig miteinander vermixen.

Kräftiges Brennnesselsamenbrot
½ Würfel Germ (21 g)
200 ml Wasser
250 g Weizenmehl
250 g Dinkelmehl
1 gestrichener EL Salz
125 g weiche Butter
2 gehäufte EL Brennnesselsamen

Germ in warmem Wasser auflösen, Mehl, Salz, Germ und Butter vermengen, Brennnesselsamen beifügen, gut verkneten. Den Teig in einer Schüssel zudecken, an einem warmen Ort auf die doppelte Größe aufgehen lassen.

Einen Laib formen und in eine viereckige Form füllen, nochmals 20 Min. gehen lassen, mit Wasser bestreichen. Im Rohr bei 180 °C 20–30 Min. je nach Ofentyp backen.

Schlehe
Schlehen-Orangen-Mus
für Genuss und Stärkung
1 kg Schlehen
Zimt und Gewürznelken nach Geschmack
Saft und Schale von 3 unbehandelten Orangen
800 g brauner Zucker

Die ganzen Schlehen mit den Gewürzen im Orangensaft aufkochen und passieren.

Die ausgepressten Orangen dünn abschälen und die Schale in schmale Streifen schneiden. Diese mit Fruchtmark und Zucker auf niedriger Temperatur in einer großen Pfanne bis zur

Dickflüssigkeit einkochen und noch heiß abfüllen (Bild links).

Dunkel und kühl gelagert etwa 2 Jahre haltbar.

Rezept-Tipp der *Kräuterfee*

Schlehen-Orangen-Püree ist sehr herb und intensiv im Geschmack. Es kann dünn auf einem mit Butter bestrichenen Brot oder in Crêpes serviert werden. Auch zur Aromatisierung von Konfekt und süß-pikanten Cremen, die zu Fleisch, Pasteten und rohem Lachs serviert werden, eignet es sich vorzüglich. Auch als Stärkungsmittel nach schwerer Krankheit und in Grippezeiten!

Schlehensaft zur Stärkung des Organismus

Schlehenfrüchte • Wasser

Die Schlehen in etwas Wasser 15 Min. kochen. Dann die Früchte abseihen, gut auspressen und den Saft heiß in saubere Flaschen füllen (Bild S. 181).

Der ausgekühlte Saft kann auch in Kunststoffflaschen gefüllt in der Gefriertruhe gelagert werden. Da der Saft sehr empfindlich ist in Bezug auf Vergären, empfiehlt die Kräuterfee die Konservierung durch Tiefkühlen. Natürlich kann der Saft auch im Dampfentsafter hergestellt werden, hierfür die ganzen Dolden verwenden (Arbeitsersparnis!). Dunkel und kühl gelagert ist der Saft 2 Jahre haltbar, tiefgefroren verliert er nach etwa 1 Jahr an Geschmack.

Verwendungstipp der *Kräuterfee*

Zur Stärkung der Immunabwehr oder bei Müdigkeit und Erschöpfung regelmäßig 1 Glas trinken. Schlehensaft enthält viel Vitamin C und kann gut mit dem ebenfalls sehr gesunden Holundersaft gemischt werden. Bei Entzündungen im Mund und Rachen etwas verdünnten Schlehensaft leicht erwärmen und zum Gurgeln verwenden. Wirkt zusammenziehend und reizlindernd.

Schlehen-Holler-Punsch bei Erkältungen – ohne Alkohol

1 l Holundersaft
300 ml Schlehdornsaft
brauner Zucker nach Geschmack
Zimt und Gewürznelken
nach Geschmack

Die Säfte zusammen aufkochen und nach Geschmack Zucker und Gewürze zugeben. 10 Min. ziehen lassen und abfiltern. Möglichst heiß trinken.

Tipp der *Kräuterfee*

Stärkt und wärmt, wirkt bei Erkältungen schweißtreibend und schleimlösend.

„Schneebällchen" – Schlehen-Marzipan-Konfekt

200 g Rohmarzipan
60 g Schlehen-Orangen-Marmelade
1 unbehandelte Limette oder Orange
Kokosraspel zum Wälzen der Kugeln

Rohmarzipan grob zerkleinern und die Schlehen-Orangen-Marmelade zugeben. Die Schale der Limette oder Orange abreiben und den Abrieb ebenfalls zugeben. Alles zu einer glatten Masse verkneten und daraus etwa 30 Kugeln formen. Kokosraspel auf einen Teller streuen und die Marzipankugeln darin wälzen. Anschließend in kleine Konfektförmchen aus Papier setzen.

Asperl (Mispel)
Herbstfrucht-Smoothie

1 Birne • 1 Banane
½ Quitte • ½ Apfel
5 Asperl (reif)
1 Handvoll Hagebutten

Für den Herbstfrucht-Smoothie einfach alle Zutaten gut miteinander vermixen und anschließend genießen.

Asperlgelee

500 g säuerliche Äpfel
1,3 kg sehr reife, weiche Asperln
3 Zitronen, Schale dünn abgeschält, das
Fruchtfleisch in grobe Stücke geschnitten
1,6 l Wasser • Zucker

Die geviertelten Äpfel zusammen mit den sauber gewaschenen Asperln, den Zitronen und dem Wasser in einem großen Kochtopf bei niedriger Temperatur etwa 30 Min. köcheln, gelegentlich umrühren und dabei mit einem Holzkochlöffel die Früchte zerdrücken. Durch ein Leinentuch oder die Flotte Lotte passieren, die Flüssigkeit abmessen, aufkochen und dabei die gleiche Menge Zucker beigeben. Kochen, bis sich der Zucker aufgelöst hat, eine Gelierprobe machen und das Gelee in saubere Gläser füllen, fest verschließen.

Baumharze von Fichte, Lärche, Tanne
Fichtenpechsalbe

Fichtenpechsalbe ist eine schwere Wintersalbe aus dem Alpenraum, die wärmend und wie ein Zusatzpaar warmer Socken über der Haut liegt. Sie war auch die wichtigste Salbe bei Schürf- und Schnittwunden, ich verwende sie auch als Zugsalbe. Das Harz wirkt desinfizierend, entzündungshemmend und adstringierend.

60 g Fichtenharz
200 ml Olivenöl
40 g Bienenwachs

Das Harz im Öl in einem emaillierten Topf erhitzen, bis es sich aufgelöst hat (Vorsicht, nicht kochen!), dann Bienenwachs beifügen und einen Härtungstest machen, dazu 1 Tropfen Creme auf einen Teller geben und auskühlen lassen. Die Creme sollte fest, aber streichfähig sein; falls sie zu flüssig ist, noch etwas Bienenwachs beigeben. Anschließend die Creme in kleine Tiegel füllen, auskühlen lassen, gut verschließen.

Zierquitte
Zierquittenlikör

Ein 5-l-Gefäß zur Hälfte mit vollreifen, halbierten Zierquitten füllen. Die Früchte noch einmal herausnehmen und abwiegen, wieder ins Gefäß geben, ⅓ des Zierquittengewichtes an weißem Kandiszucker zugeben. Eine halbierte Vanilleschote zugeben, alles mit gutem Wodka auffüllen, verschließen, auf die Fensterbank in die Sonne stellen und immer wieder gut durchschütteln.

Wenn die Früchte zu Boden gesunken sind, ist der Likör fertig, das dauert etwa 3 Monate. Jetzt den Likör so vorsichtig abgießen, dass der Bodensatz zurückbleibt, bzw. mehrmals filtern. Die „gebrauchten" Zierquitten keinesfalls wegwerfen, denn sie ergeben eine aromatische Würze für Saucen und Fruchtaufstriche!

Wenn der Likör klar gefiltert ist, in Flaschen abfüllen und 3 Monate lagern (Bild links). Er bekommt dann eine

warme Bernsteinfärbung und der Geschmack wird noch runder ...

Zierquitten-Kürbis-Marmelade

460 g Zierquitten
625 g Kürbis, geputzt und in Würfel geschnitten
125 ml Ananassaft
500 g brauner Zucker oder etwas mehr nach Geschmack

Die Zierquitten waschen und in Stücke schneiden und mit 125 ml Wasser weich kochen und passieren. Kürbisstückchen mit dem Ananassaft verkochen und mit dem Stabmixer pürieren. Die beiden Fruchtmassen miteinander vermischen, nach Geschmack Zucker beifügen und etwa 10 Min. miteinander verkochen, heiß in Gläser abfüllen und gut verschließen.

Hahnendorn
Hahnendorn-Birnen-Marmelade mit Rosinen

1 kg Birnen, geschält, entkernt und in Scheiben geschnitten
200 ml Apfelsaft
180 g Hahnendornfrüchte
1 kg Gelierzucker
1,5 EL Rosinen, in kaltem Wasser eingelegt

Birnen, Apfelsaft und Hahnendorn aufkochen und zugedeckt 10 Min. köcheln lassen, dann die Masse passieren, damit die Kerne zurückbleiben. Auf 1 kg Früchtemus 1 kg Gelierzucker beifügen, ebenso die abgetropften Rosinen und unter Rühren zum Kochen bringen, etwa 5 Min. köcheln lassen und heiß in Gläser abfüllen.

Süße Hahnendornsuppe mit Ringelblumen
ergibt 6 Portionen

400 g Hahnendornfrüchte, ohne Stiel
1,5 l heißes Wasser
200 g Äpfel, geviertelt und entkernt
2 weiße Semmeln
fein abgeriebene Schale von ½ Zitrone
2 cm Zimtstange • 1 Nelke
100 g Zucker • ½ TL Kartoffelstärke
150 ml kräftiger Rotwein

Garnitur
1 Semmel, in Würfel geschnitten
2 EL Butter
getrocknete oder frische Ringelblumen-
blüten

Die geputzten Hahnendornfrüchte grob schneiden, mit Wasser, Äpfeln, Semmeln, Zitronenschale, Zimt und Nelke etwa 30 Min. weich kochen. Die Zimtstange entfernen und alles durch die Flotte Lotte drehen, sodass die Kerne zurückbleiben. Die Flüssigkeit mit dem Zucker aufkochen, die Kartoffelstärke mit dem Rotwein verrühren und die Suppe damit binden. Die Semmelwürfelchen für die Garnitur in der Butter rösten und samt den Ringelblumenblütenblättchen nach dem Anrichten der Suppe auf die Suppe streuen.

Rezept-Tipp der *Kräuterfee*
Passt gut als Vorspeise zu Salzburger Nockerl oder Topfensoufflé.

Eberesche
Vogelbeermarmelade
250 g Ebereschenfrüchte
250 g geschälte, geschnittene Äpfel
(Fallobst)
etwas Wasser
250 g Zucker

Die von den Stängeln gezupften Vogelbeeren waschen, mit den geschälten und geschnittenen Äpfeln in Wasser aufkochen und etwa 30 Min. kochen lassen, bis sie weich (= schrumpelig) sind. In der Wartezeit die Gläser sehr heiß abwaschen, auf einem Küchenpapier trocknen lassen.

Ein Sieb oder die Flotte Lotte über einen anderen Topf hängen. Die weich gekochte Fruchtmischung in die Flotte Lotte gießen und passieren, im Kochtopf landet nur das feine Fruchtmus.

In einem zweiten Topf Zucker mit etwas Wasser aufkochen, unter Dauerrühren leicht karamellisieren lassen. Wenn der Zucker erst einmal karamellisiert, muss alles schnell gehen, damit er nicht zu braun wird. Daher schon vorher das Gefäß mit dem Fruchtmus griffbereit in die Nähe stellen.

Wenn der Zucker brodelnd kocht oder eine leichte Braunfärbung zeigt, ist es so weit. Das Fruchtmus schnell in den brodelnden Zucker kippen und zügig umrühren, bis es aufkocht. Die Mischung muss nur wenige Minuten kochen. Auf einer kühlen Oberfläche (Teller oder Schälchen) eine Gelierprobe machen, wenn die Marmelade zügig andickt, ist sie fertig. Die fertige Marmelade in die bereitstehenden Marmeladengläser füllen und gut verschließen!

Vogelbeertee

1 gute Handvoll Ebereschenfrüchte in 500 ml Wasser geben und auf Sparflamme 1 Std. kochen lassen. 2–3 Tassen täglich davon trinken.

Walnuss
Birnensalat mit karamellisierten Walnüssen
ergibt 4 Portionen

3 Birnen, gesamt etwa 400 g
3 EL Zitronensaft
3 EL Birnendicksaft
70 g Walnusshälften
2 Chicoréeköpfe, geputzt und die Blätter einzeln abgelöst

Sauce
2 EL Weißweinessig
3 EL Walnussöl
1 Prise Kräutersalz
200 g Ziegenkäse, in dünnen Scheiben

Die Birnen schälen, Kerngehäuse entfernen und Birnen achteln, mit Zitronensaft beträufeln. Den Birnendicksaft erwärmen und die Birnenspalten darin auf jeder Seite 2 Min. erhitzen, herausnehmen und die Walnusshälften in den Saft geben. So lange köcheln, bis sie rundherum vom eingedickten Saft umhüllt sind. Den Chicoréesalat anrichten. Die Zutaten zur Salatsauce aufrühren und den Chicorée damit beträufeln. Die Birnenspalten und die Nüsse sowie den Ziegenkäse darüber verteilen.

Walnuss-Früchtebrot
Früchtemischung
250 g grob zerkleinerte Walnüsse
500 g Rosinen
330 g Dörrfeigen
160 g Dörrpflaumen oder -zwetschken
50 g Aranzini
20 g Zitronat
1–2 EL Zeltengewürz
Zesten von 1 Bio-Zitrone
85 ml Rum
ca. 120 ml Wasser

Teig
300 g Roggenvollkornmehl
100 g Weizenvollkornmehl
80 g Sauerteig (vom Bäcker)
1 EL Salz
20 g Germ
300 ml Wasser

Früchte und Gewürze mit Rum und etwas Wasser mischen, über Nacht ziehen lassen. Die Zutaten für den Teig verkneten und den geschmeidigen Teig 30 Min. ruhen lassen (an einem warmen Ort), dann die Früchtemischung vorsichtig unter den Teig ziehen.

Das Backrohr auf 240 °C vorheizen, ein feuerfestes Gefäß mit Wasser in den Backraum stellen. Aus dem Teig 2 Wecken formen, auf ein mit Backpapier belegtes Bleck legen und nochmals 40 Min. rasten lassen, dann mit Wasser bestreichen und mit einer Gabel einige Male einstechen.

Die Wecken bei 240 °C 10 Min. backen, die Temperatur auf 190 °C reduzieren und das Wassergefäß aus dem Ofen nehmen. Die Wecken ca. 50 Min. fertig backen.

Anhang

MAKING-OF

Es ist mir immer wieder eine große Freude, die Fototermine zu meinem Buchskript vorzubereiten. An diesen Fototagen entsteht aus einer Idee, die bisher nur aus Buchstaben und Worten besteht, ein lebendig anmutendes, von „Farbe", „Gestalt" und fast möchte ich sagen „Duft" beseeltes Werk, das die Leser animiert, inspiriert und erfreut und so manchen Gartenzauber einfängt, den nicht einmal ich vorher wahrgenommen habe.

Natürlich sind mir diese besonderen Tage, an denen ich versuche meine Eindrücke für die Leser in Bilder zu fassen, einiges an Vorbereitung wert. So verwende ich viel Zeit zum Aussuchen der Rezepte für die jeweiligen Shootingtermine, das Organisieren der Zutaten, Requisiten und Pflanzen, für das Entwickeln des Arrangements im Garten und so weiter. Nicht zu vergessen das Beschwören von Frau

Holle, uns gutes, zumindest regenfreies Wetter zu bescheren mit einigen Sonnenfenstern für gutes Licht für die Gartenshootings ...

Natürlich sind schlussendlich das Kochen und Anrichten ganz besondere Augenblicke der „Geburt" eines Gartentraumes, die mir viel Freude bereiten. Wichtig für diesen Prozess ist es, ein einsatzfreudiges, nicht wetterfühliges und aufmerksames Fototeam an der Seite zu haben, das mir hilft, all diese Anforderungen umzusetzen. Was soll ich dazu sagen außer: Besser geht's nicht!

Ich bedanke mich auch ganz herzlich bei allen im Bildnachweis angeführten Fotografen/innen für die Beistellung von wunderschönen Aufnahmen aus dem Traumgarten Tannberg und der Pflanzenportraits.

Ich bedanke mich ganz, ganz herzlich für die wundervolle, entspannte und kreative Zusammenarbeit bei **Heidi Fröhlich** (Fotografie, www.heidi-froehlich.de) und **Monika Noderer** (Styling, www.blumen-hof.at)!

QUELLENVERZEICHNIS

Aichele/Golte-Bechtle: Was blüht denn da?, Kosmos, Stuttgart 1986
Couplan, F.: Wildpflanzen für die Küche, AT, Aarau 1997
Fischer-Rizzi, S.: Medizin für die Erde, Hugendubel, München 1995
Fleischhauer, S. G.: Enzyklopädie der essbaren Wildpflanzen, AT, Aarau 2003

Graupe/Koller: Delikatessen aus Unkräutern, Orac, Wien 1983
Lestrieux/Belder: Der Geschmack von Blumen und Blüten, DuMont, Köln 1993
Marti, O.: Sommer in der Küche, Hallwag, Bern 1994
Ploberger, F.: Westliche Kräuter aus der Sicht der TCM, Bacopa, 2005

Rothmaler, W.: Exkursionsflora, Volk und Wissen, Berlin 1976
Zizenbacher, P.: Heilpflanzen, Freya 2003

DAS ANGEBOT DER KRÄUTERFEE

Die Kräuterfee bietet eine bunte Palette an Köstlichkeiten und auch ihre Bücher in ihrem Refugium, dem Traumgarten Tannberg, an.

Viele der in den Büchern beschriebenen Zubereitungen aus Kräutern und Wildfrüchten bietet die Kräuterfee zusätzlich zu ihren Büchern in ihrem Ab-Hof-Verkauf, dem Roten Wagon im Traumgarten Tannberg und ihrem webshop an. Infos unter **www.kraeuter-fee.at**.

BILDNACHWEIS

Heidi Fröhlich: S. 12, 27, 29, 30, 35, 44, 49, 51, 52, 58, 59, 61, 62 li, 64, 65, 69, 74, 75, 76, 79, 80, 81, 82 (1), 83, 85, 91, 92, 95, 98, 100, 101 li, 102, 103, 104, 105, 106, 108, 109, 113, 115, 116, 118, 127, 128 li, 130, 132, 133, 134, 142, 144, 150, 156, 157, 161, 169, 171, 173, 189 (1, 2); Umschlagrückseite (1, 2)

Renate Fuchs-Haberl (www.wild-mohnfrau.at): S. 26, 112, 82 (4)

Werner Klien: S. 32, 45, 46, 53, 107, 122, 135, 158, 172 (Werner Klien ist heuer im Frühjahr verstorben, seine wunderschönen Pilzfotografien

überdauern die Zeit und erinnern an diesen besonderen Mann.)

Mona Lorenz: S. 11, 15, 25, 36 (1, 2, 3), 39, 41, 42, 48, 50, 54, 56 (1), 66, 67, 82 (3), 87, 89, 111 (3), 120, 124, 139, 146, 147, 153, 163

Rosa Maria Mayer: S. 13 (2, 3), 18, 23, 24, 31, 36 (4), 43, 56 (2), 69, 70, 71, 72, 94, 96, 111 (4), 136, 140 (2), 148, 175, 185, 188, 189 (4)

Monika Noderer: S. 190

Vlad Pchelkin (rgbstock): S. 180

Andreas Kolarik: S. 77

Peter Raider (www.peterraider.de): S. 13 (1, 4), 20, 78, 99, 131, 140 (3), 143, 145 (alle), 155 (alle), 162 (alle), 164/165, 167, 168 (alle), 170, 176, 178, 181, 182, 184, 186, 187; Umschlagrückseite (4)

Cornelia Thalmayr: S. 17, 33, 37, 47, 56 (3, 4), 62 re, 68, 82 (2), 83, 86, 88, 101 re, 110, 111 (1, 2), 119, 120, 125, 128 re, 129, 140 (1, 4), 151, 154, 159, 189 (3), 191; Umschlagrückseite (3)

AUS UNSEREM PROGRAMM

ISBN 978–3–7020–1299–1

ISBN 978–3–7020–1214–4

ISBN 978–3–7020–1347–9

ISBN 978–3–7020–1212–0

LEOPOLD STOCKER VERLAG
GRAZ – STUTTGART